Gabriella Pahud
Ichwärts

Gabriella Pahud

Ichwärts

Endlich bei mir selbst ankommen

adeo

Inhalt

Prolog | Im Nebel

Bergell (Schweizer Alpen), Juli 1981 | Seit vier Uhr in der Früh sind wir unterwegs – mehr als 14 Stunden ohne Pause. Ich bin müde, jeder Schritt schmerzt. Vor Stunden standen wir auf dem Gipfel des Piz Badile und schauten auf die umliegenden Berge der stark zerklüfteten Bondasca-Gruppe. Ich war von Glück erfüllt und zufrieden: »Nun hast du endlich dein so lange angestrebtes Ziel erreicht!«

Ich war gerade mal zwanzig Jahre alt. Und naiv.

Ich glaubte noch allen Ernstes, wenn ich auf dem Gipfel stünde, hätte ich es geschafft. Dabei weiß jeder Bergsteiger, dass der Abstieg die größere Herausforderung darstellen kann als der Aufstieg. Aber beim Badile, meinem Favoriten unter den Bergen der Alpen, der mir mit seiner spektakulären über 700 Höhenmeter aufragenden Nordostwand persönlich mehr bedeutet als Matterhorn, Eiger, Mont Blanc und Monte Rosa zusammen, hatte ich diese Tatsache offensichtlich ausgeblendet.

Kurz vor Mittag hatten mein Freund und ich den Gipfel erreicht. Nach einer kurzen Stärkung mit ein paar Trockenfrüchten und einer halben Tafel Schokolade machten wir uns an den Abstieg.

Drei Stunden später waren wir irgendwo, wo wir ganz sicher nicht hätten sein sollen. Die blauen Punkte, die die Route in größeren Abständen markieren, hatten wir verloren. Wir waren drei Alpinisten gefolgt, die ein paar Hundert Meter über uns ihren Weg durch den Fels nahmen. Die waren modern ausgerüstet, älter, bestimmt um die 40, und bewegten sich so, also wüssten sie genau, wo es langgeht. »Wir folgen denen, dann sind wir bestimmt bald wieder auf einem sicheren Weg«, dachten wir.

Endlich finden wir so etwas wie einen Weg. Ab und zu ein blauer Punkt. Der Moment, in dem wir Hoffnung spüren, verfliegt jedoch schnell: Schlagartig ändert sich die Wetterlage. Plötzlich, aus hellheiterem Himmel und innerhalb einer Viertelstunde, sind wir komplett von Nebel umzingelt. Der Nebel ist jetzt so dicht, dass wir nichts, aber auch gar nichts mehr erkennen können. Es gibt auch keine blauen Punkte mehr, es gibt nur noch meinen Freund und mich und die weiße Nebelwand. Die Lage ist angespannt. Das berauschende Gipfelglücksgefühl ist längst verebbt. Nach meinem Zeitempfinden liegt dieses Ereignis Tage zurück.

Zum Glück haben wir vor ein paar Minuten die Karte studiert und mit der zu dem Zeitpunkt noch sichtbaren Umgebung abgeglichen. Wir wissen also in etwa, wo wir uns befinden. Mithilfe von Kompass und Höhenmesser versuchen wir, die Orientierung nicht ganz zu verlieren.

Innerlich beginne ich zu beten. Und gleichzeitig beobachte ich mich verwundert wie von außen. »Ist ja wieder einmal typisch! Du erinnerst dich immer an Gott, wenn du etwas von ihm willst …« Ich ärgere mich über mich selbst und versuche mir einzureden, dass das für Gott schon in Ordnung ist, wenigstens noch für dieses eine Mal. Wenn ich hier heil rauskomme, werde ich ein besserer Mensch werden. Das muss doch für Gott ein guter Deal sein!

Hinter meinem Rücken surrt es. Die Luft ist elektrisch geladen. Ich löse meinen Eispickel vom Rucksack und trage ihn in der Hand, aus Angst, er könnte den nächsten Blitz anziehen. Das

Gewitter bricht über uns herein. Blitz und Donner wechseln sich im Sekundentakt ab. Es gibt keine Distanz mehr zwischen uns und dem Unwetter. Wir sind mittendrin. Den Schmerz in den Füßen spüre ich nicht mehr, er ist der nackten Angst gewichen. Sie ist im Moment das Einzige, was ich wahrnehme. Angst – und eine von Nebelschwaden umhüllte Steinwüste.

»Ganz in unserer Nähe muss eine Biwakschachtel sein«, versucht mein Freund mich zu beruhigen. Er richtet den Kompass südwärts. »Südwärts?«, flüstere ich beinahe. »Nordwärts geht's ins Tal! Wir müssen noch über den nächsten Pass, dann ins sichere Tal!«

»Es geht jetzt nicht mehr darum, ins Tal zu kommen, sondern in Sicherheit! Also südwärts!«, kontert mein Freund.

Innerlich schalte ich auf Rebellion. »So ein Mist! Ich will nach Hause!« Ich denke auch an meine Eltern, sie werden sich zu Tode ängstigen, wenn ich mich nicht melde.

»Lieber in Sicherheit und sich nicht melden als tot gemeldet werden.« Mein Begleiter hat ganz klar die besseren Nerven als ich. Seelenruhig setzt er einen Fuß vor den anderen, den Kompass immer in die richtige Richtung haltend. Er weist mich an, alle paar Meter ein kleines Steinmännchen zu errichten, für den Fall, dass wir noch einmal den Weg verlieren. So würden wir wenigstens an den letzten Ort zurückfinden, den wir von der Karte her kennen.

»Wenn wir nur vor Einbruch der Dunkelheit in der Biwakschachtel sind, wenn uns nur der Blitz verschont, wenn, wenn, wenn …« In meinem Kopf jagt ein negativer Gedanke den nächsten.

Mein Freund versucht mich aufzumuntern: »Sind wir doch einfach dankbar, dass wir nicht mehr auf dem Gipfel stehen, und froh, nicht einen Weg über einen zerklüfteten Gletscher suchen zu müssen!«

Positiv denken lautet die Devise. Dass ich das ausgerechnet immer dann vergesse, wenn es am wichtigsten ist! Ich sehe uns schon erfroren, abgestürzt, zerschmettert …

Orientierungslos und ausweglos, so fühlte ich mich nicht nur damals, sondern auch in meinem späteren Leben noch ab und zu. – Gefangen in negativen Gedanken. Aber es geht auch anders. Wir müssen uns nicht durch solche Gedanken und Verhaltensmuster ausbremsen lassen, sondern können lernen, unsere Talente einzusetzen und das Beste aus uns herauszuholen. Dieses Buch soll nicht einfach nur ein Ratgeber sein. Es soll ein Reisebegleiter auf deinem persönlichen und individuellen Weg zu dir selbst sein – in Richtung ichwärts.

Ich selbst bin Mutter von fünf wunderbaren, zwischenzeitlich erwachsenen Kindern und in zweiter Ehe sehr glücklich verheiratet. Seit über zwanzig Jahren führe ich eine therapeutische Praxis, seit 15 Jahren bin ich als Coach tätig. Menschen auf ihrem Lebensweg zu begleiten und zu unterstützen empfinde ich als meine Berufung. Den Ausgleich zu meiner Arbeit finde ich in der Natur und beim Reisen. Bergtouren, Skitouren und Gleitschirmfliegen sind meine ganz große Leidenschaft. Die Stunden und Tage der Einsamkeit und der Ruhe in der Natur inspirieren mich immer wieder zu Neuem, schenken mir kreative Gedanken und wecken Ideen für spannende Projekte.

Ich habe meinen Weg gefunden, und wenn ich heute auf mein Leben blicke, fühle ich mich erfüllt, zufrieden und dankbar. Ich will auch dir helfen, deinen persönlichen Lebensweg zu finden. Geh mit mir auf diese Reise zu deinem Selbst. Du wirst erstaunt sein, was du alles entdecken, lernen und erreichen kannst.

1 | *Orientierungslos*
Wo wollte ich eigentlich hin?

Leben bedeutet, unterwegs zu sein, manchmal auf dem Weg,
den du dir vorgestellt hast, manchmal knapp neben diesem Weg
auf dem holprigen Seitenstreifen, manchmal auf Irrwegen. Wenn
du dich verlaufen hast, fühlst du dich wie im falschen Leben.
Denn mit dem Weg hast du auch deine einstigen Ziele verloren.
Sie sind im Nebel verschwunden. Kein Wunder, dass du dich
schlapp und lustlos fühlst, unzufrieden und sogar verzweifelt.
Aber warum bleiben deine Träume ungelebt? Wie konnte es
nur so weit kommen, dass du es verpasst hast, sie in die Realität
umzusetzen?

*Nehmen wir jetzt den Fisch? Oder vielleicht doch eher die haus-
gemachten Trüffelravioli? Hm, schwierig. Starten könnten wir auf
jeden Fall mit dem Salat. Und dann? Da wäre auch noch das Rin-
derfilet vom schottischen Hochlandrind. Aber ist das jetzt Schweizer Fleisch oder schottisches Hochlandfleisch?*

*Immer diese Entscheidungen ... Daniela und ich grübeln über
der Speisekarte. Wir haben uns richtig auf dieses Essen bei Giovanni gefreut. So viele herrliche Köstlichkeiten bietet er in seiner*

Speisekarte an. *Wir zwei Frauen tun uns schwer mit der Entscheidung. Sorgfältig erkunden wir unsere Gelüste, stellen unsere Wünsche zusammen, wägen eine Möglichkeit nach der anderen ab. Sicherheitshalber entscheiden wir uns für dasselbe Menü, damit keiner mit dem Gedanken spielen muss, der andere hätte die bessere Auswahl getroffen.*

Schließlich legen wir die Karte zur Seite. Zufrieden. Bis Giovanni an unseren Tisch kommt.

»Also, für Sie, meine Damen, habe ich mir heute Folgendes ausgedacht: Wir starten mit einer exklusiven Minestrone. Als Zweites bringe ich Ihnen …« Noch bevor uns Giovanni seinen Menüvorschlag fertig unterbreitet hat, meldet sich meine innere Stimme: »Und was ist mit meinem Salat?« Feldsalat, mein absoluter Favorit unter den Salaten, sollte bei mir den Anfang machen. Für den hatte ich mich am schnellsten entschieden.

»Wissen Sie, bei uns in Italien starten wir immer mit einer wärmenden Suppe. Das ist weitaus bekömmlicher als Salat.« Kann Giovanni Gedanken lesen? Natürlich weiß ich, dass eine wärmende Suppe zum Starten das Richtige ist. Trotzdem, eigentlich hatte ich mich jetzt schon auf den Salat eingestellt. Suppe? Habe ich darauf überhaupt Lust? Und überhaupt, wir hatten doch mühsam festgelegt, wie unser Menü zusammengestellt sein sollte. Haben wir umsonst so lange über der Speisekarte gebrütet?

Chefkoch im eigenen Leben

Daniela und ich speisten damals das erste Mal bei Giovanni, aber wir lernten schnell.

Auch heute ist das noch so in seinem Restaurant: Wir können uns zwar stundenlang über die Speisekarte beugen und überlegen, was wir gerne essen würden, wir werden sogar nach unseren Wünschen und Gelüsten gefragt, aber auf den Tisch kommt letzten Endes das, was Giovanni für richtig hält oder was er frisch auf dem Markt eingekauft hat. Bei einem Einspruch entgegnet Giovanni höchstens: »Weißt du, meine Küche weiß nicht, was auf der Karte steht, und meine Karte weiß nicht, was ich alles in der Küche habe … aber ich koche etwas Feines für euch!«

So wie bei unserem sympathischen Italiener geht es manchmal auch im Leben zu. Nicht immer wird das geliefert, wonach es dich gelüstet, oder das, was du bestellt hast. Da machst du Pläne, feilst an deiner Zukunft, triffst Entscheidungen – und am Ende stellt dir Giovanni etwas ganz anderes auf den Tisch. Auch wenn du genau weißt, was du willst, kommt es oft anders, als du gedacht hast. Und wie bei Giovanni ist das, was dir das Leben bietet, manchmal sogar noch besser als das, was du dir vorgestellt hast. Manchmal aber auch nicht.

Dass es anders kommt, als du es dir ausgemalt, gewünscht, vorgestellt oder geplant hast, kennst du vermutlich schon aus deiner Kindheit. Da war die Sandburg, die von der Flut weggespült wurde, das aufwendig gebastelte Weihnachtsgeschenk für die Mutter, das am 23. Dezember abends auf den Bodenfliesen zerschellte, der Drachen aus Zeitungspapier, der im Baum hängen blieb, oder der Schneemann, der ungefragt dahinschmolz.

Einmal, ich glaube, es war in der vierten Primarklasse, hatte ich ganz genau geplant und berechnet, wie ich es anstellen musste, dass ich auf der Schulreise im Zug wie zufällig neben meiner heimlichen Liebe sitzen könnte. Ich hatte sogar darauf verzichtet, mit meinen Freundinnen das Abteil zu teilen. Ganz beiläufig reihte ich mich beim Einsteigen zwischen den Jungs und dem Lehrer ein. Und dann? Die Abteile der Jungs waren besetzt und die Mädchen hatten sich auch alle schon in Gruppen zusammengefunden. Der einzige Platz, der für mich übrig blieb, war im Abteil des Klassenlehrers, zusammen mit dem unbeliebtesten Schüler der Klasse. Tolle Zugfahrt! So hatte ich mir das nicht vorgestellt und schon gar nicht geplant! Ich habe gelitten wie ein Hund.

Aber es gibt auch andere Geschichten, die das Leben schreibt. Zürich. So aufregend und schön hatte sich Martina das Leben in der Stadt vorgestellt. Endlich am Puls der Welt, endlich mitten im Geschehen! »Jetzt geht das Leben richtig los«, dachte sie. Zu Hause hatte sie allen vorgeschwärmt, wie glücklich sie sein würde, wenn sie erst in die Großstadt gezogen wäre. Das Kino gleich um die Ecke, die ganze Woche Party. Keine Misthaufen, die die Luft verpesten, keine Kuhfladen, über die man hüpfen muss. Perfekt! – Und nun dieser Lärm! Nachts bis ein Uhr das Quietschen der Trams, bis frühmorgens Sirenen von Polizei- und Krankenwagen und immer wieder irgendwo ein aufjaulender Autoalarm. An gesunden Schlaf war nicht zu denken. Morgens um fünf rappelte die Müllabfuhr, dann rauschten die ersten Flugzeuge, wieder eine Sirene … »Warum musste es denn ausgerechnet eine Wohnung in der Abflugschneise des Flughafens sein?«, haderte Martina mit sich. »Gut, dafür ist sie günstiger. Aber auch nicht günstiger als eine auf dem Land. Und dann immer diese Staus direkt vor der Haustür.« Es ist toll, das Leben in der Stadt, wirklich. Nur nicht für Landeier.

Das Glücksgefühl, das Martina sich selbst prophezeit hatte, blieb aus. Sie war ein bisschen ärmer, weil sie ihr Erspartes für neue Möbel ausgegeben hatte, ein bisschen energieloser, weil sie nachts nur noch schlecht schlief, ein bisschen frustrierter, weil im Kino um die Ecke nur völlig uninteressante Filme gezeigt wurden, und ein bisschen trauriger, weil sie sich unter all den vielen Menschen oft einsam fühlte. Wirklich schlecht ging es ihr nicht. Schließlich hatte sie ja genau das, wovon sie seit Jahren geträumt hatte. Die Sachen packen, zurück ins Dorf gehen und zugeben, dass es ein Fehler war, in die Stadt zu ziehen? Niemals! Sie konnte sich die Fehlentscheidung ja selbst kaum eingestehen.

»Also gut, eine Weile wird das schon auszuhalten sein«, dachte sie – und litt still vor sich hin.

Das war zwar nicht ich, mit der Wohnung in der Abflugschneise des Flughafens, aber dem Reiz der Großstadt bin auch ich einmal verfallen. Es zog mich nach London, und ich ging ebenfalls mit einem selbst gebastelten Werbeslogan, »Jetzt geht das Leben richtig los!«, in diese wunderbare Großstadt. Aber Werbung hält bekanntlich selten, was sie verspricht, auch dann nicht, wenn sie selbst kreiert wurde. Die Zeit in London hat mir beigebracht: »Das Stadtleben ist nichts für dich, lass es einfach bleiben!« Nicht alles war schlecht, aber alles war anders. Die Erkenntnis, dass es anders gekommen war, als ich es mir erträumt hatte, war bitter. Enttäuschend. Aber grundsätzlich ist eine Enttäuschung nichts anderes als das Ende der Täuschung. Schmerzhaft zwar, aber lehrreich.

Das Leben hält jede Menge Enttäuschungen für dich bereit. Da studierst du fünf Jahre an der Uni, und wenn du dich dann endlich durchgebissen hast und den Job bekommen hast, auf den du so lange hingearbeitet hast, stellst du fest: »Das ist ja gar nicht so, wie ich es mir vorgestellt habe!« Oder der Partner, um den du so lange gekämpft hast. Als du mit ihm vor dem Altar standest, warst du überglücklich. Und dann wurde dir nach zwei, drei Jahren Ehe klar, dass du deine Energie an jemanden verschwendet hast, der ein Langweiler oder ein Egoist ist. Oder sogar beides zusammen.

»Und nun, wie soll es weitergehen?«, fragst du dich enttäuscht. So viel Zeit und so viel Energie hast du dafür eingesetzt, um genau dort zu stehen, wo du nun stehst. Und jetzt steht alles infrage. Es ist zwar tragisch, aber harte Realität: Egal, wie gewissenhaft du eine Entscheidung getroffen hast – die Unzufriedenheit kann sich jederzeit und ungefragt ins Leben schleichen und dir einen Strich durch die sorgfältig aufgestellte Rechnung machen.

Jede zweite Ehe beweist das. Denn fünfzig Prozent der Ehen werden geschieden. Und die würden bestimmt nicht auseinandergehen, wenn aus den Liebenden nicht eines Tages Leidende geworden wären. Keines der Scheidungsopfer, die ich kenne, hat sich bei der Heirat leichtfertig gedacht: »Jetzt heirat ich mal, und wenn's nicht klappt, kann ich ja immer noch einen anderen nehmen.« Alle hatten sich die Entscheidung, eine Ehe einzugehen, sehr gut überlegt, und alle wussten, was sie taten, oder glaubten es wenigstens zu wissen. Die Statistik beweist: Ehen haben keine Haltbarkeitsgarantie. Egal, wie gewissenhaft du vorher prüfst – niemand kann dich vor der Frage bewahren, die du dir eines Tages vielleicht ernüchtert stellst: »Ist das wirklich der Mensch, mit dem ich bis ans Ende meiner Tage zusammen sein möchte?«

Dann wachst du eines Tages auf, und dir wird klar, dass sich eine klaffende Lücke zwischen Wunsch und Wirklichkeit aufgetan hat. **Du fühlst dich wie am falschen Ort abgestellt, im falschen Film, im falschen Leben.** Verzweiflung macht sich breit. Aber woher kommt eigentlich dieses pochende Gefühl der Verzweiflung?

Den Kurs finden

Ich setze mich hin, lehne mich zurück und denke: »Okay, ich lass mich mal überraschen ...« Ich hatte mich so auf Rindstatar gefreut. Wollte hartnäckig bleiben, wenigstens dieses eine Mal. Aber als »stur wie Beton« hat mich Giovanni bezeichnet, nur weil ich auf Tatar pochte. Ich frage mich, wer von uns beiden hier die Sturheit für sich gepachtet hat. Auf jeden Fall serviert mir Giovanni kein Rindstatar. Dafür ein Lachstatar – noch nie hat Lachs so köstlich geschmeckt. Das würde ich auf jeden Fall wieder bestellen. Nächstes Mal. Auch wenn es nicht auf der Karte steht. Doch ob ich diese Delikatesse noch einmal serviert bekomme, weiß nur Giovanni. Er entscheidet, was bei ihm auf den Tisch kommt, nicht ich!

Natürlich ist es auch bequem bei Giovanni. Spätestens, wenn du kapiert hast, wie es geht. Du setzt dich hin, lehnst dich zurück und sagst ganz einfach:»Ich lasse mich überraschen …« Die gefüllten Teller kommen von allein, über Einzelheiten und grundlegende Entscheidungen brauchst du dir keine Gedanken zu machen. Du musst dann die Suppe zwar selbst auslöffeln, auch wenn es Giovanni war, der sie dir eingebrockt hat. Aber egal, schließlich ist es ja auch nur eine Suppe oder eben Lachstatar.

Nehmen, was einem vorgesetzt wird – manche mögen das für abgeklärt oder gar weise halten. Für mich wäre das kein Leben! Sich zum Spielball anderer zu machen – ist das wirklich die Art und Weise, wie du dein Leben verbringen willst? Leben heißt doch gerade, dass du dich auseinandersetzt, dass du dich einbringst, engagierst, eigene Ziele verfolgst. In Giovannis Restaurant mag das noch gehen, sich zurückzulehnen und sich überraschen zu lassen, was kommt. Es kann sogar wunderbar entspannend sein. Wenn sich seine Gäste ihm anvertrauen, passt das zu ihm und seiner kleinen unkonventionellen, exklusiven Küche. Aber wenn es um dein eigenes Leben geht, ist das doch etwas ganz anderes, oder etwa nicht? Hier darf es keine Giovannis geben, die über dich, deine Wünsche und deine Ziele entscheiden. Jeden Anspruch, mein eigenes Dasein selbst zu bestimmen über Bord zu werfen, das wäre mir zu wenig. Es ist *mein* Leben. Und *ich* will festlegen, was da läuft und was nicht.

Ich höre schon den Einwand: Ein Leben lässt sich doch nun mal nicht 100-prozentig kontrollieren! Stimmt! Dein Leben ist von so vielen Zufällen und von so vielen Wendungen, die sich deinem Einfluss entziehen, bestimmt, dass es blauäugig wäre, zu meinen, du könntest jemals die volle Kontrolle ausüben. Verabschiede dich also vom Gedanken, dass du alles im Leben planen kannst. Das ist genauso unrealistisch wie die Annahme, dass es im Leben von ganz allein immer genau so kommt, wie du es gerne hättest. Und schließlich gibt es auch noch eine spirituelle Dimension – du hast nicht alles selbst in der Hand.

Aber du selbst bist trotzdem ein wichtiger Faktor! Du kannst zwar nicht bestimmen, aus welcher Richtung der Wind weht, aber du kannst am Steuer deines Lebensbootes die Segel selbst setzen und auch einen anderen Kurs als den direkt vor dem Wind fahren. Und wenn einmal die hohen Wellen über dich hinwegrollen, kannst du mit ruhiger Hand dein Boot vor dem Kentern bewahren. Lässt du dich nur treiben, gibst du diese Möglichkeiten aus der Hand.

Im Leben sind es die Entscheidungen, die du triffst, die dein Leben in die von dir gewünschte Richtung lenken. Mit jeder Entscheidung veränderst du deinen Standort in dem Bestreben, deinen Zielen näher zu kommen. Manchmal läuft es wie geschmiert, Wind und Wellen sind günstig und treiben dein Boot voran, ohne dass du viel tun musst. Manchmal aber bist du gezwungen, mühsam gegen den Wind anzukreuzen, also einen Zickzackkurs zu fahren, um nicht vom Kurs hin zum Ziel abzukommen, ein andermal fehlt dir der Wind ganz und dir bleibt nichts anderes übrig, als zu paddeln oder auf den Wind zu warten.

Und dann gibt es noch die Situationen, in denen du voll danebenlangst und alles andere als das bewirkst, was du eigentlich wolltest. Fehlentscheidung nennt man so etwas.

Ein typisches Entscheidungsszenario: Wählst du lieber die Wohnung in der Stadt und fährst übers Wochenende aufs Land, um dich zu erholen? Oder wählst du das Häuschen auf dem Land und stehst täglich im Stau, um zur Arbeit in die Stadt zu fahren? Und was kostet dich mehr Energie? In der Stadt wirst du um fünf Uhr vom Straßenlärm geweckt und wartest, bis du um acht zur Arbeit kannst. Auf dem Land weckt dich um fünf der Wecker, damit du trotz Stau rechtzeitig in der Stadt bist. Du machst dir die Entscheidung nicht leicht, wägst Für und Wider sorgfältig ab, wiegst Wünsche und Bedenken gegeneinander auf und versuchst, alle Aspekte zu berücksichtigen. Du löcherst die Makler, bis sie ein Stoßgebet zum Himmel schicken, sobald du bei ihnen in der Agentur auftauchst. Und am Ende wählst du das Haus auf dem Land.

Nun lebst du in deinem kleinen Paradies. Das Haus hat Charme, so wie du es dir vorgestellt hast. Den morgendlichen Stau versüßt du dir mit Hörbuch-CDs. Dir würde sogar was fehlen, wenn du diese Stunde im Auto nicht hättest, um richtig wach zu werden und etwas Zeit für dich allein zu haben. Aber das Dach deines Hauses ist nicht dicht und die Heizung spinnt. Du müsstest noch einmal viel Geld in die Hand nehmen, mehr, als du es dir leisten könntest, um Dach und Heizung zu reparieren. Und außerdem erledigen Nachbars Katzen ihr Geschäft am liebsten in deinem frisch angelegten Blumenbeet …

Es sind also ganz andere Dinge, die dir das Leben schwer machen, als die, die du vorhergesehen und in deine Rechnung mit einbezogen hast. Du hattest nicht alle Faktoren auf dem Schirm, als du die Entscheidung gefällt hast. Konntest du auch gar nicht! Niemand kann das. Menschen entscheiden sich anhand von Szenarien in ihrem Kopf. Und Szenarien sind nun mal nicht die Realität. Irgendetwas Unvorhergesehenes passiert fast immer. Naturgewalten wie Unwetter und Überschwemmungen oder ein Unfall auf der Autobahn mit anschließender Vollsperrung können dich zum Beispiel trotz perfekter Planung daran hindern, rechtzeitig zum Vorstellungsgespräch zu kommen. Ich will gar nicht anfangen, zu zählen, wie viele Gründe für Überraschungen im Leben sorgen können.

Mit jedem Frusterlebnis wirst du vorsichtiger. Lässt dir bei wichtigen Weichenstellungen mehr Zeit. In der Hoffnung, dich vor weiteren Enttäuschungen zu schützen, wägst du immer genauer ab, versuchst immer mehr Faktoren in die Rechnung mit einzubeziehen.

Dann hast du alles im Griff.

Denkst du.

Aber trotz aller Vorsicht passiert es immer wieder, dass du vor den Trümmern deiner Pläne stehst, dir die Augen reibst und dich fragst: »Wie konnte das passieren? Mit dem, was ich geplant, mir gewünscht und erhofft habe, hat mein jetziges Leben nichts mehr zu tun!«

Schauen wir mal, was passiert, wenn sich der Einzelne nicht wohl in seiner Haut fühlt und von der Verzweiflung über seine Lebenssituation gepackt wird.

Die erste Reaktion: Nicht ich habe das vermasselt, sondern die anderen!

Dessert? Keine Widerrede!

»Was nehmen wir zum Dessert?« Bevor wir uns richtig Gedanken machen können, steht Giovanni an unserem Tisch. Das Prozedere kennen wir ja schon.

»Zum Dessert habe ich heute für die Damen mein spezielles Pannacotta, kombiniert mit einem besonderen Schokoladengebäck …«

»Schade, Giovanni, Pannacotta ist wirklich eine von den ganz wenigen Speisen, die ich überhaupt nicht mag«, wagt Daniela einzuwenden. Doch mit ihren Bedenken beißt sie bei unserem Gastgeber auf Granit.

»Nicht mein ganz besonderes Pannacotta! Sie wollen meine Küche doch wohl nicht beleidigen? Probieren Sie erst einmal! Sie werden es lieben!«

Giovanni weiß, was er will. Daniela wagt es nicht, ihm zu widersprechen. Einige Minuten später stellt er mit Schwung den Dessertteller vor ihr ab. Und was auf dem Tisch steht, wird gegessen …

Du fühlst dich unwohl, deplatziert, alles ist mal wieder anders, als du es dir vorgestellt hast. Und du greifst automatisch nach dem nächstliegenden Strohhalm. Alles, was dir in dieser Situation Erleichterung verspricht, nimmst du dankbar an. Du sagst dir also: »In diese Situation bin ich nur geraten, weil andere es mir so eingebrockt haben.« Großartig! Andere sind dafür verantwortlich, dass du in einer Misere steckst – das ist das Universalrezept dafür, dass du dich nie mehr mit Selbstvorwürfen zupflastern musst. Denn das wäre doch absolut kontraproduktiv, nicht wahr? Dir geht es eh schon schlecht genug – da kannst du Selbstvorwürfe so gut gebrauchen wie einen Pickel kurz vor dem Schulabschlussball. Dir selbst eingestehen zu müssen, dass du die falsche Entscheidung getroffen hast, würde dich doch nur noch mehr herunterziehen. Also fängst du an, lauthals auf diejenigen zu schimpfen, die es hätten besser wissen müssen, die Schuld haben an deinem Unglück.

Die Mitarbeiterin im Reisebüro ist schuld daran, dass du in einem muffigen Hotel hockst, dessen Rezeption nur ein paar Stunden am Tag besetzt ist und das direkt an der Hauptstraße des Touristenortes liegt. Der Verkäufer im Autohaus ist schuld daran, dass du dir einen Wagen gekauft hast, der eigentlich viel zu groß ist und Unmengen an Benzin schluckt. Dein Chef ist schuld daran, dass du mit deiner Arbeit nicht nachkommst. Wenn er dich nicht dauernd mit neuen Aufträgen überhäufen würde, müsstest du nicht erst spätabends aus dem Büro gehen und einen immer noch überfüllten Schreibtisch verlassen.

Das Tolle daran, wenn du anderen die Schuld für deine Lage gibst: Es entspannt ungemein. Du fühlst dich nicht wirklich verantwortlich für das, was da gerade abgeht. Du selbst hast ja alles richtig gemacht und kannst nichts dafür, dass es dich in eine Sackgasse verschlagen hat. Das, was du gemacht hast, war immer richtig. Blöd war eben, dass die anderen auch noch in dein Leben gefunkt haben.

Aber löst diese Denkweise dein Problem? Wenn das mit den Schuldzuweisungen funktionieren würde, müsste es doch allen Anwendern dieser Super-Methode – und das sind die meisten Menschen – super gehen. Tut es aber nicht.

Auch wenn du stocksauer auf die Reisebüroleiterin bist – es ändert nichts daran, dass du dich in deinem Hotelzimmer unwohlfühlst. Auch wenn du dich bei deinen Freunden lauthals darüber beklagst, dass dich der Autoverkäufer über den Tisch gezogen hat – es ändert nichts daran, dass du einen Wagen besitzt, den du kaum in deiner Garage einparken kannst. Und wenn du auch noch so oft in der Kaffeeküche über deinen Chef herziehst – an deiner Arbeitssituation wird es nichts ändern. Du wirst dir weiterhin wie ein Hamster im Hamsterrad vorkommen und die Aufträge werden sich auch in Zukunft auf deinem Schreibtisch stapeln.

Solange du nicht selbst aktiv wirst, wird sich in deinem Leben nichts zum Besseren hin verändern. **Das Dumme ist nur, dass du, solange du anderen die Schuld an deiner Situation gibst, automatisch auch die Verantwortung für dein Leben abgibst.** Das passiert mit einer geradezu mathematischen Präzision. Wenn du sagst: »XY ist schuld an meiner Situation«, dann bedeutet das zwangsläufig auch: »Ich selbst bin jedenfalls nicht verantwortlich.« Wer sich so zurücklehnt, der kommt auch nicht in die Gänge, wenn es darum geht, die Situation zu ändern. »Warum denn ich? Ich habe ja nicht zur Situation beigetragen. Dann kann ich auch nichts tun, um aus dem Schlamassel, in dem ich stecke, wieder herauszukommen.« Mit anderen Worten: Wenn du die Verantwortung nicht bei dir siehst, dann wirst du auch nicht aktiv. Dann wirst du eben nicht das grottenschlechte Hotel verlassen und auf eigene Faust ein anderes suchen. Dann wirst du nicht mit dem Autoverkäufer über eine Abwandlung des Kaufvertrages verhandeln. Und dann wirst du dir auch nicht ein Herz fassen, zu deinem Vorgesetzten zu gehen und mit ihm neue Arbeitsabläufe zu planen. Stattdessen sitzt du daheim auf deinem Sofa und nimmst der Welt übel, wie schlimm sie dir mitgespielt hat. Du gehst vollkommen auf in deiner Opferrolle – würdevoll und stolz.

Du kannst das mit den Schuldzuweisungen ausprobieren. Ich habe es auch immer wieder versucht, aber glücklich gemacht hat es mich nie. Und weitergebracht auch nicht. Die Erfahrung lehrte mich irgendwann: Solange ich die Verantwortung für meine Unzufriedenheit auf andere abschiebe, kümmere ich mich nicht um das eigentliche Problem. Kann ich dann ja auch nicht, ich bin ja schon ausreichend damit beschäftigt, auf andere wütend zu sein. Ich habe sogar gemerkt, dass ich kaum etwas Dümmeres tun kann, wenn etwas in meinem Leben schiefläuft, als andere dafür verantwortlich zu machen. Denn ich verbaue mir dadurch die Chance, aktiv etwas an der Situation zu verändern. Stattdessen kette ich mich über die Schuldzuweisungen an mein »Unglücklichsein«. Wie ein Plattenspieler, dessen Tonabnehmer in der Rille einer Langspielplatte festhängt, komme ich nie zu einem Ende. »Die anderen sind schuld … die anderen sind schuld … die anderen sind schuld … die anderen sind schuld … die anderen sind schuld …«

Vielleicht tut es für eine kleine Weile gut, andere für die eigene Misere verantwortlich zu machen. Doch die Schuld anderen in die Schuhe zu schieben, bringt höchstens für einen kurzen Moment eine Entlastung. Wie ein Schmerzmittel. Für eine Weile betäubt es die Leiden. Wenigstens ein bisschen. Aber die Ursache des Schmerzes ist damit nicht behoben. Die Situation, die Verzweiflung bleiben bestehen.

In der Schweiz gibt es einen netten Spruch, der es auf den

Punkt bringt. Ein kleiner Junge sagt: »Si sind ganz sälber tschuld frürts mi, warum händs mer au ka Händscha ge …« Zu Deutsch: Sie (die Eltern) sind ganz selber schuld, dass es mich friert – schließlich waren sie es, die mir keine Handschuhe gegeben haben. Und genau das ist der Kern der Sache. Wem ist es an den Händen kalt? Nicht den Eltern, die es vielleicht wirklich versäumt haben, ihrem Kleinen ein Paar Handschuhe mitzugeben. Dem Jungen werden die Finger klamm. Also muss *er* sich in Bewegung setzen und für Abhilfe sorgen. Die Eltern sind ganz woanders und wissen noch nicht einmal, dass ihr Junge keine Handschuhe dabeihat. Jetzt, in dieser Situation, ist von ihnen keine Hilfe zu erwarten.

Du kommst gar nicht drum herum: Auch wenn du die Verantwortung abschiebst, bist *du* es doch, der die Folgen trägt. *Du* leidest. Selbst wenn du das Gefühl hast, dass das, was da gerade abgeht, gar nichts mit dir zu tun hat und du nichts dafürkannst, bleibst du doch immer der Hauptdarsteller in deinem Leben. Du kannst dich nicht aus deiner Geschichte davonschleichen. Einen Schuldigen zu finden, ändert nichts, aber auch gar nichts an deiner unangenehmen Situation. Der, den du als Schuldigen verantwortlich machst, wird deine Suppe nicht auslöffeln, ob er sie dir nun eingebrockt hat oder nicht. Du musst es selbst tun. Und eines ist sicher: Es bringt dich nicht weiter, wenn du in dieser Suppe nur herumrührst. Dieser Teller wird nie leer werden.

Sebastian ist mein zweitjüngster Sohn. Er hat bis zu seinem 20. Geburtstag seine ganze Energie in die Fliegerei gesteckt. Sein Herzenswunsch war es, Berufspilot zu werden, bei der Patrouille Suisse mitzufliegen. Er hat sich angestrengt, richtig gebüffelt und nichts dem Zufall überlassen. Und er ist weit gekommen. Aber dann, eines Tages, beim x-ten Test, hat der Augenarzt herausgefunden, dass da doch eine schwache Form von Farbenblindheit das Sehvermögen beeinträchtigen könnte. Und aus war der Traum.

Wer war schuld? Der Arzt? Der Test? Oder ich, die Mutter, die ihrem Kind irgendein dummes Gen vererbt hatte? Und warum haben *die anderen* Ärzte die Farbenblindheit nicht schon bei den ersten Tests festgestellt, oder der Augenarzt in der Kindheit? Die Enttäuschung bei Sebastian war groß, er war niedergeschmettert. Aber er hat rasch erkannt: »Es bringt mich nicht weiter, wenn ich in der Vergangenheit nach ›Warums‹ suche. Flucht nach vorn – dann werde ich mich halt auf mein Studium konzentrieren.«

Ich war echt stolz auf ihn und auf seine erwachsene Art, sein Leben trotz dieser Enttäuschung anzupacken.

Eines ist also schon einmal klar: **Wenn du glaubst, dass Schuldzuweisungen dich glücklich und zufrieden machen, dann kannst du auch gleich dem Regen die Schuld geben, wenn dein Dach undicht ist.**

Tiefdruckgebiet über Norwegen

Eine wirklich nette Familie. Die Kinder gesund und wohlerzogen, Vater und Ehemann auf der Karriereleiter, Mutter für alle da – glücklich in ihrer Mutterrolle. Haus, Garten, Auto, … Eine heile Welt – wie aus dem Werbeprospekt. Das perfekte Glück und exakt das, was ich mir immer gewünscht hatte.

Jedenfalls von außen betrachtet.

Innen sieht es ganz anders aus. Seit Sonntag liegt ein Tief nicht wie üblich über Skandinavien, sondern über unserer Ehe. Keine Gewitterfront und auch kein Sturm, aber eisige Kälte und düstere Wolken. Heute ist Donnerstag – und immer noch kein Hoch, keine Sonne in Sicht. Was ist passiert? Nichts. Oder anders ausgedrückt: Ich weiß es nicht, bin ratlos. Ich erfülle offensichtlich die Erwartungen meines Mannes und des Vaters unserer Kinder nicht, oder nicht mehr. Er meine ebenso wenig. Ich habe mir unsere Ehe anders vorgestellt. Er auch.

Er: »Bei dir stehen die Kinder immer an erster Stelle!«

Ich: »Kein Wunder, du bist ja nie da! Für dich bin ich nur existent, wenn du etwas brauchst. Alles andere ist dir wichtiger. Freizeit, Job, Karriere, Geld!«

Er: »Das Geld nimmst du schließlich gerne …«

Ein Schuss vor den Bug! Seit Sonntag denke ich über unsere Ehe nach. Er, ich, die Kinder … Ich liebe doch diesen Mann, ich wollte doch mit ihm eine Familie gründen, das war doch immer das Ziel gewesen!

»Die Unzufriedenheit geht vorbei«, versuche ich mir krampfhaft einzureden. »Nein, diesmal nicht, diesmal ist es anders«, meldet sich mein Unterbewusstsein. Der Dialog zwischen meinem Ich und meinem Unterbewusstsein ist eröffnet.

Unterbewusstsein: »Was willst du eigentlich? Du hast doch, was du immer wolltest! Und noch viel mehr!«

Ich: »Ich weiß nicht, was los ist! So, wie es jetzt ist, wollte ich es auf keinen Fall!«

Unterbewusstsein: »Was fehlt dir denn?«

Ich: »Was mir fehlt? Ruhe! Wonach ich mich sehne? Nach Ruhe. Ruhe! Ich muss zu mir zurückfinden, heraus aus der Krise, aus der Ehekrise!«

Unterbewusstsein: »Deine Ehe kannst du nicht alleine retten, vergiss es!«

Heute, am Tag fünf nach dem Crash, bin ich keinen Schritt weiter als am Tag eins. Und an Tagen wie diesen, wenn mit den Kindern auch nicht alles so rund und harmonisch läuft, wie ich es gerne hätte, geht meine Gelassenheit endgültig baden. Ein Glas flüssiger Bienenhonig, das eines der Kinder auf den Küchenboden fallen lässt, die heiße Schokolade über zwei gerade erst sauber *angekleidete Kinder, die Waschmaschine, die ausgerechnet heute ihren Geist aufgibt ...*

Alle Träume erfüllt. Beim Universum bestellt und in einwandfreiem Zustand geliefert. Von außen betrachtet ist alles tipptopp. Und trotzdem geht es dir nicht gut. Ist das nicht eigenartig? Das bedeutet doch, dass das Äußere schon mal keine tragende Rolle spielen kann, wenn es um dein Wohlbefinden geht. Wie vielen Menschen geht es wie mir damals, als ich feststellte, dass trotz glänzender Fassade das Gebäude dahinter baufällig war! Außen hui und innen – Chaos, Zweifel, Unsicherheit.

Und auch andersherum bestätigt sich die These: Wenn aller Anschein und alle Äußerlichkeiten gegen deine Situation sprechen – du hast dich gerade von deinem Partner getrennt, du hast Geldsorgen, noch dazu hattest du mit deinem Auto einen Auffahrunfall und hast nun eine Rechnung über 3000 Euro im Briefkasten, du weißt nicht, ob du in deinem Job bleiben kannst und ob du vielleicht in eine kleinere Wohnung ziehen musst –, heißt das noch lange nicht, dass du unglücklich bist. Vielleicht machen dir deine Kinder so große Freude, dass das alles andere mehr als aufwiegt. Vielleicht fühlst du dich befreit und bereit für einen totalen Neuanfang. Wer weiß?

Äußere Umstände haben also offensichtlich nur wenig mit deiner inneren Zufriedenheit zu tun. Sieh es ein: Wenn es möglich ist, dass du unzufrieden mit deinem Leben bist, auch wenn du genau das erreicht hast, was du immer wolltest, kann der Grund für deine Verzweiflung unmöglich an Äußerlichkeiten allein liegen. Vom Äußeren auf die innere Befindlichkeit zu schließen ist falsch. Es gibt genug reiche und schöne VIPs, die bekanntermaßen todunglücklich sind. Die Gleichung »äußerer Glanz = inneres Wohlbefinden und Glück« stimmt einfach nicht. Es führt dich höchstens in die Irre, wenn du ein mangelndes inneres

Glücksgefühl darauf zurückführst, dass es an äußerem Wohlstand, den passenden Umständen oder an Erfolg fehlt. Äußerlichkeiten sind nicht der eigentliche Auslöser für privates Glück oder Unglück. Sie sind weder Glücksgarant noch Unglücksursache.

Es muss also an etwas anderem als an Äußerlichkeiten liegen, wenn du dich unzufrieden in deinem Leben fühlst. Es spielen da andere Faktoren eine Rolle. Aber welche? Woher kommen deine Zweifel, wenn du doch alles hast? Offensichtlich stimmt da etwas nicht in deinem Leben, aber was?

Du kannst das Leben leben, das du dir immer gewünscht hast. Und trotzdem kann es sich falsch anfühlen. Das bedeutet nicht, dass du dich geirrt hast, sondern dass es entweder anders gekommen ist, als du es dir vorgestellt hast, oder dass du nicht mehr weißt, was du eigentlich willst.

»Ja, weiß ich denn, was ich wirklich will?« Diese Frage habe ich mir in jener Lebensphase kurz vor der Scheidung tausendmal gestellt, zwischen Stillen und Basteln, Kochtopf und Einmachgläsern, Hühnern und Ziegen, Geschichtenerzählen und Liedervorsingen. Ich hatte keine Ahnung, warum ich so unglücklich mit meinem Leben war. Ich fühlte mich hin und her geworfen, ausgeliefert, machtlos, energielos.

Apropos Lieder singen: Es erging mir damals wie Hansdampf im Schneckenloch, der Figur aus dem bekannten Kinderlied, welches ich ausgerechnet in dieser aufreibenden Krisenzeit andauernd meinen Jungs vorsingen musste:

Der Hansdampf im Schneckenloch
hat alles, was er will.
Und was er hat, das will er nicht,
und was er will, das hat er nicht, ...

Der Liedtext trifft den Nagel auf den Kopf – nicht nur bei Kindern. So witzig das Lied klingen mag, im Leben ist das Gefühl »Und was ich hab, das will ich nicht …« alles andere als lustig. Aber was ist es denn, was dem Hansdampf solche Probleme bereitet?

»Für mich soll's große Chancen regnen«
»Ihr habt eine Stunde für den Entwurf des heutigen Aufsatzes«, verkündet unser Lehrer. Er dreht die Wandtafel, gespannt recken wir die Hälse. Das Aufsatzthema lacht uns entgegen: »Was ich einmal werden möchte …«

Toll, denke ich, Wunschkonzert! Das wird einfach! Bis in die Zehenspitzen motiviert will ich drauflosschreiben, bleibe aber bereits nach der ersten Zeile stecken.

»Wenn ich groß bin, werde ich …?« Hmm, so einfach scheint es doch nicht zu sein. Ich sitze da, nage an meinem Bleistift und mein Hirn arbeitet auf Hochtouren. Was hatte uns unser Lehrer beigebracht? »Macht erst Notizen, schreibt auf, was euch als wichtig erscheint, und sammelt einfach mal den Inhalt wie Puzzleteile. Danach sortiert ihr sie und setzt sie so zusammen, dass alles einen Sinn ergibt.«

Inhalt sammeln. Okay. Also, was will ich werden? Kindergärtnerin oder Lehrerin fällt mir als Erstes ein. Dann Bergführerin, Skilehrerin oder Skirennfahrerin. Reiseleiterin oder Flugbegleiterin, egal, Hauptsache etwas mit Reisen. Aber Fliegen wäre schon cool. Träumt nicht jeder vom Fliegen? Meine Patentante ist Stewardess bei der Swissair. Aber was hatte Mama gesagt, als ich mal andeutete, dass ich das auch lernen wolle? »Als Flugbegleiterin musst du immer schöne Kleider tragen, hübsch aussehen und nett sein zu allen Gästen. Da ist's dann zu Ende mit deinem Wildfanggetue. Also ich weiß nicht, ob das das Richtige für dich ist.«

Nun gut, vielleicht hat sie ja recht, also nicht Stewardess. Dann eben Pilotin? Nein, ich glaube die Anforderungen sind zu hoch, das ist dann wohl nichts für mich. Und ich will ja auch etwas mit Menschen zu tun haben, vielleicht auch Menschen helfen. Oder Kindern. Ich liebe Kinder, besonders die kleinen. Wäre Säuglings schwester etwas für mich? Nein, ich glaube, Kindergärtnerin ist doch besser. Aber was wird dann mit dem Reisen? Gut, ich hab's, Kindergärtnerin bei den Zigeunern. Erst letzte Woche haben Fahrende in unserer Nähe haltgemacht. Aber ob die eine Kindergärtnerin brauchen? Wohl kaum. Doch Moment mal! Als Kindergärtnerin hätte ich 13 Wochen Schulferien. Zeit genug, um zu reisen, und Zeit für die Berge.

»Ihr habt noch zehn Minuten.« Die Stimme des Lehrers holt mich in die Gegenwart zurück. Mist! Ich habe kaum etwas auf meinem Blatt. In aller Eile bringe ich auf Papier, was zuvor in meinem Hirn herumschwirrte. Alles, wovon ich träumte. Ich weiß nicht mehr genau, was ich alles aufgeschrieben habe, aber den Kommentar des Lehrers, als er mir meinen Entwurf zurückgab, habe ich nicht vergessen. »Mädchen, Mädchen, das ist wirklich unbrauchbar. So wird nie etwas aus dir werden!«

So wie ich mich in meinem Aufsatz verzettelt hatte, so leicht verzettelt man sich auch im Leben. Das Leben hat so viel zu bieten! Ablenkungen und Verführungen, die dich von deinen Zielen abbringen könnten, lauern an jeder Wegkreuzung und hinter jedem Busch, hinter jedem Stein. Die Unmengen der auf dich einprasselnden Möglichkeiten sind eine ständige Bedrohung für deine Ziele. Dauernd musst du dich ermahnen: »Ich muss mich fokussieren!« Denn sonst verzettelst du dich im Leben hoffnungslos. Ein paarmal die falsche Abzweigung genommen, und schon bist du irgendwo im Nirgendwo gelandet. Also her mit den Scheuklappen, und aufgepasst, dass du nicht vom rechten Weg abkommst.

So ist jedenfalls die allgemeine Sichtweise.

Ich bin da anderer Meinung. Wie oft bin ich doch in meinem Leben in ein ganz neues Fahrwasser reingerutscht – und finde das wunderbar! Ich freue mich darüber, dass ich einen Chancenüberschuss hatte und dass ich davon profitiert habe. Plan A hat nicht funktioniert? Kein Drama! Dort drüben wartet schon die nächste Chance auf mich. Oder soll ich die dahinten nehmen? Vielleicht aber auch die ganz links …

Träume, Ziele und Chancen kommen und gehen. Das ist doch genial! Was willst du mehr? In deinem Leben willst du dich entwickeln, und deine Träume und Ziele sollen es mit dir tun. Nicht auszudenken, wenn es anders wäre! Was wäre es für eine öde Welt, gäbe es keine Möglichkeit, einen einmal gefassten Plan, ein einmal anvisiertes Ziel zu verändern oder fallen zu lassen! Dann gäbe es ja nur Lokomotivführer, Löwenbändiger und Stewardessen in unserer Welt! Es ist doch einfach großartig, dass dir das Leben so viel zu bieten hat und du immer wieder neu wählen kannst. Denn es muss ja nicht automatisch tragisch enden, wenn du dich auf deinem Lebensweg auch mal für etwas anderes als ursprünglich geplant entscheidest. So eine Abzweigung kann auch ins Glück führen! Es kann sich tatsächlich als Segen erweisen, ein Ziel zu vergessen oder fallen zu lassen und nach einer anderen Chance zu greifen. Maßgeblich ist nicht, stur bei einem einmal gefassten Plan zu bleiben, sondern dass dir das, was du tust, Erfüllung schenkt.

Leider gibt es im Leben kein Navigationsgerät, das dich mit netter Stimme auffordert: »Bitte wenden!«, sobald du vom Weg abkommst oder du dich zu verzetteln drohst. So verlockend diese Navigationshilfe vordergründig allerdings erscheint, sie würde nicht funktionieren. Denn eines kannst du im Leben garantiert nicht: wenden. Im Leben gibt es niemals ein Zurück; das Leben kennt nur das Vorwärts. Aber welche der vielen

Möglichkeiten, die dir im Leben begegnen, bringen dich wirklich weiter? Wenn man das nur wüsste!

Niemand kann es dir abnehmen, einzuschätzen, ob es sich bei dem, was dir auf deinem Weg widerfährt, um eine Chance handelt, die dich weiterbringt, oder um eine Ablenkung, die dich nur in die Irre führt. Einiges von dem, was dir auf deinem Lebensweg begegnet, drängt sich in den Vordergrund und schreit: »Hey, hier bin ich, nimm mich! Ich bin gut für dich! Ich bin das Beste, was dir passieren kann!« Anderes weilt im Verborgenen und wartet darauf, von dir entdeckt zu werden. Und wieder anderes begegnet dir auf offener Straße, und du erkennst gar nicht, dass es sich um eine Chance handelt. Eines aber haben alle Ablenkungen und Verführungen gemeinsam. Sie sind gut verpackt. Du weißt nicht, wie es ausgehen wird, wenn du nach ihnen greifst. Manche kommen staubig und unansehnlich daher und erweisen sich später als reines Gold. Andere sind glänzende Mogelpackungen, die dir etwas anderes versprechen, als sie halten. Doch selbst wenn du wüsstest, was sich hinter jeder Möglichkeit verbirgt, bleibt es eine große Kunst, Chancen am Schopf zu packen, bevor sie an dir vorbeigezogen sind. Aber keine Sorge. Mit wachsender Erfahrung wirst du immer besser darin.

Etwas anderes ist es, wenn du einfach vergisst, was du ursprünglich wolltest, und das dann negative Konsequenzen zur Folge hat. Das kann im Großen wie im Kleinen passieren.

Du gehst zum Nachbar, um dir seine Bohrmaschine auszuleihen. Deiner Liebsten versprichst du, gleich zurück zu sein, und dann kommt etwas dazwischen: Fritz lädt dich auf ein Bierchen ein, Helga legt für dich auch gleich eine Wurst auf den Grill und so gegen 10 …, na ja, den Rest kannst du dir denken. Aber die Bohrmaschine hast du vergessen.

In deinem Leben geht es um mehr als um eine vergessene Bohrmaschine.

Natürlich kann es dir auch passieren, dass du vom Weg abkommst, dich verzettelst und verirrst. Aber auch Irrwege sind Wege. **Entscheidend ist letzten Endes nicht, welchen Weg du gehst, sondern wohin er dich führt und was er dir gibt.** Die Geschichte von Gregory zeigt das: Gregory studierte Chemie mit der Absicht, später einmal das Labor seines Vaters zu übernehmen. Das war schon in der Schulzeit sein Ziel gewesen. In den Semesterferien arbeitete er als Kellner in einem Hotel in den Schweizer Bergen. Irgendwie ist er dort hängen geblieben. Heute gehört ihm dieses Hotel.

Ist das jetzt gut? Oder hat er sein Leben verpatzt? Wäre Chemie nicht doch besser gewesen? Oder hat er Glück gehabt, dass er in seinem Ferienjob seine eigentliche Bestimmung gefunden hat? Ich weiß es nicht. Niemand kann das wissen. Wir könnten Gregory fragen, aber eine objektive Antwort können wir auch von ihm nicht bekommen. Keiner weiß, wie es gekommen wäre, wenn Gregory tatsächlich Chemiker geworden wäre. Auch er selbst nicht.

Auch wenn Gregory bei seinen Freunden dafür bekannt ist, dass er total glücklich ist und es für ihn nichts Besseres gibt als dieses Hotel – ganz sicher ist es nicht, dass er als Chemiker nicht sogar noch etwas glücklicher geworden wäre. Glück kennt keine Grenzen nach oben. Zum Glück!

Und wenn Gregory eher der Typ wäre, der gerne jammert? Auch dann wüssten wir nicht, ob er im Labor seines Vaters nicht noch unglücklicher geworden wäre, als er sich als Hotelier fühlt. Denn auch Unglück kennt keine Grenzen – nach unten. Es hätte immer auch etwas schlimmer kommen können. Nur weil du dich im Moment unglücklich fühlst, heißt das noch lange nicht, dass du, wenn du dich vor Zeiten anders entschieden hättest, unbedingt glücklicher geworden wärst.

Trotzdem versuchen viele, sich einzureden, dass alles besser gewesen wäre, wenn … »Ich hätte halt damals doch besser …« Oder: »Warum nur habe ich nicht …?« Ja, wenn doch diese »Wenns« nicht wären. Aber egal, wie viele »Wenns« dir einfallen, musst du doch zugeben, dass du nicht den geringsten Schimmer hast, ob es dir mit den Alternativen besser ergangen wäre. Wir haben nun einmal keinen Zugang zu einer Parallelwelt, in der alles anders gekommen ist. Wir können nicht objektiv verschiedene potenzielle Lebensläufe miteinander vergleichen. Doch über eines musst du dir im Klaren sein:

Es geht nicht um das, was war, und noch viel weniger um das, was gewesen wäre, wenn, sondern einzig um das, was ist, und um das, was sein wird.

Auf die Blickrichtung kommt es an

Du kannst zwar beurteilen, ob du in der Lebenssituation, in der du dich jetzt in diesem Moment befindest, glücklich und zufrieden bist – oder eben nicht. Aber es ist völlig egal, wie du an diesen Punkt gelangt bist. Welche Entscheidungen es waren, die zu deiner gegenwärtigen Situation geführt haben. Ob es gute oder falsche gewesen sind. Ändern kannst du es sowieso nicht mehr.

Wenn du hier und jetzt mit deinem Leben unzufrieden bist, bringt es überhaupt nichts, in der Vergangenheit herumzuwühlen und herausfinden zu wollen, an welcher Stelle es angefangen hat, falsch zu laufen. Vor zehn Jahren, als du deinen Beruf gewählt hast? Vor fünf Jahren, als du dich gegen Kinder entschieden hattest? Vor zwei Wochen, als du ein paar Tage früher aus dem Urlaub gekommen bist, weil in deiner Firma Not am Mann war? Da kannst du ewig drüber grübeln – aber helfen wird es dir nicht. Wenn es darum geht, die Lebenssituation, in der du nicht sein möchtest, zu verlassen, spielt die Vergangenheit überhaupt keine Rolle. Denn Fakt ist nur: Hier stehst du. Jetzt. Wenn du hier und jetzt unglücklich bist, dann musst du etwas ändern. Dazu musst du ganz in der Gegenwart sein, deinen Blick in die Zukunft richten und aufhören in der Vergangenheit herumzuwühlen.

Dein Unwohlsein und deine Verzweiflung zeigen dir: Der Ort, an den das Leben dich geführt hat, ist der völlig falsche Platz für dich. Deine innere Stimme meldet sich und gibt dir zu verstehen: »Du lebst das falsche Leben.« Du hast erkannt, dass du am falschen Ort bist – weißt aber nicht, welches die richtige Richtung ist, um an den passenden Ort zu kommen. Du hast die Orientierung verloren! Und das ist das Schlimmste, was dir passieren kann. Denn selbst wenn du genau weißt, in welcher Lage du dich befindest und wie es dazu kommen konnte – retten wird dich das nicht. Du musst wissen, *wohin* du gehen willst. »Irgendwohin halt« ist keine Antwort. Einfach loslaufen ist das Schlechteste, was dir in so einer Situation einfallen kann.

Auch ich bin schon losgerannt, ohne zu wissen, wohin. Mir war klar geworden, dass Ausharren keine Lösung ist. Ich wollte nur noch eines: weg. Raus aus meinem Alltag. Nicht länger ertragen müssen, was da gerade in meinem Leben abging. Also setzte ich mich in Bewegung. Wohin? Egal! Ich träumte davon, auf einer kleinen einsamen Insel Ruhe zu finden. Ein paar Palmen, Sand und Meer stellte ich mir wie ein Paradies vor – ohne Gefahr, mich weiter zu verirren und zu verheddern. Dachte ich jedenfalls. Genau auf so einer Insel bin ich dann gelandet – doch dazu später mehr.

Erst viel später wurde mir klar, dass dieses »Nur noch weg« nichts anderes war als blinde Flucht! Eine Flucht, die mich nur noch stärker in Verwirrung stürzte. Es war, als hätte ich mich in einer Brombeerhecke verfangen und als würde ich mich mit aller Kraft immer tiefer in dem Dornengestrüpp verheddern.

In meiner Beratungspraxis erlebe ich es so oft, dass Menschen ihre Energie verschwenden, weil sie so wie ich damals in die völlig falsche Richtung unterwegs sind! Sie stürzen sich in neue

Projekte oder treiben Sport bis zum Umfallen. Manche kompensieren ihre Beklemmungen mit Shoppingtouren und wilden Partys. Alles verschwendete Energie! Denn solange die Richtung nicht stimmt, bringen dich alle deine Bemühungen nicht näher zu einem erfüllten Leben, sondern nur noch weiter weg.

2 | *Warum ändert sich nichts?*
Meine persönlichen Glückszerstörer

Eigentlich wäre es doch ganz leicht: der falsche Job? Kündigen.
Der falsche Partner? Verlassen. Die falsche Stadt? Umziehen.
Aber du tust es nicht. Du redest viel, planst viel, beschäftigst
dich mit deinen Träumen: tagelang, wochenlang, ein Leben lang.
Obwohl du glaubst, ganz viel für dein Glück zu tun, ändert sich
nichts. Auf dem Weg zu deinem Glück bleibst du wie in zähem
Schlamm stecken. Irgendetwas hindert dich daran, tatsächlich
in die Gänge zu kommen. Was ist das genau?

Sommer 1973. Bis zum Ziel kann es nicht mehr weit sein. Ich werfe
noch einmal einen kurzen Blick auf die Karte – perfekt! Diesen
Orientierungslauf werde ich gewinnen. Endspurt. Nur noch da
vorne um die Wegbiegung und … – kein Zieleinlauf, keine Ziel-
fahne, kein Getränkestand und auch keine jubelnden Menschen.
Nur einsamer Wald. Das Ziel muss aber hier irgendwo sein! Noch
wehre ich mich gegen den Gedanken, dass ich mich heillos verlau-
fen habe. Ein erneuter Blick auf die Karte. »Nein, ich bin richtig,
ich muss richtig sein!«

Nebelfetzen schleichen um mich herum, benebeln mich. Die Landschaft verschwimmt immer mehr vor meinen Augen. Die Bäume um mich herum stehen da wie erstarrte Soldaten, schwarz, düster, regungslos. Gespenstische Stille. Der Nebel hat sogar den Wind verschluckt.

»Ganz ruhig, eigentlich kann dir doch gar nichts passieren …« Dass mir dieser Gedanke durch den Kopf schießt, macht mir bewusst, dass ich alles andere als ruhig und gelassen bin. Erste Zweifel versuchen mich kleinzukriegen. »Was, wenn ich falschliege? Ich weiß doch, wo ich bin! Nur das Ziel ist nicht da. Können die sich geirrt und das Ziel an einem falschen Ort platziert haben? Schwer vorstellbar. Was, wenn ich es bin, die sich geirrt hat?«

Also zurück zum letzten bekannten Standort. Nur, wo ist der? Ich bin ja quer durch den Wald gelaufen, weil ich glaubte, dass ich gleich am Ziel sei. Immerhin bin ich nach meinem Querfeldein-Trip auf einem Weg gelandet. Doch welche Richtung soll ich einschlagen? Links oder rechts? Kopf oder Zahl? Keine Ahnung. Ich spurte einfach los. Ich renne, was das Zeug hält, und bete, dass ich anderen Läufern begegne, die mir zeigen, dass ich wieder auf Kurs bin.

Und mit einem Mal haut es mich um, als wäre ich gegen eine Wand gelaufen: »Das darf jetzt aber nicht wahr sein!« Ich bin exakt an derselben Stelle, die ich vor ca. 30 Minuten schon einmal passiert habe. Das würde ja bedeuten, dass ich im Kreis herumgelaufen bin! Frustriert setze ich mich auf den nächsten Wurzelstock und studiere erneut die Karte. Wo gibt es einen Weg, der im Kreis herumführt? Ich entdecke einen Hügel und um diesen Hügel herum ist ein Weg eingezeichnet. Irgendwo auf diesem Rundweg befinde ich mich also. Wenigstens ein Anhaltspunkt. Ich will gerade weiterrennen, da entdecke ich noch einen Hügel, mit noch einem Weg drum herum. Und noch einen. Die Karte beginnt vor meinen Augen zu verschwimmen, diesmal ist es ganz sicher nicht der Nebel, diesmal sind es die Tränen, die meinen Blick verschleiern. Die ganze Karte ist voller Hügel. Und voller Rundwege, die um sie herum führen. Mist, ich habe nicht den geringsten Schimmer, wo ich mich befinde! Ich habe mich verirrt. Hoffnungslos.

Ich sitze auf dem Wurzelstock und spüre in meiner Lunge jeden Atemzug wie einen Messerstich. Ich bin völlig ausgepumpt. Mein Körper fühlt sich an wie Blei. Meine Beine zittern. Verzweifelt erkenne ich, dass mich mein Gerenne der letzten halben Stunde dem Ziel nicht einen einzigen Schritt näher gebracht hat.

Tigernde Tiger im Käfig

Ausweglose Situationen verlangen nach Auswegen. Deshalb legst du in einer hoffnungslosen Lage nicht einfach nur die Hände in den Schoß und wartest mal ab. Sondern du setzt alles daran, aus dem Schlamassel herauszukommen. Du denkst nach, planst, redest mit deinen Freunden und triffst Vorbereitungen. Wenn du in eine größere Wohnung ziehen willst, kaufst du vier verschiedene Tageszeitungen und schneidest die passenden Anzeigen aus. Und abends sitzt du bis nach Mitternacht am Computer und surfst durch die Mietportale. Jeden Arbeitskollegen hast du schon angespitzt, dir Bescheid zu geben, wenn irgendwo eine Wohnung frei wird. Und ein Jahr später sitzt du immer noch in deinem 2-Zimmer-Loch unter dem Dach, wo es im Sommer unerträglich heiß wird und du im Winter das Eis von den Fenstern kratzen kannst. Mit anderen Worten: viel Aktion, aber kein Effekt.

Dem Tiger im Käfig geht es genauso. Auch der ist nicht tatenlos. Er tigert hin und her. Immer in Bewegung, und immer dieselben Gitterstäbe. Höchste Zeit also, dass du dich fragst, ob deine bisherigen Strategien die richtigen waren.

Hat es dir genutzt, die Stellenangebote zu verfolgen? Nein, denn du schlägst dich immer noch jeden Tag mit einer Arbeit herum, die du nicht magst. Hat es dich weitergebracht, dass du deinem Schwarm gegenüber immer freundlich warst und ihm auch den einen oder anderen Gefallen getan hast? Nein, denn ihr wart immer noch kein einziges Mal miteinander aus. Und genauso wenig hat es dir geholfen, dass du Gartenbücher gewälzt und großartige Pflanzpläne gemacht hast, denn seit zwei Jahren sieht der Garten hinter deinem neu gebauten Haus immer noch so aus, als wären die Bagger erst gestern abtransportiert worden. Warum klappt es nur nicht, vom Trockenschwimmer zum Ärmelkanal-Durchquerer zu werden?

Es liegt an den vielen Stolpersteinen, die du dir selbst in den Weg zum Glück legst. Das sind von dir höchstpersönlich eingebaute Bremsschwellen, die nur dazu dienen, dich genau dort zu halten, wo du bereits bist. Moment mal! Du sehnst dich nach einer Veränderung, und gleichzeitig hinderst du dich durch einfache kleine Tricks daran, diesen Wechsel auch wirklich in Angriff zu nehmen? Ist das nicht verrückt? Klar ist es das! Aber wir Menschen sind nun mal komplizierte Wesen. Doch Gott sei Dank sind wir auch mit der Fähigkeit ausgestattet, die eigens ausgelegten Glückszerstörer zu identifizieren und damit ihre Macht zu brechen.

Im Werbeblock
Augen zu! Was ich nicht sehe, ist nicht existent. Leugnen ist eine beliebte Reaktion, wenn etwas ganz und gar nicht so ist, wie man es sich vorgestellt hat.
- *Das muss ein Irrtum sein!*
- *Es kann doch gar nicht sein, dass …*
- *Mein Freund würde niemals …*
- *Da kann es sich nur um ein Missverständnis handeln!*
- *Ich hab noch nie gehört, dass …*
- *Das glaube ich nicht!*

Ganz besonders in Extremsituationen bietet dir diese Verhaltensweise eine erste Fluchtmöglichkeit, bevor du dich den Tatsachen stellen musst. Eine Frau, deren Mann einige Tage in den Bergen vermisst worden war, erzählte mir, sie hätte sich, als die Polizei in ihrer Haustür stand, beide Ohren zugehalten und laut geschrien:»Ich will es nicht wissen! Ich will es nicht wissen!« Mit aller Kraft hatte sie versucht, die beiden aus der Tür zu stoßen und diese ganz schnell wieder zu verschließen. Drei Tage hatte sie gehofft, gebangt und gezittert:»Was wäre, wenn …?« Aber als man ihr bestätigte, dass ihr Mann ums Leben gekommen ist, gab es für sie nur eines: Ignorieren! Das schenkte ihr die dringend benötigte Atempause, um sich langsam an das Schreckliche herantasten zu können.

1. Stolperstein: Ignorieren. Tatsachen zu verleugnen ändert nichts an der Realität – auch wenn es für eine Weile guttun mag.
In Situationen, in denen es um Leben und Tod geht, ist das Ignorieren eine wirkungsvolle Strategie, um die wie ein Rammbock heranstürmende Realität zumindest zeitweise abzumildern. Und genau das ist der Knackpunkt: Ignorieren macht höchstens kurzfristig einen Sinn! Tatsachen über einen längeren Zeitraum oder sogar für immer nicht zur Kenntnis nehmen zu wollen, bringt dich ins Stolpern, bevor du überhaupt losgegangen bist.
Gleis 6. Du hast im Internet nachgeschaut: Der Zug fährt um 19.12 Uhr. Warum kommt er nicht? Dass du ganz allein wartest, macht dich stutzig. Jetzt ist es 19.20 und immer noch kein Zug in Sicht. Die könnten wenigstens durchsagen, dass der Zug verspätet eintrifft. Endlich entschließt du dich, einen Blick auf den Fahrplan zu werfen. 19.12 fährt der Zug. Jeden Tag – außer sonntags.
Es ist bestimmt jedem schon mal passiert, dass er auf dem Bahnsteig stand und auf einen Zug wartete, der niemals

kommen würde. Aber niemandem würde es einfallen, zu ignorieren, dass der Zug nicht kommen wird. Niemand bleibt 24 Stunden auf dem Bahnsteig stehen, bis 19.12 Uhr am Montag. Spätestens nach einer Viertelstunde wird er sich eingestehen, dass er sich vertan hat. Nach einem kurzen Blick auf den Fahrplan wird er einen anderen Zug nehmen, auch wenn er dafür das Gleis wechseln muss.

Aber es gibt hundert andere Situationen, in denen über Jahre hinweg die Realität verleugnet wird. Dauerhaft die Augen zu verschließen, kann nur ein unglückliches Leben zur Folge haben. So wie bei der Frau, die nicht wahrhaben will, dass ihr Mann ein brutaler Schläger ist, und jedes Mal, wenn sie »die Treppe heruntergefallen ist«, beteuert, dass er es nicht so gemeint hat. Oder der Mitarbeiter, der gar nicht merkt, dass er von seiner gesamten Abteilung nicht ernst genommen wird. Er spürt sehr wohl, dass da was nicht stimmt, aber er legt sich das ablehnende Verhalten seiner Kollegen so zurecht: »Ach ja, wir alle haben nun mal kein besonders persönliches Verhältnis zueinander; bei uns stehen eben die Sachthemen und der Erfolg der Abteilung im Vordergrund.« Dass er aktiv ausgegrenzt wird, will er nicht wahrhaben. Und kommt deshalb auch nicht auf die Idee, seine Talente und Fähigkeiten woanders zur Geltung zu bringen.

Und da sind wir auch schon beim zweiten Stolperstein, der mit dem Ignorieren eng verwandt ist. Hier geht es aber nicht darum, die Realität vollständig auszublenden, sondern sie so umzudeuten, dass der Drang zum Handeln, genauso wie beim Ignorieren, erstickt wird. Ich meine das Schönreden.

2. Stolperstein: Schönreden. Wenn Ignorieren nicht mehr möglich ist, biegen wir uns die Tatsachen so zurecht, dass sie weiter in unsere heile Welt passen.
Sich etwas schönzureden ist unglaublich easy. Die Devise: Wenn

etwas nicht ist, wie es sein sollte, mach es anders – mit Worten und Gedanken. Schönreden hilft. Ein bisschen. Gefühlsmäßig. Doch eben nur gefühlsmäßig.

»So schlimm ist es nun auch wieder nicht« gewährt Aufschub. Das ist dann aber auch schon alles; es bleibt trotzdem alles so, wie es ist. Wenn du pleite bist, bist du pleite, und wenn das Dach undicht ist, ist es undicht.

Tatsachen verändern sich nun mal nicht durchs Schönreden. Das ist, als würdest du auf die blinkende Ölanzeige deines Autos schauen und dir einreden: »Alles kein Problem, der Ölstand ist in Ordnung. Nur das Öllämpchen ist kaputt!« Die nächsten paar Kilometer fährst du noch fröhlich vor dich hin. Aber mit jedem gefahrenen Kilometer näherst du dich dem Kolbenfresser.

Auch dieser Stolperstein hält dich davon ab, ins Handeln zu kommen. Solange es nur um den Ölstand oder ein undichtes Dach geht, ist das mit dem Schönreden nicht weiter tragisch. Ein Auto und die Einrichtung der Dachstube sind ersetzbar. Anders sieht es allerdings mit den Lebensirrtümern aus. 20 Jahre Ehe zum Beispiel – je länger, je unglücklicher. Der Gedanke: »Na ja, so schlimm ist es nun auch wieder nicht mit unserer Ehe, wir haben doch eigentlich auch ganz gute Zeiten …«, beschert dir zwar weniger akute Schmerzen als die Erkenntnis: »Ich bin unglücklich, ich will die Trennung!« Aber das Schönreden ist wie ein Urteil, das du dir selber sprichst: Lebenslänglich!

Uli weiß, wovon er spricht, wenn er sagt: »Ich wollte niemals Bäcker werden, aber nach meinem Berufswunsch wurde ich nie gefragt. Vater führte das Geschäft, ich hatte es zu übernehmen. So war das. Wenn es mir damit nicht so gut ging, redete ich mir ein, dass ich froh sein kann, ein sicheres Auskommen zu haben. Die Sehnsucht nach einem Beruf draußen in der Natur bekämpfte ich mit Argumenten, dass da ja auch nicht alles nur toll ist und dass meinem Körper die Arbeit im Wald bestimmt geschadet hätte.

Aber in Wirklichkeit gab es keinen einzigen Tag, an dem ich nicht daran gedacht habe, wie ein Leben als Förster oder Landwirt gewesen wäre. Und keinen einzigen Tag, an dem ich mit Freude die Backstube betrat.«

Was mich fassungslos macht: Rosarote Brillen werden einem überall mit der Aufforderung »Sieh es doch einfach positiv!«, »Konzentrier dich auf das, was gut ist!« und »Nicht alles ist schlecht!« angeboten. In Wirklichkeit meinen all diese Ratschläge: »Geh in das Gefängnis! Und mach die Tür hinter dir zu!« Das hat für mich nichts mit Optimismus zu tun, sondern mit fahrlässiger Lebenszerstörung.

Schönreden macht das Leben zu einer Dauerwerbesendung. Werbung für eine Situation, die nicht so gut ist, wie du sie gerne hättest. Werbung hat Macht, und Werbung macht dein Leben einfach. Sie gaukelt dir vor: »Du musst nur das Richtige konsumieren und dein Leben ist perfekt.«

- *Ich will, dass alles möglich ist: »Neckermann macht's möglich!«*
- *Ich will geliebt werden: »VIVA liebt dich!«*
- *Ich will, dass mir alles gelingt: »Tupperware und alles gelingt!«*
- *Ich will nicht im Stich gelassen werden: »Rexona lässt dich nicht im Stich!«*

Klingt doch toll, was die Werbung so alles zu bieten hat! Wären da nicht zwei ganz große Haken, die alles infrage stellen. Erstens: Wann hält Werbung schon, was sie verspricht? Und zweitens: Wer sich auf Werbeversprechen einlässt, hört einmal mehr auf die Masse anstatt auf sich selbst.

Früher habe ich tatsächlich oft Red Bull getrunken, aber mit den Flügeln hat's nicht richtig geklappt. Ich habe dann die Sache selbst in die Hand genommen – und fliege heute Gleitschirm. Und einen Kuchen, der zu lange im Ofen war und angebrannte Stellen hat, versuche ich nicht zu retten, indem ich eine dicke Buttercreme-Sahne-Schicht darüberspachtele. Stattdessen schneide ich die angekohlten Stellen heraus – oder backe gleich einen neuen Kuchen. Einen, der auch hält, was er verspricht.

Also Schluss mit dem Ignorieren! Und runter mit der Brille, die dir dein Leben schönfärbt! Aber ist es damit getan? Oder gibt es etwa noch weitere Stolpersteine?

»Ich war's nicht«

»Natürlich ist die Wohnung viel zu teuer für uns, aber mein Freund wollte unbedingt im Zentrum wohnen. Ich hätte ja weitergesucht, aber ...«

»Ich hätte gar nicht genug Zeit, um für die Prüfung zu lernen.«

»In meinem Alter habe ich doch sowieso keine Chance auf dem Arbeitsmarkt.«

Ausreden sind eine gesteigerte Form des Schönredens. Beim ersten Stolperstein, dem Ignorieren, hast du dich geweigert, die Realität anzuerkennen. Beim zweiten Stolperstein, dem Schönreden, kannst du die Tatsachen nicht mehr leugnen, aber du siehst sie durch eine rosarote Brille. Nun geht es noch einen Schritt weiter. Du erkennst genau, wie mies die Realität für dich ist, und findest jede Menge Gründe dafür, warum es genau so sein muss und warum es gar nicht anders sein kann.

3. Stolperstein: Ausreden. Das sind nur an den Haaren herbeigezogene Rechtfertigungen, die dir erlauben, etwas Schlechtes so zu lassen, wie es ist.

Jede Ausrede bedeutet nichts anderes, als dass man nicht bereit ist, die Verantwortung zu übernehmen. Weder für das, was gerade ist, noch für das, was sein könnte. Weder für eine Entscheidung noch für eine Handlung.

- *Ich war's nicht.*
- *Ich hätte ja schon gerne, aber ...*

- *Das fällt nicht in meinen Verantwortungsbereich.*
- *Da müsste sich der XY mal drum kümmern.*
- *Ich habe damit angefangen, dann muss ich es auch zu Ende bringen – auch wenn ich es gar nicht will.*
- *Da bleibt mir nun mal keine Alternative.*
- *Die anderen hindern mich …*

Mit solchen Ausreden lieferst du dir das perfekte Alibi, um nichts ändern zu müssen. Das ist bequem. Leider katapultierst du dich gleichzeitig in die Duldungsstarre. Entscheidungen überlässt du lieber anderen – oder dem Zufall. Jede Ausrede ist also ein weiterer Gitterstab in deinem Käfig, der dich daran hindert, dich im Leben in Richtung Glück zu bewegen.

Ignorieren, Schönreden und Ausreden lassen dich dein Glück nicht finden, denn sie halten dich vom Handeln ab. Mit ihnen im Gepäck wirst du in deinem Leben nur hin und her geworfen und niemals aktiv die Richtung einschlagen können, die dich zu deiner persönlichen Erfüllung bringen wird. **Diese drei Glückszerstörer haben einen gemeinsamen Mechanismus: Sie halten dich von der Realität fern.** Und um die Wahrnehmung von Realität geht es doch! Du musst dich ohne Scheuklappen auf die Suche nach den Gründen machen, warum dein Leben in manchen Bereichen nicht optimal verläuft. Erst dann kannst du wirksame Konsequenzen ziehen und dich entwickeln. Mit der Realität zu spielen oder an ihr herumzubasteln, geht auf Dauer immer schief.

Du meinst, das alles betrifft dich nicht? Du glaubst, sehr wohl den Fakten deines Lebens ins Auge zu schauen? Wie leicht es ist, in die Realitätenfalle zu tappen, zeigt der Umgang mit dem Wetter.

Ich bin ein extrem wetterabhängiger Mensch. Für Bergsteiger und Gleitschirmpiloten hat das Wetter ja auch eine zentrale Bedeutung. Nun gibt es ganz viele verschiedene Wetterdienste im Internet. Wetter.com, Wetteronline.de, daswetter.com, Meteo Schweiz und wie sie alle heißen. Ich habe sie so platziert, dass sie alle auf eine Seite meines Macs passen. Selten stimmen alle Prognosen überein, also könnte ich ja eigentlich jeweils die Vorhersage herauspicken, die mir am besten in den Kram passt.

Ich habe frei und der Tag verspricht herrlich zu werden, also steht eine Bergtour auf dem Programm. Ob ich mir heute den Abstieg ersparen und mit meinem Gleitschirm ins Tal gleiten kann? Dazu muss ich mich mit den Wetter- und Windverhältnissen auseinandersetzen. Nur, nach welchem Wetterbericht richte ich mich nun? Wetter.com gibt das beste Wetter an, nur eignet er sich nicht als Gleitschirmwetterbericht. Meteoblue sagt ebenfalls gutes Wetter voraus. Aber Meteoblue weist auf viel Wind hin. Zu viel Wind, um zu fliegen. Meteo Schweiz meldet sogar noch stärkeren Wind. Und bei Wetter.com kommt der Wind aus der falschen Richtung. Auf dem Regionalwetterbericht finde ich das ideale Flugwetter! Bestens, der wird wohl wissen, was wettertechnisch bei uns läuft. Ich packe meinen Gleitschirmrucksack und mache mich auf den Weg. Ein paar Stunden später stehe ich auf dem Gipfel des Vilan. Die Aussicht ist herrlich, das Wetter ebenfalls. Aber der Wind ist zu stark, um zu fliegen. Meteo Schweiz hatte recht und ich steige zu Fuß ins Tal.

Entscheidend sind Wind und Wetter oben auf dem Gipfel, wenn's darum geht, den Schirm auszulegen und zu starten. *Das ist dann die Realität und nicht, was Meteoblue oder Wetter.com sagen.* Es hilft mir schließlich nicht, Meteo Schweiz dafür verantwortlich zu machen, wenn ich am Startplatz stehe und der Wind aus der falschen Richtung oder viel zu stark weht.

Das, was du tagtäglich erlebst, dein Leben, *das* ist die Realität, nicht das, was du dir einzureden versuchst. Die Realität zu verschleiern, kann auf Dauer nur Enttäuschung und Frustration zur Folge haben. Gut, dass es Situationen gibt, in denen die

Realität sich nicht verschleiern und verdrehen lässt. Dann behält sie ganz automatisch die Oberhand.

Kein Taxi um Mitternacht

Mitternacht ist vorüber, als ich die U-Bahn in der Londoner Shepherd's Bush Station verlasse. Endlos lang sind die Gänge und die Rolltreppen, und düsterer als im düstersten Krimi wirkt alles um mich herum. Leichter Nieselregen erwartet mich, als ich ins Freie trete. Der letzte Bus in Richtung Acton Road ist bereits durchgefahren. Auch wenn ich knapp bei Kasse bin, heute würde ich mir ein Taxi leisten. Mist! Sonst sind da doch immer und überall diese schwarzen coolen Taxis – nur heute Nacht scheinen sie wie vom Erdboden verschluckt zu sein.

Also laufen … Kalt, nass, dunkel, so richtig unfreundlich ist alles um mich herum. Vermutlich würde ich entspannter spazieren, wenn ich mir gerade einen romantischen Liebesfilm mit Happy End angeschaut hätte. Aber nein, es musste ja »Der Weiße Hai« sein! Nur gut, dass es in Londons Straßen keine Haie gibt! Oder? Plötzlich Schritte hinter mir. Nahe Schritte. Meine Nackenhaare sträuben sich. Ich werfe einen kurzen Blick zurück. Dunkel und unheimlich zeichnet sich eine Silhouette gegen das trübe Laternenlicht ab. Ich werde schneller, aber die Schritte bleiben dicht hinter mir.

»Sei nicht albern!«, ermahne ich mich. »Du bildest dir nur ein, verfolgt zu werden. Geh weiter, ganz ruhig und gelassen!« Aber du kannst nicht ruhig und gelassen eine düstere Straße entlanggehen, wenn du hinter dir Schritte hörst. Solche Schritte. Noch ca. 200 endlose Meter bis zur Haustür. Das Klacken der Schuhsohlen hinter mir kommt nun immer näher. Da vorne ist schon unsere Wäscherei – jetzt kann ich abbiegen, in unsere Straße. Gerettet! Ich atme kurz durch. Aber ich bin zu früh erleichtert. Einen Augenblick später höre ich die Schritte wieder hinter mir. Mein

Verfolger ist mit mir abgebogen, mir immer noch auf den Fersen. Ich wage nicht, mich umzudrehen, er kann nur noch drei, vier Meter hinter mir sein. Ich packe meine Handtasche, gute eininhalb Kilo schwer, und mache mich bereit, sie meinem Angreifer um die Ohren zu hauen. Ich stürze durchs Gartentor und mache mich auf den Angriff gefasst. Ha! Der wird Augen machen, wenn ich ihm die scharfen Kanten der Handtaschenbügel durch seine Visage ziehe!

Doch der Mann geht an unserer Haustür vorüber, als gäbe es mich nicht. Aber es gibt mich. Ein junges, verschüchtertes Mädchen, mit einem Puls von 200, schweißnass, mit zitternden Beinen und Händen, die sich weißknöchelig um eine Handtasche gekrampft haben.

Überleben steht ganz oben auf unserer Prioritätenliste. Für den, der sich in Gefahr befindet, gibt es nur noch das Hier und Jetzt. Alle Energie wird gebündelt, um sich zu wehren, um zu entkommen, um zu kämpfen oder zu fliehen. In lebensbedrohlicher Lage kann man es sich nicht leisten, die Bedrohung zu ignorieren oder schönzureden. Und Ausreden machen dann erst recht keinen Sinn.

Wenn es um deine Existenz geht, hast du nur *ein* Ziel, nämlich dich in Sicherheit zu bringen. Dann gibt es kein Zögern, kein Wenn und Aber. Wenn's eng wird, handelst du. Du wirst ins Wasser geworfen und schwimmst – ohne zu überlegen. Ein Auto rast auf dich zu – du springst die letzten Meter zum Bürgersteig, auch wenn du auf dem Zebrastreifen warst. Es ist das Bedürfnis nach Sicherheit, das dich in lebensbedrohlichen Situationen automatisch handeln lässt. Komischerweise ist es dagegen genau dieser Wunsch nach Sicherheit, der dich in einer schleichend daherkommenden Lebensgefahr zur Bewegungslosigkeit verdammt. Denn wenn einer seiner Familie zuliebe einen Beruf ausübt, den er gar nicht will, dann ist das doch eine Lebensgefahr, oder? Die Gefahr, sein eigenes Leben zu verlieren.

»Na ja, die Unterlagen zum Medizinstudium kann ich mir wenigstens mal anschauen.«

»Ich probier's einfach mal; nach ein, zwei Semestern kann ich ja immer noch wechseln.«

»Jetzt hab ich die Zwischenprüfung in der Tasche. Es wäre doch blöd, jetzt aufzuhören!«

»Ich muss jetzt an Karin denken, die ist doch schwanger! Von irgendwas müssen wir ja leben!«

»So eine begehrte Stelle in der Klinik kann ich nicht einfach hinschmeißen!«

»Wenn ich jetzt aus dem Job aussteige, dann wird meine Altersversorgung gekürzt – und ich kann den Kindern das Studium nicht mehr zahlen. Das kann ich nicht bringen.«

Wenn die Gefahr nicht einen gewaltigen Satz auf dich zumacht wie ein menschenfressender Tiger, sondern schrittweise daherkommt, lautet die Devise auf einmal nicht mehr: »Spring! Bloß weg hier!« Sondern: »Nur nichts riskieren!«

Das ist Glückszerstörung auf Raten.

Auf unserer Suche nach Stolpersteinen haben wir also einen weiteren gefunden: den Sicherheitsfanatismus. Du weißt, was das Richtige für dich ist, und gleichzeitig findest du immer wieder einen Grund, warum du deine Pläne doch nicht angehst. Aus lauter Angst vor dem Risiko.

4. Stolperstein: Übertriebenes Sicherheitsdenken. Es hindert dich daran, Neues zu wagen, und lässt dich ein unerfülltes Leben führen. *Karin, seit 7 Jahren unglücklicher Single, hat geschworen, sich nie mehr auf die Liebe einzulassen. »Zwei gescheiterte Beziehungen reichen mir. Ich will lieber allein sein und ein bisschen unglücklich, als noch einmal eine Enttäuschung zu riskieren.«*

Heinz traut sich nicht, den Arbeitsplatz zu wechseln, obwohl er mit seinem Job unzufrieden ist. »*Wer garantiert mir denn, dass es an einem anderen Ort besser ist? Und was, wenn ich am neuen Ort nicht genüge und entlassen werde? Dann stehe ich da, ohne Job. Nein, dann doch lieber weiterhin in den sauren Apfel beißen.*«

Anne sagt: »*Lieber verzichte ich aufs Skifahren, als einen Beinbruch zu riskieren.*«

Und Ria lehnt es ab, in ihrem Job ein wichtiges Projekt zu übernehmen, weil sie Angst vor dem Versagen hat.

Ich selbst habe schon die warme Stube der Skitour vorgezogen, mit der Begründung, die Wetterlage sei nicht gerade ideal. In Wirklichkeit wollte ich einfach vor dem Feuer sitzen und genießen, statt durch den kalten Winter zu stapfen. Warum auch nicht? Fies ist nur, dass ich dabei die Sicherheit als Tarnanzug für Bequemlichkeit missbraucht habe.

In meiner Beratungspraxis höre ich oft: »Aber ich kann doch nicht meine relative Sicherheit verlassen und Risiken eingehen!« Ich bitte meine Klienten dann sich vorzustellen, welcher für sie der sicherste Ort der Welt ist oder wäre. Zu den Favoriten gehören die eigenen vier Wände, der Luftschutzkeller im eigenen Haus, der Luftschutzkeller der Gemeinde – dazu muss man wissen, dass es in der Schweiz mehr Plätze in bombensicheren Bunkern gibt als Einwohner. »Genau«, sage ich dann. »Die Schutzräume sind die sichersten Orte. Und warum bist du dann hier und nicht in deinem Bunker?« Die Antwort liegt auf der Hand: Was hat ein Luftschutzkeller schon zu bieten? Nichts. Dort drinnen ist es grau und langweilig. Keine Sonne. Kein Leben.

Also raus aus dem Bunker, rein ins Leben! Und wenn du dann vor Entscheidungen stehst, von denen du nicht wissen kannst, welche die richtige sein wird? Das wird so kommen, denn wenn du dich nicht lebendig einmauerst, wirst du in der Beziehung, im Job, im Alltag immer wieder auf Fragen stoßen:

Bleiben oder gehen?

Behalten oder loslassen?

Sitzen bleiben oder aufstehen?

Ins Wasser springen oder als Zuschauer am Beckenrand bleiben?

Man hört immer wieder von Menschen, die aus einem brennenden Haus springen – auch aus dem 3. oder gar 5. Stock – und überleben. Andere laufen die Treppe hinunter und kommen im Feuer um. Manchmal können sich aber auch diejenigen retten, die durchs Treppenhaus fliehen, und jene, die springen, verlieren ihr Leben. Egal was du tust: Du kannst durch deine Entscheidung dein Leben verlieren – oder dich genau dadurch retten. Was tust du also, wenn Feuer ausbricht? Springen oder laufen? Egal, wie du dich entscheidest – nie weißt du, wie es für dich ausgehen wird. Es gibt keine absolute Garantie. Sosehr wir uns auch danach sehnen.

Das eigentliche Problem ist allerdings, dass Menschen sich meist für das Bleiben, Behalten und Sitzenbleiben entscheiden. Das ist meistens die schlechteste Entscheidung. Der Wunsch nach Sicherheit birgt oft die größte Gefahr in sich. **Wenn du etwas so lässt, wie es ist, darfst du dich nicht wundern, wenn es bleibt, wie es ist.**

Da kannst du lange nach Strategien suchen, die dich im Leben weiterbringen sollen! Wenn du dauernd über Steine stolperst, die du dir selbst in den Weg gelegt hast, kommst du niemals weiter, wie sehr du dich auch anstrengst. Die ersten vier Steine – von der Ignoranz bis zum Sicherheitsdenken – sind hausgemacht. Du selbst bist es, der sich hier ein Bein stellt. Aber da gibt es noch zwei weitere Steine, bei denen deine Umgebung die Hand im Spiel hat. Es sind die anderen, die sie dir in den Weg legen. Und du lässt es dir gefallen.

Zweitausend Höhenmeter Glück

Kurz vor meinem 8. Geburtstag ist es endlich so weit: Gegen Mittag marschieren wir los in Richtung Enderlinhütte. Das erste Mal werde ich in einer richtigen Berghütte übernachten, das erste Mal einen richtigen Berg besteigen. Zusammen mit meiner Mutter. Lange hatte ich gebettelt und gedrängelt, und immer wieder wanderten meine Blicke hoch zum Gipfel unseres Hausberges, dem Falknis. »Erst muss der Schnee weg!«, hat mich Mami immer wieder vertröstet. Jetzt ist es so weit und das Wetter schöner als in jedem Ferienkatalog. Die ersten Stunden unserer Bergtour führen durch den Wald, dann an einem wilden Bergbach entlang und schließlich steil bergan bis hin zur kleinen Schutzhütte. Müdigkeit zugeben kommt nicht infrage. Dazu ist der Abend einfach zu schön. Wir kochen Suppe, essen Brot und Käse und trinken Tee, Hüttentee. Einen besseren Tee gibt es nicht. Die Sonne verschwindet hinter dem Horizont, die Nacht bricht herein. »Weißt du, wie viel Sternlein stehen?« Wir können gar nicht anders, als dieses Gutenachtlied mit Blick in Richtung des Himmels zu singen. Schlafenszeit.

Um fünf Uhr ist Tagwache. Zügig brechen wir auf. Steil ist der Weg und nicht überall ganz ungefährlich, aber das macht ihn für mich nur umso spannender. Bei der Fläscher Furgga gibt's eine kleine Zwischenverpflegung. »Bist du sicher, dass du noch weitermagst? Wir können auch umkehren«, so Mamis Worte.

»Umkehren? Niemals! Nein, ich will auf den Gipfel!«

2562 Meter über dem Meer, endlich stehen wir ganz oben – zweitausend Meter über dem Talgrund. Ich bin stolz. Von den Blasen an den Füßen verrate ich kein Wort. Dass die Füße schmerzen, gehört dazu. Auch während des endlos langen Abstiegs. Viele Höhenmeter Leiden liegen vor mir, aber es ist ein glückliches Leiden.

Eine Nacht lang hielt mein Hochgefühl über meine erste richtige Bergbesteigung an. Als ich in der Schule erzählte, dass ich auf dem Falknis gewesen war, meinte Remo, mein Banknachbar, abschätzig: »Das ist doch noch lange nichts, ich war auf dem Pfannenstiel!«

Und fort war sie, meine Freude, wie weggeblasen. Plötzlich zählte für mich meine eigene Leistung nicht mehr. Hatte Remo mehr geleistet? Den größeren Berg bestiegen? Die Vergleichsfalle war zugeklappt.

Wenn du etwas geleistet hast, bist du stolz, sei das nun die abgeschlossene Diplomarbeit, eine bestandene Prüfung oder eine sportliche Leistung. Erfolg macht glücklich. Aber Glück lässt sich zerstören. Ein Schneller, Weiter, Höher, Besser reicht schon aus …

»Wo ist eigentlich der Pfannenstiel? Gehen wir da auch mal hin?«, frage ich meine Mami beim Schlafengehen. Ihre Antwort: »Da warst du schon. Deine Schwester wurde dort getauft, man kann mit dem Auto hochfahren.«

5. Stolperstein: Der Vergleich mit anderen. Vergleichen macht klein – deine Erfolge und auch dich selbst.

Vergleichen tut weh? »Nicht, wenn ich auf der Gewinnerseite stehe!«, denkst du vielleicht. Doch, auch dann! Dann schmerzt es nämlich dein Gegenüber. Auch du selbst verlierst: Denn deine Freude darüber, in der Vergleichsrechnung besser wegzukommen als der andere, das ist nicht wahres Glück, sondern reine Schadenfreude. Vergleichen führt immer zu einer »Lose-lose«-Situation.

Stell dir vor, du erhältst im Jahr 500 Euro mehr Gehalt. Super, du freust dich. Dann erfährst du, dass alle deine Kollegen 1000 Euro mehr erhalten haben. Sind die alle besser? Was hast du falsch gemacht? Dein Gehaltssprung ist auf einmal kein sichtbares Zeichen deines Erfolges mehr, sondern ein Ausdruck mangelnder Wertschätzung. »Ich bin wohl nicht so viel wert wie die Kollegen«, denkst du dir. So manch einer würde lieber auf die 500 Euro verzichten, wenn alle anderen die 1000 Euro mehr ebenfalls wieder abgeben müssten.

Angeblich soll der Vergleich antreiben. Wenn Theo 20 Kilometer in weniger als eineinhalb Stunden läuft, kann ich das doch auch schaffen. Wenn Susi in Mathe eine Eins bekommt, will ich das auch hinkriegen. Manchmal denke ich, diese lästige Vergleicherei ist ein Gendefekt. Vielleicht war er als Erziehungsmittel für Höhlenmenschen-Eltern gedacht: »Streng dich an! Dein Bruder hat einen Bären erlegt, und er kann mit einem Stein ein Feuer entfachen. Und du nicht!« Bis heute hat sich daran nichts geändert:

»Dein Bruder hat die Aufnahmeprüfung für das Gymnasium schließlich auch geschafft!«

»Martina kann schon schwimmen, komm, das schaffst du auch!«

»Nimm dir ein Beispiel an Sarah!«

Sehr motivierend! Das Kind, das glücklich über solche Vergleiche ist, muss wohl erst erfunden werden.

Es wird immer jemanden geben, der besser ist als du, der mehr hat als du, der über eine Fähigkeit verfügt, über die du nicht verfügst, der das modernere Auto fährt, das bessere Hotelzimmer erwischt hat, das Schnäppchen noch kostengünstiger erwirbt. Vergleichen lenkt dich nur von dir selber ab. Bist du zufrieden mit deinem Hotelzimmer? Dann ist es doch gut! Dann ist es doch vollkommen egal, ob ein anderer ein besseres oder schlechteres, günstigeres oder teureres hat. Damit es dir aber gut gehen kann in deinem Leben, musst du dich selbst und nicht andere als Maßstab nehmen. Wenn du vergleichst, betreibst du dabei immer auch Glückszerstörung.

Abgestempelt

Mein erstes Tagebuch bekam ich zu meinem 10. Geburtstag geschenkt. Ich freute mich wie ein Schneekönig. Weder Schön- noch Rechtschreibung zählten zu meinen Stärken, aber nun sollte alles anders werden. Für das aufwendig gebundene Heft gab ich mir echt Mühe. Sorgfältig malte ich einen Buchstaben nach dem anderen. Das vorläufige Ende meiner Karriere als Tagebuchautorin kam drei Tage später. Genau genommen bei dem Wort »Legastenier« auf der zweiten Tagebuchseite. Als ich es niederschrieb, kullerten Tränen über meine Wangen und vermischten sich mit der blauen Tinte auf dem leuchtend weißen Papier.

Am Tag zuvor hatte ein Schulpsychologe mit mir gearbeitet. Mein Lehrer und meine Eltern hatten sich nicht erklären können, warum meine Leistungen in Deutsch so schlecht waren. Also musste ich Karten sortieren, Rechenaufgaben lösen, Muster vergleichen. Die Diagnose war knapp und klar: Ihre Tochter ist Legasthenikerin.

Ich kann mich noch sehr genau an das Gespräch erinnern, das der Schulpsychologe mit meiner Mutter führte. »Buchstaben vertauschen oder vergessen ... katastrophale Rechtschreibung ... schlechte Lesefähigkeit ... da hilft keine Brille ... nicht dumm ... macht sie sonst noch Probleme?« Die beiden tauschten sich über mich aus, als wäre ich nicht existent. Ich hörte nur: »Nicht normal!« Ich war verzweifelt. Fühlte mich schwerstbehindert. Nicht nur mein Tagebuch-Vorhaben wurde zunichtegemacht, nein, auch meine Motivation, jemals wieder freiwillig etwas zu schreiben.

Negative Überzeugungen sind schnell geboren. Du schaffst es zwei- oder dreimal nicht, die Kletterstange hochzuklettern, und schon läufst du Gefahr, eine neue Gewissheit zu kreieren: »Ich bin schlecht im Sport!« Solche negativen Überzeugungssätze sind wie in Stein gemeißelt und werden zu schnell zu einer

Tatsache. Und Tatsachen lassen sich bekanntlich nicht verändern. Also warum sollte sich einer da noch bemühen? Blockierende Aussagen über die eigene Person können sowohl von Dritten stammen als auch auf eigenen negativen Erfahrungen beruhen. **Negative Überzeugungen sind nichts anderes als ein wirkungsvolles Selbstsabotage-Programm.** Die Folgen sind fatal. Es gibt Menschen, die haben unter dem Motto »Das schaff' ich eh nicht ...« ihre Karriere an den Nagel gehängt, bevor sie diese überhaupt angepackt haben.

6. Stolperstein: Negative Überzeugungen. Sie sind wie Stempel, die mit wasserfester Stempelfarbe aufgedruckt wurden. Von Autoritätspersonen wie Eltern, Lehrern, Ärzten und auch Therapeuten eingepflanzte Aussagen wirken sogar noch stärker als diejenigen aus der Selbstfabrikation.

»Du kriegst es nicht hin, mit dem Rauchen aufzuhören, bei mir hat das ja auch noch nie geklappt!«

»Du hast eben keinen Sinn für Zahlen.«

»Das kannst du nicht!«

»Mit diesem Bandscheibenschaden werden Sie nie mehr arbeiten können.«

Aber stimmen diese Aussagen denn nicht? Wer es nicht schafft, die Kletterstange hochzukommen, der kann es eben nicht. Basta! Das ist wahr. Aber nicht wahr ist, dass es immer und für alle Zeiten so bleiben muss. Ein untrainierter Mensch kann trainieren, und ein Schulkind, das sich mit Zahlen schwertut, kann unterstützt und gefördert werden, sodass Mathe nicht mehr sein Horrorfach sein muss. Das Dumme ist, dass diese negativen Überzeugungen besser kleben bleiben als der stärkste Superkleber. Wie zähflüssiges Pech. Sie ziehen dich runter, sodass du gar nicht mehr auf die Idee kommst, sie zu hinterfragen.

Kurz bevor mein erstes Buch »Allein auf der Insel« erscheinen sollte, war es höchste Zeit, meinen Eltern davon zu erzählen. Ich wollte nicht, dass sie davon erst aus der Presse erfuhren.

Ich sitze im Wohnzimmer meiner Eltern und fühle mich wie das kleine Mädchen von damals, das wieder einmal etwas angestellt hat. Die Legasthenikerin in mir flüstert mir zu: »Du kannst doch gar nicht schreiben!«

Ich finde nicht den richtigen Zeitpunkt. Ein paar Mal habe ich schon angesetzt und dann doch nicht den Mut gefunden. Endlich fasse ich mir ein Herz; einmal noch tief durchatmen. So beiläufig wie nur möglich sage ich: »Ah, und was ich noch sagen wollte, ich habe ein Buch über meine Inselzeit geschrieben, ab morgen wird es im Buchhandel erhältlich sein.«

Warum war das denn damals so ein Problem, meinen Eltern von meinem ersten Buch zu erzählen? Warum hatte ich ihnen, als ich es schrieb, kein einziges Wort darüber gesagt? Die erste Reaktion meiner Mutter war nicht Freude und Stolz. Sondern: »Was? Du kannst doch gar nicht schreiben!«

Ich fühlte mich wie auf einer Anklagebank, weil ich mich einer festen Annahme widersetzt hatte. Das heißt: Eigentlich waren es sogar zwei. Meiner eigener und der meiner Mutter über ihre Tochter. Das Buch ist im Druck, die Vorbestellungen laufen schon – und trotzdem erweist sich die alte Überzeugung als stärker als jede Realität: Du kannst doch gar nicht schreiben! Du bist doch Legasthenikerin! Das ist doch verrückt, oder?

Die Erfahrung hat mich gelehrt: Es lohnt sich, die eigene Festplatte ab und zu nach überholten negativen Glaubenssätzen zu durchsuchen und neu zu formatieren.

Man kann auch nicht stolpern

Vorwärtskommen im Leben, das ist das Ziel, endlich das Leben leben, das dir entspricht. Auf dem Weg zu diesem Ziel liegen jede Menge Stolpersteine. Diese Glückszerstörer bieten dir tausend Gründe, die dir zuflüstern:»Lass es lieber!«, und keinen einzigen, der dir zuruft:»Warum eigentlich nicht?« Wenn du dich gefragt hast, warum alle bisherigen Strategien, dein Leben zu ändern, nicht funktioniert haben, dann kennst du jetzt die Antwort: Du hast aufs falsche Pferd gesetzt. Statt dass du nach Möglichkeiten gesucht hast, wie du es aus der Krise schaffst, hast du erfolgreich nach Gründen gesucht, genau dortzubleiben, wo du schon bist.

In diesem Kapitel hast du gesehen, dass ein konstruktiver Umgang mit Glückszerstörern lernbar ist, und du weißt jetzt, worum es geht:

- *Ignoriere nicht die Realität, sondern akzeptiere sie. Verabschiede dich vom Schönreden und von Ausreden – diese Strategien ändern nichts an deiner Situation.*
- *Handeln und Nichthandeln – beides ist mit Risiken verbunden. Kein Grund also, sich sicherer zu fühlen, wenn du nicht aktiv wirst.*
- *Missbrauche den Wunsch nach Sicherheit nicht als Tarnanzug für Bequemlichkeit.*
- *Vergleiche dich nicht mit anderen – indem du dich auf andere konzentrierst, lenkst du dich nur von dir und deinen Zielen ab.*
- *Eliminiere negative Überzeugungen – jede einzelne von ihnen schwächt dich. Besonders gefährlich sind sie, wenn du sie als »Ich kann nicht anders«-Alibi missbrauchst.*

3 | *Hauptsache woanders*
Warum sich Warten nicht lohnt

Warteschleifen sind wie Hängematten: Es liegt sich in ihnen ganz bequem, aber das Aufstehen ist mühsam, und so bleibst du liegen, auch wenn dein Rücken längst nach Bewegung schreit. Du schaukelst ein wenig hin und her, so sieht es wenigstens so aus, als würde sich etwas tun. Aber für deinen armen Rücken ändert sich nicht viel. Wie du es schaffst, aufzustehen, zeige ich dir in diesem Kapitel.

Marcello spielt für sich ganz allein. In der hintersten Ecke des Kindergartens hockt er, vertieft in … Oje! »*Moment, Marcello, was machst du da mit deinem Adventskalender?*«, *rufe ich verblüfft und gehe auf ihn zu.*

»So, jetzt keine Weihnacht …«, entgegnet mir Marcello, der kleine Süditaliener, in gebrochenem Deutsch. »*Alle Türe offen, keine Christkind.*«

Es ist der 2. Dezember. Gestern erst wurde ich mit meinen Vorschulkindern mit dem Basteln ihres eigenen Adventskalenders fertig. Danach erzählte ich den Kleinen eine Adventsgeschichte, die davon handelte, dass in einer Familie das Christkind nicht kam, weil die Kinder alle Türchen ihres Adventskalenders bereits Anfang Dezember geöffnet hatten. Das Christkind war einerseits enttäuscht, weil die Kinder nicht warten konnten, andererseits wusste es nicht, wann denn nun in dieser Familie wirklich Weihnachten gefeiert werden würde. Was um Himmels willen hat Marcello dazu gebracht, alle seine Türchen des selbst gebastelten Adventskalenders bereits am zweiten Tag zu öffnen?

Ich setze mich neben ihn und er klärt mich auf: »Mama hat gesagt, wenn Christkind gekommen, dann ich muss in Krankenhaus, Ohren ankleben, damit ich nicht mehr sehe aus wie eine Esel. Jetzt kommen keine Christkind und so ich muss nicht gehen in Spital.«

Warteschleifenliebhaber

Glaubte Marcello wirklich, er würde um die Operation seiner Ohren herumkommen, als er den Adventskalender manipulierte? Ich weiß es nicht. Ich weiß nur, dass er verzweifelt war und nach einem Weg suchte, das, was über ihn bestimmt worden war, zu umgehen. Aber was konnte er schon tun? Er war ein Kind und bei Kindern entscheiden nun mal die Eltern. Marcello hatte keinen Einfluss auf die Pläne, die andere für ihn machten. Aber er hat sich etwas einfallen lassen. Seinen Adventskalender zu manipulieren, um Weihnachten zu verhindern, in der Hoffnung, dann würde es auch nicht Januar werden, das war einfallsreich. Seine Idee war clever, aber ins Krankenhaus musste er trotzdem. Er war ausgeliefert. Er hatte keine Wahl.

Und wenn Marcello erwachsen geworden ist? Wird er dann seinen Erfindergeist immer noch auf Hochtouren laufen lassen, um in seinem Leben das tun und lassen zu können, was er will? Ich hoffe so sehr für ihn, dass er es nicht so macht wie die meisten Erwachsenen: Sie missbrauchen ihre Kreativität dazu, Hinderungsgründe zu kreieren, die es gutheißen, nicht handeln zu müssen, damit letzten Endes alles so bleibt, wie es ist.

Hinauszögern, verharren, aushalten, abwarten – alles pure Vermeidungsstrategien, durch die sich nichts ändert.

Auch als Erwachsener kannst du dich ausgeliefert fühlen, aber – und das ist das Unerträgliche dabei – du weißt eigentlich genau, dass du eine Wahl hast. Du bist kein Kind mehr und du weißt: »Ich bin es, der die Wahl hat und der sie treffen muss.« Keine Mama, kein Papa, kein anderer tut es für dich. Als Kind hast du es nicht gemocht, wenn einfach über dich bestimmt wurde. Aber jetzt, wo du endlich über dein Leben bestimmen könntest, scheust du dich davor, die Verantwortung für eine Entscheidung zu übernehmen. Ich glaube, jeder hat solche Momente, in denen er am liebsten an Mutters Rockzipfel zurückkehren würde.

Kurz vor meinem Abschluss als Vorschullehrerin wurden mir zwei Arbeitsverträge gleichzeitig per Post zugestellt. An zwei Orten hatte ich mich um eine Stelle beworben, zwei Zusagen hatte ich nun in meiner Hand. Davos und Bad Ragaz. Aber wie sollte ich mich nun entscheiden? Mein erster Reflex: die Eltern fragen. Doch Mutter war auf einer Skitourenwoche, Vater beruflich unterwegs. Beide unerreichbar; Handys gab es keine. Ich war verzweifelt.

Den einen Vertrag in der linken Hand, den anderen in der rechten lief ich im Kreis herum, zwischendurch legte ich die Verträge wieder auf den Tisch, raufte mir die Haare, und dann tigerte ich mit meinen Verträgen in den Händen wieder weiter. »Wenn du einen brauchst, ist keiner da!«, jammerte ich innerlich. Aber eigentlich wusste ich ganz genau: Ich bin es, die entscheiden muss. Ich wollte ja auch – eigentlich.

Ich legte beide Verträge in meine Schreibtischschublade – und mich ins Bett. Erst einmal darüber schlafen! Doch die Schublade stand noch ein wenig offen, das sah ich vom Bett aus. Da lagen sie, keine zwei Meter von mir entfernt. Ich hatte das Gefühl, die

Verträge würden mir zuwinken und rufen: »Entscheide dich! Entscheide dich!« Keine fünfzehn Minuten hielt ich das aus. Ich krabbelte wieder aus dem Bett und schmiss die Schublade zu: »Mit euch will ich heute nichts mehr zu tun haben! Morgen werde ich mich um euch kümmern, jetzt will ich schlafen!« Ich ging wieder ins Bett und wartete auf den Schlaf, wartete vergebens.

Es fiel mir schwer, mich zu entscheiden, also schob ich die Entscheidung auf. Dabei war mein Problem ein absolutes Luxus-Entscheidungsproblem! Andere finden keine Stelle – und ich hatte gleich zwei Angebote zur Auswahl. Aber auch Luxus-Problementscheidungen sind Entscheidungen. In solchen Ich-weiß-nicht-was-ich-tun-soll-Momenten empfindest du sogar eine positive Ausgangslage, in der jede Wahlmöglichkeit wunderbare Vorteile birgt, als ungeheuren Stress. Weil du eben entscheiden musst. Du allein. Das kann auch eine Entscheidung unter negativen Vorzeichen sein, wenn du zum Beispiel überlegst, ob du noch einen weiteren Kredit aufnehmen oder das Haus gleich verkaufen sollst! Oder wenn du die Wahl hast, einer Behandlungsmethode zuzustimmen oder nicht, die zwar deine Krankheit in Schach halten wird, dich aber für Wochen außer Gefecht setzt.

Egal ob Notsituation oder Luxusentscheidung – das Problem ist, sich nicht entscheiden zu können. Dabei macht es übrigens auch keinen Unterschied, ob du dich selbst in eine Situation, die du als ausweglos empfindest, gebracht hast oder ob es äußere Umstände waren. Rausmanövrieren musst du dich so oder so selbst, du kannst nicht damit rechnen, dass es ein anderer für dich tut. Es macht keinen Sinn, auf andere Menschen zu hoffen, die eine Wahl für dich treffen sollen. Auch Entscheidungen aussitzen zu wollen und zu hoffen, dass alles einfach gut wird, bringt nichts – so funktioniert das Leben nicht. Leider.

Das ist die schlechte Nachricht – und gleichzeitig auch die gute! Denn wenn nur du allein die Wahl in deinem Leben hast, dann heißt das gleichzeitig auch, dass du allein wählen darfst! Mit anderen Worten: Du bist nicht zum Warten verdammt, bis sich von alleine etwas ändert. Du darfst und kannst selbst aktiv werden. **Die Erkenntnis, dass du immer eine Wahl hast, ist der Schlüssel zu deinen Möglichkeiten.**

Wenn du davon träumst, dass sich dein Leben nach deinen Wünschen verändert und entwickelt, dann wird dieser Traum Wirklichkeit werden – du musst ihn dir nur selbst erfüllen. Steig aus der Hängematte heraus und beweg dich in die Richtung deiner Möglichkeiten. Das kannst du. Jeder Mensch kann das lernen, ich zeige dir, wie du das mithilfe von vier Methoden schaffst:

- *Den Universal-Joker einsetzen*
- *Frieden mit der Situation schließen*
- *Die Dinge aufs rechte Maß zurechtstutzen*
- *Dem Zufall an den Kragen gehen*

Die ersten drei Schritte spielen sich in deinem Kopf ab. Im vierten Schritt verlässt du die Hängematte und kommst in Bewegung.

1. Den Universal-Joker einsetzen

Manche Situationen treffen dich ungefragt wie ein Blitz aus heiterem Himmel und stellen dich vor vollendete Tatsachen. Solche Schicksalsschläge können dein ganzes bisheriges Leben auf den Kopf stellen. Nichts ist mehr, wie es war. In dir schleicht sich dieses zermürbende Gefühl ein: »Ich habe keine Wahl. Ich bin ohnmächtig – ohne Macht.« Ein elendes Gefühl, dieses »Keine Wahl«-Gefühl.

Du verlierst eine geliebte Person: keine Wahl.
Du wirst verlassen: keine Wahl.

Die Diagnose einer unheilbaren Krankheit trifft dich: keine Wahl.

Du sitzt unschuldig im Gefängnis: keine Wahl.

Der Verlust deiner Existenz ist Tatsache: keine Wahl.

Dir wird dein Job gekündigt: keine Wahl.

Du bist ohnmächtig – ohne Macht. Du kannst deinen Freund nicht zwingen, zu dir zurückzukehren, du kannst einen geliebten Menschen nicht wieder lebendig machen, du kannst gemachte Fehler nicht ungeschehen machen. So etwas zermürbt, kann dich aus der Bahn werfen. Es geht auch eine Nummer kleiner: Du bist durch die Prüfung gefallen oder stehst im Stau. Im Grunde ist es dasselbe – du bist ausgeliefert, in all diesen Situationen ist die Palette deiner möglichen Reaktionen auf ein Minimum reduziert. **Aber Minimum ist nicht gleich null.** Minimum bedeutet, dass etwas noch da ist. Selbst wenn du meinst, handlungsunfähig zu sein, zum Ausharren verdammt, ja sogar wenn du in Ketten liegst, hast du immer eine Wahl. Starke Behauptung, das stimmt. Aber wahr!

Denn wenn du dir sagst: »Was kann ich denn jetzt tun? Nichts!«, dann hast du immer noch die Möglichkeit zu entscheiden, wie du dich zu der Situation stellen willst. Willst du dich im Auto zwei Stunden lang wie ein Rumpelstilzchen aufführen, so lange, bis der Abschleppwagen das verunglückte Auto entfernt hat und die Straße wieder frei ist? Oder willst du im Radio nach guter Musik suchen und die Zwangspause zur Entspannung nutzen?

Selbst wenn die Situation noch so ausweglos ist: Es bleibt immer – IMMER! – eine letzte Option: deine Einstellung. **Egal wie hoffnungslos deine Lage erscheint, wie verloren und ausgeliefert du dich fühlst, es liegt an dir, welche Einstellung du dazu wählst.** Du kannst rebellieren, dich ärgern, hadern, dich wie zwischen zwei Mühlsteinen zermahlen lassen. Oder du kannst deine Einstellung zur Situation verändern. Beides ist möglich. Deine Entscheidung! Nur zwei Dinge weiß ich sicher:

1. Durch Jammern wird es nicht besser.
2. Eine positive Einstellung hilft dir, nicht in negativen Gefühlen hängen zu bleiben.

Diese Einstellung ist universell einsetzbar und allzeit bereit. Aus diesem Grund nenne ich die Wahl der Einstellung auch den Joker. Er ist das Zünglein an der Waage, der darüber entscheidet, wie gut du im Leben klarkommst und welche Macht jene Situationen, in denen du von außen gesehen keine Wahl hast, über dich haben werden. Denn deine Einstellung beeinflusst dein Gefühl und, sofern du handeln kannst, dein Handeln.

Erleichtert stoßen mein Freund und ich die Tür der kleinen Biwakschachtel auf. Oh! Wir sind nicht die einzigen Schutzsuchenden bei diesem Wetter. Zwei weitere Alpinisten sind schon da und heißen uns mit aromalosem Tee willkommen. Drei weitere stoßen eine Stunde später dazu.

Wir sind auf eine Handvoll Quadratmeter zusammengepfercht, es ist feucht und stickig und die Wolldecken, die eigentlich zum Schutz vor Kälte gedacht sind, gleichen eindeutig mehr einem Schweizer Käse als einem kuscheligen Wärmespender – und das liegt nicht nur an den Löchern! Mit Hüttenromantik hat das hier wenig gemein. Käsefüße, Käsedecken, lauter Käse ... So eine dreckige kleine Biwakschachtel!

Dass es unter diesen Umständen nicht einfach ist, im Gutelaunemodus zu bleiben, versteht sich von selbst. Ich habe die Wahl: schmollend in der Ecke sitzen oder das Beste draus machen und den Gutelauneknopf gedrückt halten.

Einer der anderen Alpinisten hat einen Kocher dabei und verkündet fröhlich, dass er eine Beutelsuppe im Rucksack hat. »Wir teilen!«, ruft er großmütig. Das hilft mir, meine Stimmung von

»Was machen wir bloß hier?« zu *»Machen wir das Beste draus!«* zu drehen. *Etwas anderes bleibt mir eh nicht übrig.* Die Alternative, draußen bei Huddelwetter umherzuirren, ist noch weniger verlockend als die einer blechschachtelähnlichen Schutzhütte. Ich schlürfe meine Suppe und merke, wie es in mir warm wird.

2. Frieden mit der Situation schließen

Dein Flugzeug hat Verspätung, seit Stunden hängst du im Flughafengebäude herum. Du weißt genau, es gibt nichts, was du tun könntest, die Maschine startet, wenn sie startet. Und trotzdem tigerst du verzweifelt am Gate auf und ab. Das Meeting wird ohne dich nicht stattfinden können, fünf Leute sitzen in Düsseldorf und warten auf dich. Ob du dich darüber ärgerst oder nicht, ist für sie ohne Bedeutung.

Wenn du den Universal-Joker einsetzen willst, musst du deine Einstellung ändern – leicht gesagt! Aber wie geht das? Als Erstes solltest du dir klarmachen: Deine Einstellung steht in direktem Bezug zu deinen Gedanken. Und die kannst du sehr wohl beeinflussen. Ganz im Gegensatz zum Flugzeugstart. Du bist nicht derjenige, der die Startbahn enteist oder dafür sorgt, dass die eingecheckten Koffer schneller in den Laderaum des Flugzeugs verpackt werden. Das machen andere. Die Entscheidung, ob du dich in dieser Situation um den Flugzeugstart bemühen solltest oder um deine Gedanken, ist also einfach: Deine Einstellung anpassen, das ist dein Spielfeld.

Als meine Mutter an den Folgen eines tragischen Skiunfalls verstarb, war das für uns alle ein Schock. Besonders natürlich für meinen Vater. Er war bereits 77. Papa war sehr traurig. Aber nach ungefähr zwei Wochen sagte er zu mir mit Tränen in den Augen: »Ich habe zwei Möglichkeiten: Entweder ich versinke in der Trauer oder ich nehme die Situation nun an, wie sie ist, und fange ein neues Leben, ohne deine Mutter, an.« Er hat sich für

Letzteres entschieden. Er lernte den Umgang mit dem PC, Internet und E-Mails, hat sich zum perfekten Hausmann entwickelt und ein iPhone gekauft, um mit der Welt verbunden zu sein. Mittlerweile ist er 81, fährt nach wie vor Ski, geht auf Wanderwochen und genießt das, was ihm das Leben zu bieten hat.

Noch einmal zurück zum verspäteten Flug. Also, wie sehen deine Möglichkeiten aus? Visualisiere sie!

Stell dir vor, du stehst mit deinem Ärger an einer Wegkreuzung. Eine Straße führt nach links, eine geradeaus, eine nach rechts.

Links geht's in Richtung Ärger: »Das kann es einfach nicht sein, das ist eine Frechheit! Da bezahlt man so viel für einen Flug, nimmt extra ein Businessticket und muss warten! Also denen werde ich … und überhaupt!«

Geradeaus führt der Weg in Richtung Gelassenheit: »Okay, es ist, wie es ist, das kann immer mal passieren, dumm zwar, aber was bringt es, mich zu ärgern, irgendwann wird die Maschine schon starten …«

Bleibt noch der Weg nach rechts, der Weg für die Fortgeschrittenen im Beeinflussen ihrer Gedanken: »Nun, wer weiß, wozu es gut ist, dass das Flugzeug Verspätung hat. Sicher ist das ein Segen in Verkleidung.«

Du allein entscheidest, in welche Richtung du deine Gedanken lenkst. Ich sage nicht, dass das immer einfach ist, aber es ist immer möglich. Mit welcher Einstellung kommst du am weitesten? Der Ärger ist es ganz bestimmt nicht. Aber selbst wenn dir das bewusst ist, werden deine Gedanken, sofern du sie nicht dauernd kontrollierst, ganz schnell woanders hinspringen. Vom Positiven zum Negativen, als würden sie magnetisch angezogen werden. Klar, Gedanken sind echt schwer zu bändigen. Aber letzten Endes ist alles eine Frage der Disziplin, und **Gedanken lassen sich disziplinieren**. Wer sich nicht von seinen Gedanken immer wieder auf den negativen Weg zerren lassen will, tut gut daran, ihnen nicht zu viel Freiheit zu gewähren. Und im Notfall den Joker zu ziehen.

Aber aufgepasst! Kein Spiel spielt man immer nur mit dem Joker. Allzu leichtfertig solltest du den Joker nicht einsetzen. Nur mit einer positiven Einstellung allein kommst du nicht weit, auch wenn diese sich zweifelsohne positiv auf dein Handeln auswirkt. Die Gefahr liegt darin, dass dich der Joker zum Ausredentümpel führen könnte: »Ich kann ja eh nichts tun, ich nehme es jetzt halt so, wie es ist, ich kann ja nichts mehr ändern …«

Für Situationen, in denen dir die Hände gebunden sind oder in denen du dich ausgeliefert fühlst und weißt: Jetzt bleibt mir nur der Joker oder das Leiden, ist der Joker ein toller Freund. Im Alltag aber, wenn dir alle möglichen Entscheidungswege offen stehen, solltest du ihn lieber in der Hinterhand behalten. **Gelassenheit – ja! Bequemlichkeit – nein!**

Mit wenigen Worten viel aussagen – ein kurzes Gebet, dessen Quelle nicht mehr nachweisbar ist, bringt es auf den Punkt:

Gott, gib mir die Gelassenheit, Dinge hinzunehmen, die ich nicht ändern kann,
den Mut, Dinge zu ändern, die ich ändern kann,
und die Weisheit, das eine vom anderen zu unterscheiden.

Und noch einen weiteren Tipp gibt es, wenn es darum geht, dich nicht von einer unüberwindlich scheinenden Situation herunterziehen zu lassen …

3. Die Dinge aufs rechte Maß zurechtstutzen

Ich habe einmal einen 100-Franken-Schein im Kachelofen verbrannt. Natürlich nicht absichtlich. Ich wollte am nächsten Tag zur Bank gehen und hatte meine Einzahlungen bereitgelegt. Alle

Belege und Abschnitte, die ich nicht mehr brauchte, warf ich ins Feuer des Ofens, der meine Stube heizte. Wieder ein Bündel Papiere erledigt! Nein!!! Erst als das Papier sich schon in der Glut krümmte, erkannte ich, dass die 100er-Note mit dabei war. Verzweifelt schaute ich in den Ofen.

Ich hatte damals eh kaum Geld und knauserte mit jedem Franken. Und dann das! Klar hab' ich mich geärgert, das ist wohl menschlich. Gebracht hat es mir nichts. Der Geldschein war und blieb verbrannt. Weg.

Es dauerte ein paar Tage, bis mein Ärger verflogen war. Einfach so. Am Abend zuvor hatte es mir noch alle paar Minuten einen Stich gegeben, am nächsten Morgen war es vorbei. Ich hatte Abstand gewonnen. Wie der Geldschein in Rauch hat sich der Ärger in Luft aufgelöst. Ganz von allein.

Wissentlich habe ich seither kein Geld mehr verbrannt, aber immer, wenn ich mich so richtig ärgere, sage ich zu mir selbst: »Weißt du noch, damals, vor über 30 Jahren, als du den 100-Franken-Schein ins Feuer geworfen hast? Auch dieser Ärger wird verschwinden.« Und dann beschließe ich, mich nicht mehr zu ärgern, denn zwischenzeitlich habe ich gelernt: **Je weniger ich über den Ärger nachdenke, desto weniger ärgert er mich.**

Wenn du dich ärgerst, geht es dir dabei gut? »Blöde Frage, sicher nicht!« Andere Frage: Warum ärgerst du dich dann? Hör einfach auf damit!

Jetzt hast du deinen Kopf von negativen Gedanken befreit. Als Nächstes geht es darum, in Bewegung zu kommen, vom Denken ins Handeln.

4. Dem Zufall an den Kragen gehen

Gesperrt! Zwei meiner Spielfiguren stehen nebeneinander auf einer Bank. – Ha, super! Die Regel besagt nämlich, dass hier keine Spielfigur der Mitspieler durchdarf, so lange, bis ich den Weg wieder freigebe. Ich spiele locker weiter, ich habe ja noch zwei weitere Figuren im Rennen. Eine Figur sogar kurz vor dem Ziel. Ich würfle und fahre, ich würfle und komme voran. Feld um Feld. Die anderen würfeln und warten und ärgern sich, weil sie an der Bank, die ich gesperrt habe, nicht vorbeikönnen. Ich bin wieder am Zug und würfle eine Sechs. Das bedeutet einerseits, dass ich zwölf Felder laufen kann, und andererseits, dass ich noch einmal würfeln darf. Wieder eine Sechs – super! Ich darf ein drittes Mal würfeln. Hoffe auf eine Fünf. Denn das ist das Beste, was man in diesem Spiel auf einmal würfeln kann: zweimal die Sechs und einmal die Fünf. Dreimal hintereinander die Sechs würde bedeuten, dass ich mit allen Figuren nach Hause zurückkehren und das ganze Spiel noch einmal von vorne beginnen müsste. Also: »Bitte, bitte keine Sechs!« Sechs! Jetzt lachen die anderen und ich ärgere mich.

Ob nun die Schweizer Version des Brettspiels »Eile mit Weile« oder das verwandte »Mensch, ärgere dich nicht«, beide Spiele haben eins gemeinsam: Einmal bist du der, der sich ärgert, einmal bis du derjenige, der gewinnt.

Wenn ich ehrlich bin, ich mag keine Spiele, bei denen alles vom Zufallsglück abhängig ist. Viel zu oft fühlt man sich da einfach nur ausgeliefert, auch dann, wenn man selbst gewürfelt hat. Es gibt Menschen, die spielen ihr ganzes Leben lang »Mensch, ärgere dich nicht« – mal sind sie Verlierer, mal sind sie Gewinner. Aber niemals Selbstbestimmer! Etwas dem Zufall überlassen hat wenig mit selbstbewusstem Handeln zu tun. Und ohne dieses bewusste Handeln kommst du auch nie dort an, wo du hinwillst, außer der Zufall führt dich hin.

Als ich mich beim Schweizer Fernsehen für das Inselabenteuer »Lady Robinson – wie schlägt sich eine Frau, die auf einer einsamen Insel ausgesetzt wird, durch?« bewarb, wusste ich, dass bereits weit über hundert Bewerbungen eingegangen waren. Aber ich wusste auch, dass ich diejenige sein wollte, die letzten Endes ausgewählt wird. Also gab's nur eines, ich durfte nichts dem Zufall überlassen; mich nur auf das Glück allein zu verlassen, reichte mir nicht. Also kreierte ich eine Bewerbung, die aus hundert anderen herausragen würde. Entstanden ist eine Fotostory über mich, mein Leben, meine Träume, meine Familie und meine Kinder. Ich war wahrscheinlich nicht die geeignetste Kandidatin, aber meine Bewerbung war anders als alle anderen und hob sich dadurch von den übrigen 424, die es letzten Endes waren, ab.

Es ging mir nicht darum, andere zu übertrumpfen, zu verdrängen oder besser sein zu wollen als sie. Ich wollte nur einfach nicht alles dem Zufall überlassen. Die Devise lautete: Weg vom Zufall, hin zu dem, was ich wirklich will.

Für alle, die in ihrem Leben keine Zufallsspiele mehr spielen möchten, gibt es jetzt ein Ersatzbrettspiel. Der Name steht noch nicht endgültig fest, aber das Spiel könnte zum Beispiel heißen: »Mensch, so ärgerst du dich nie!« Oder vielleicht auch: »Immer Gewinner«. Hier wird Glück nicht ausgewürfelt, sondern aktiv beeinflusst. Denn dein Leben beeinflusst du nicht durch Pokern oder Lottospielen, sondern durch bewusstes und gezieltes Handeln.

An dieser Stelle lade ich dich ein, eine Runde »Immer Gewinner« zu spielen. Es ist erstens ganz einfach, und zweitens kannst du nur gewinnen. Auf diesem Spielfeld bist du der Einzige, der zieht. Du allein entscheidest, auf welchem Feld du stehst. Und es gibt auch keinen, dem du dafür die Verantwortung zuschieben kannst.

Für jeden Bereich deines Lebens gibt es ein eigenes Spielfeld:
- *deine Gesundheit*
- *dein Familienglück*
- *dein beruflicher Erfolg*
- *ein Leben voller Abenteuer*

- *ein sportlicher Erfolg*
- *ein großes Projekt usw.*

Du spielst das Spiel also in mehreren Runden und nimmst jedes Mal einen anderen Bereich unter die Lupe.

Und so sieht jedes Spielfeld aus: ein großes gleichseitiges Dreieck, ich nenne es das *Dreieck der Wahl*; in jeder der drei Ecken befindet sich ein kleines rundes Feld, gerade so groß, dass eine kleine Spielfigur darauf Platz findet. Die obere Spitze des Dreiecks heißt »lieben«.

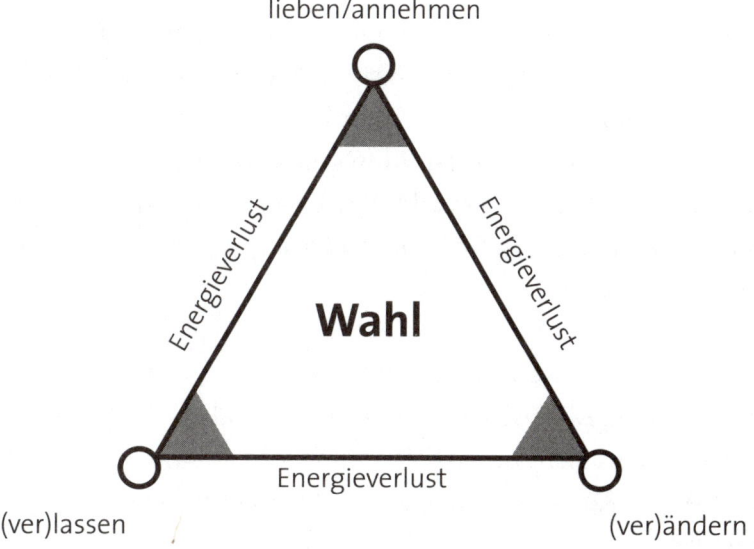

Denk an ein Spielfeld aus deinem Leben. Bist du zufrieden damit, dann wirst du diese Situation entweder lieben oder wenigstens annehmen. Also setzt du deine Spielfigur auf das Feld »lieben«. Damit ist das Spiel auch schon wieder vorbei. Schade! Aber toll, was deine Situation betrifft. Denn du bist bereits auf der besten Position. Am Ziel. Alles ist gut in diesem Lebensbereich.

Neues Spiel: Denk nun an eine andere Situation, eine, die du nicht so einfach hinnehmen magst.

Die untere rechte Ecke ist die Ecke der Veränderung. Dort platzierst du deine Spielfigur, wenn du etwas in deinem Leben nicht mehr länger hinnehmen kannst oder willst oder wenn du dich ärgerst. Wenn zum Beispiel dein Nachbar sein Auto immer ganz dicht an deinem Gartenzaun parkt. Er könnte natürlich auch vor seinem eigenen Grundstück parken, aber dann wäre ja seine Aussicht nicht mehr so schön! Das willst du ändern, du hast keine Lust, immer nur auf das Auto deines Nachbarn zu schauen, wenn du aus dem Fenster siehst. Du hast schon mit ihm geredet, aber genutzt hat es nichts.

Aufgepasst! Die Veränderungsecke kann leicht enttäuschen: immer dann nämlich, wenn du versuchst, andere Menschen zu ändern. Das funktioniert mit Sicherheit nicht. Aber du kannst einen dicken Blumenkübel dorthin stellen, wo dein Nachbar immer aussteigt. Und schon parkt er artig vor seinem eigenen Garten. Gut gemacht! Du hast die Änderung hinbekommen und dein Ziel erreicht.

Ganz besonders, wenn es um dich selbst geht, kannst du in dieser Ecke einiges bewirken. Zu viel Ungeduld im Umgang mit anderen Menschen, katastrophale Englischkenntnisse, Atemnot infolge von Konditionsmangel – es liegt an dir, hier etwas zu tun.

Aber was ist, wenn du dich in einer Situation befindest, in der sich nicht so leicht etwas ändern lässt? Stell dir vor, du hättest einen Job, bei dem du dich hoffnungslos überfordert fühlst: Dir werden immer mehr Aufgaben zugeteilt, von denen ursprünglich nie die Rede war, aber dein Chef bleibt dabei, sie gehören nun mal dazu. Weder Job noch Chef lassen sich verändern. Du liebst deinen Job aufgrund der dauernden Überforderung schon lange nicht mehr, aber auch mit dem Versuch, die Situation jetzt einfach anzunehmen, wie sie ist, will es nicht so recht klappen.

Keine Sorge, es bleibt ja noch die dritte Ecke, die Ecke unten links: »Verlassen«. Dorthin kannst du deine Spielfigur ziehen.

Es gibt Situationen, da bleibt dir nichts anderes übrig als das »Verlassen«. Hat dein Auto einen Totalschaden, musst du kaum über »Veränderung«, z. B. eine Reparatur, nachdenken, und auch »Lieben« ist kein Thema mehr. Bleibt das »Verlassen«. Beim kaputten Auto heißt das wohl eher: entsorgen.

Das Problem ist nur: Was machst du, wenn deine Spielfigur auf dem Feld »Verlassen« steht, dies aber für dich nicht möglich ist? »Dann mach eben was anderes!« ist leicht gesagt, aber manchmal schlichtweg nicht möglich. Und auf das Feld »Lieben« zu springen, wäre geschummelt. Was machst du, wenn du dich ein Jahr lang auf deinen Urlaub gefreut hast, und jetzt regnet und stürmt es schon seit Tagen, und es gibt keine Möglichkeit für dich, den Urlaub abzubrechen oder umzubuchen? »Verlassen« ist nicht möglich und ändern kannst du an der Großwetterlage auch nichts. Dann setzt du dich ganz gewiss nicht in dein Hotelzimmer, schaust durch den strömenden Regen auf den menschenleeren Strand und sagst dir: »Eigentlich ist das toll so, der Regen! Ich liebe es!« Jeder, der das sagt, macht sich was vor! Und ist in Wirklichkeit noch unglücklicher, weil er jetzt auch noch so tun muss, als fände er es ganz prima, eine Woche in einem Hotel ohne Heizung zu frieren.

Ecken sind es drei, Felder gibt es aber vier. In der Mitte ist noch das Feld mit dem Namen »Joker«. Wenn absolut gar nichts mehr geht, wenn du es nicht schaffst, eine Situation zu lieben, wenn es nicht möglich ist, etwas an dieser Situation zu verändern, und du auch nicht aus der Situation herauskannst, dann bleibt dir immer noch der Joker. Du kennst ihn bereits, den Joker der Einstellung. Den hast du immer. Der entscheidende Unterschied: Du machst dir nichts vor, sondern bleibst bei der Realität. Der Urlaub ist anders, als du ihn dir vorgestellt hast. Das ist nun mal so. Statt in der Sonne zu liegen, liest du jedes deutschsprachige Buch der Hotelbibliothek und besuchst jedes erreichbare Museum. Aber du machst es nicht mit einem Sieben-Tage-Regenwetter-Gesicht, sondern mit der Einstellung: »Hey, das könnte ganz interessant werden. Wer weiß, vielleicht sehe ich etwas, was ich in sieben Tagen Liegestuhlrelaxen nie zu Gesicht bekommen würde.« Zwar steht deine Spielfigur nicht auf dem Feld »lieben«, sondern eben in der Mitte des Dreiecks, beim Joker, aber auch wenn du diese Situation nie freiwillig so gewählt hättest, lässt du dich durch sie nicht herunterziehen. Der Unterschied dieser beiden Haltungen scheint nicht groß, ist aber ein gewaltiger.

Wo stehst du eigentlich gerade in puncto Job, Beziehung, Familie usw.? »Lieben«, »Verändern«, »Verlassen«? Oder gar auf dem Joker? Und was heißt das genau für dich? Ins Handeln kommst du erst, wenn du weißt, in welcher Ecke du stehst. Weiterspringen ist erst erlaubt, wenn du entweder etwas erreicht hast oder zur Erkenntnis gelangt bist, dass du in besagter Ecke alles probiert hast und trotzdem nicht weitergekommen bist. Die Ecke, für die du dich im Moment festlegst, ist der Startplatz zu deinem nächsten Ziel. Hier geht's los. Kein Rennfahrer steht am Startplatz, wirft einen Blick auf die Strecke, steigt wieder aus und schaut sich nach einem besseren Startplatz um. So funktioniert das nicht. Rennen finden nicht im Startraum statt, sondern führen vom Start über die Strecke zum Ziel.

Für viele Menschen besteht das Problem darin, dass sie nicht wissen, zu welcher Ecke sie aufbrechen sollen.

Angenommen, du fühlst dich absolut nicht mehr wohl in deiner Wohnung. Was nun? Verändern oder verlassen? Verändern ist tatsächlich eine Option. Reicht es da, gründlich aufzuräumen und zu putzen, oder braucht es mehr? Wände streichen, neue Möbel, andere Bodenbeläge oder eine neue Küche? Das hat zwar alles seinen Preis, ist jedoch unter Umständen günstiger, als umzuziehen. Was aber, wenn es dir mit deiner Wohnsituation trotz aller Veränderung immer noch nicht besser geht? Wenn es am Lärm liegt, der in den letzten Jahren um ein Vielfaches zugenommen hat, oder am kläffenden Hund des Nachbarn? Da helfen auch keine neuen Möbel. Oder was, wenn dein Vermieter dir nicht erlaubt, die Wände zu streichen und die Bodenbeläge zu ersetzen? Ja, dann nimmst du die nächste Option in Augenschein. Umziehen – das bisherige Feld verlassen. Wenigstens hast du es mit Verändern versucht und musst dir nicht mehr länger überlegen: »Soll ich oder soll ich nicht?« Dummerweise findest du nun aber keine Wohnung in einem vernünftigen Umkreis. Was nun? Na, dann spring wieder zurück auf »Verändern«. Vergiss den Joker nicht, der bleibt dir in jedem Fall.

Entscheidend ist: Nimm dir die Freiheit, alle Ecken des Dreiecks der Wahl abzuschreiten. Und dann entschließe dich, die Möglichkeit durchzuspielen und anzupacken, in der du dich am wohlsten fühlst.

Um starten zu können, muss dir Folgendes bewusst sein: »Wohin soll meine Lebensreise gehen?« Wenn du diesbezüglich unsicher bist, stell dir ein paar Fragen:

- *Wie geht es mir damit, auf dem Feld »Lieben«, »Verändern« oder »Verlassen« zu stehen?*
- *In welcher Ecke des Dreiecks würde ich jetzt lieber sein?*
- *Welche Konsequenzen hätte das?*
- *Welche Option bringt mich in der aktuellen Situation und auf meinem Lebensweg weiter?*
- *Welche Konsequenzen hätte das wiederum?*
- *Kann ich mit diesen Konsequenzen umgehen?*

Das Spiel mit dem *Dreieck der Wahl* gibt dir Klarheit über die verschiedenen Optionen, die du in deinem Leben hast, und die nächsten Schritte, die vor dir liegen. Du kannst auch in alltäglichen Dingen jederzeit darauf zurückgreifen. Manchmal geht es dabei nur darum, die Perspektive zu wechseln. Oft verlangt ein Wechsel der Ecken im realen Leben auch Taten. Warum es so viel einfacher ist, in Gedanken von einem Feld zum nächsten zu wechseln, als tatsächlich zu handeln, zeigt dir die Geschichte von Nick.

Leere Plastiktüten motivieren nicht

»Jetzt ist endgültig Schluss, ich reiche die Scheidung ein! Martha und ich haben uns derartig auseinandergelebt. So kann das nicht weitergehen …«, hat mir Nicki vor einem halben Jahr erklärt. Er stand gerade auf dem Feld »Verlassen«. Drei Monate später meinte er: »Na ja, weißt du, Scheidung, so einfach ist das nicht, ich gebe jetzt Martha noch einmal eine Chance, vielleicht ändert sich ja etwas. Ich kann sie dann ja immer noch verlassen!« Nicki hüpfte damals in Gedanken hin und her zwischen »Verlassen« und »Lieben«. Heute ist es genauso wie vor ein paar Jahren – nichts hat sich geändert: »Na ja, so schlimm ist es nun auch wieder nicht, und perfekt ist das Leben ja nie!« Nicki ist zur Abwechslung wieder einmal auf dem Feld »Lieben« und ruht sich aus.

Damit du mich richtig verstehst: Es geht mir nicht darum, hier ein Urteil zu fällen, schließlich ist es ja Nickis Leben und nicht meines. Ob er es sich auf dem Feld »Lieben« oder »Verlassen« einrichtet, ist allein seine Entscheidung. Aber seit ich ihn kenne, hüpft er unglücklich zwischen den Optionen hin und her. Vordergründig ist er aktiv, er wechselt ja von einer Ecke in die andere. In Wirklichkeit passiert aber gar nichts, denn immer wenn es darum geht, tatsächlich ins Handeln zu kommen, wechselt Nicki den Standpunkt. Glücklich wird er so nie werden. Die einzigen kurzen Glücksmomente erlebt er, wenn er gerade mal wieder die Position gewechselt hat und deswegen überzeugt ist, dass das für den Augenblick reicht. Der Gedanke »Im Moment muss ich gar nichts« bringt Erleichterung, aber bestimmt keine Änderung der Situation.

Warum Nicki sich so schwertut, hat einen Grund: **Für keine der Optionen ist er bereit, den Preis zu bezahlen.** Er will sich nicht der Mühe unterziehen, ein neues Leben anzufangen, aber er ist auch nicht bereit, Marthas Verhalten zu akzeptieren. Deshalb kommt er zu keiner Entscheidung. Nicht zu entscheiden, ist auch eine Entscheidung – nämlich die Entscheidung, weiter unter der Situation zu leiden. Entscheiden bedeutet sich mit Möglichkeiten auseinandersetzen und mit Preisen: »Ist es mir das wert?« »Was ist besser?« »Was, wenn ich falsch entscheide?« Ich gebe zu, das mit dem Preis ist eine große Herausforderung – aber dazu kommen wir später noch im Buch.

Die Sache mit dem zu bezahlenden Preis ist die eine Sache. Aber es gibt auch noch einen zweiten entscheidenden Faktor. Der, der dich tatsächlich in Bewegung bringt.

Samstagabend. Es ist bitterkalt, Schneeflocken tanzen in der Luft, aber Sämi, unser Drittgeborener, hat Jacke und Mütze längst weggeworfen. Er schwitzt. Kein Wunder, denn seit bald zwei Stunden schleppt er Wasser. Mit der leeren verzinkten Gießkanne geht's von der Dachterrasse die Stufen runter, durch das Gartentor und zum ca. 25 Meter entfernten Brunnen, mit der vollen Kanne wieder zurück. Zehn Liter sind zehn Kilo, für einen 10-Jährigen ist das ganz schön schwer! Teilweise sind Sämis Kleider eingefroren, kaltes Wasser und Minustemperaturen – wen wundert's? Nur unseren Sohn scheint das nicht zu stören. Er hat nur ein Ziel: sein eigenes Eisfeld auf unserer 50 Quadratmeter großen Dachterrasse. Sämis größter Wunsch ist es, Hockeyspieler zu werden. Nur, ein Eisfeld gibt es nirgends in unserer Nähe.

Stur war Sämi schon immer. »Ich baue ein eigenes Eisfeld!«, ruft er mir freudestrahlend zu. Ich gebe zu, begeistert bin ich nicht gerade von seiner Idee. Vor allem, weil ich Sämi die Enttäuschung des Scheiterns ersparen will. Das Wasser sickert durch die Ritzen der Gartenplatten. All die Mühe wird umsonst sein. Aber ich weiß, Sämi von einem Vorhaben abzuhalten, ist schwieriger, als einen Esel in einen Goldesel zu verwandeln. Es ist längst dunkel, als ich Sämi dazu bringe, endlich ins Haus zu kommen.

Sonntagmorgen sieben Uhr, ich rufe alle zum Frühstück. Um acht wollen wir auf die Skier. Nur Sämi taucht nicht auf. Wo er steckt? Natürlich auf der Dachterrasse. Immerhin trägt er über seinem Pyjama einen Skianzug. Er schleppt Wasser. Gießkanne um Gießkanne.

An diesem herrlichen Wintersonntag spielen die Jungs abends das erste Mal Hockey auf Sämis eigenem Eisfeld. Sogar ich hole meine Schlittschuhe aus dem Keller und drehe ein paar Runden. Und Sämis Großvater – in seiner Jugendzeit Hockeytorhüter – lässt es sich nicht nehmen, seinen Enkeln zu zeigen, dass er längst noch nicht zum alten Eisen gehört.

Sämi wollte Hockey spielen. Das war sein Motiv. **Um ins Handeln zu kommen, braucht es ein Motiv.** Sonst versackt die Aufbruchsstimmung in Fragen wie: »Warum sollte ich?« Wenn das Motiv da ist, ist kaum ein Preis zu hoch. Das Wort Motiv hat etwas mit Bewegung zu tun. »Movere«, sagten die alten Römer, wenn sie etwas bewegen wollten. Ohne Motive keine Bewegung. Keine Strategie und kein noch so hilfreiches Dreieck der Entscheidung bringen dich weiter, wenn dir das Motiv fehlt. Starke Motive kurbeln Willenskraft, Energie und letzten Endes auch den Durchhaltewillen an, bis du das Ziel erreicht hast.

»Ich würde ja schon, wenn ich wüsste, was« – so kommst du nicht weiter, selbst wenn dir klar ist, dass die Wahl bei dir liegt und du immer eine Wahl hast. Allein zu wissen, dass man muss, kann und darf, bringt dich noch nicht in Bewegung. Es reicht nicht, von irgendwoher wegkommen zu wollen. Es muss auch etwas da sein, das dich irgendwo hinzieht.

Stell dir einen alten Kirchturm vor, ohne Treppe, ohne Leiter. Zuoberst auf der Turmspitze hängt eine Plastiktüte. Angenommen, ich würde dich darum bitten, mir diese Tüte vom Turm zu holen, mit welcher Antwort müsste ich rechnen? Ich glaube nicht, dass du mir entgegenstrahlst und verlauten lässt: »Super, mache ich doch gern für dich!« Viel eher würdest du versuchen, mir zu erklären, warum es unmöglich ist, eine Plastiktüte von einem 100 Meter hohen Turm ohne Zugang zu holen. Verständlich.

Doch angenommen, ich würde dir verraten, dass in der Tüte zwei Millionen Euro liegen und du die Hälfte davon behalten darfst, wenn du nur die Tüte herunterholst. Was wäre dann? Eine Million Euro, ein starkes Motiv, um deine Fantasie anzukurbeln, um nach einem Weg zu suchen, trotz aller Hindernisse die Tüte vom Turm zu holen. Plötzlich würde die Aktion einen Sinn ergeben.

Frank hat sich selbstständig gemacht, übrigens ohne Geld aus der Plastiktüte. Für das nötige Startkapital hat er Nacht für Nacht bei einer Zeitung Texte korrigiert und täglich von 4.30 Uhr bis 6.30 Uhr morgens seinem Freund in der Bäckerei ausgeholfen. Von 7 Uhr bis 12 Uhr legte er sich aufs Ohr und am Nachmittag kümmerte er sich um sein eigenes Geschäft. Frank wusste, was er wollte: ein Spezialgeschäft für Biker eröffnen und Biker-Urlaube organisieren. Wurde er gefragt, wie er das aushalten könne, so viel zu arbeiten, sagte er nur: »Ich weiß, wozu. Ich will dieses Geschäft, und ich will es ganz alleine schaffen.«

Motivation ist das Schlüsselwort, um in Bewegung, also ins Handeln, zu kommen. Du brauchst ein Motiv, das dich antreibt.

Was immer es ist, es muss für dich von Nutzen sein. Vielleicht denkst du jetzt: »Motive, hm, die liegen ja nicht auf der Straße rum, also wo kann ich sie finden?«

Ganz einfach! Stell dir die ganz simple Frage: »Was wollte ich in meinem Leben schon immer mal tun?« Ein Musikinstrument lernen? Ein altes Haus umbauen? Mit der Eisenbahn durch Schottland reisen? Einem Bauern bei der Ernte helfen? Einen Schrebergarten anlegen? Gleitschirm fliegen? Wenn du das herausgefunden hast, überlegst du, was dich daran hindert, es zu tun. Hat das, was dich hindert, wirklich so viel Einfluss auf dich und dein Leben? Klar, es kann sein, dass dir für die Weltreise noch das nötige Kleingeld fehlt. Trotzdem, lass dich nicht aufhalten! Fang an zu sparen. Lege täglich fünf Euro in das Sparschwein »Weltreise« oder ruf schon mal im Reisebüro an und bestell die notwendigen Unterlagen! Auch kleine Handlungen kurbeln die Motivation an und auch kleine Handlungen können Großes bewirken.

Du kannst dich auch fragen: »Was würde ich jetzt gerade lieber tun?« Was hält dich davon ab? Räum dein Hindernis aus dem Weg und tu es! Und wenn du das heute nicht schaffst, dann sorge dafür, dass du es schaffen kannst. Eines Tages. Egal wie.

Wenn du dir den Nutzen der angestrebten Veränderung klarmachst, dann verstärkt das deine Motivation zusätzlich. Der Nutzen ist das, was du dir versprichst oder mindestens erhoffst, wenn du etwas tust: »Was bringt es mir konkret, wenn ich in diesem Bereich etwas verändere?« Ist der Nutzen nicht klar, macht die Handlung keinen Sinn. Ich hole die Plastiktüte, weil sie mir eine Million Euro beschert. Das ist der Nutzen. Ich kümmere mich um meine alten Eltern, weil ich wenigstens einen Teil der Liebe, die sie mir gegeben haben, zurückgeben möchte. Auch das ist ein Nutzen.

Achtung, fertig, los!

Du siehst, du bist nicht endgültig länger dem Warten ausgeliefert, du kannst ins Handeln kommen, die Warteschleife verlassen – wenn du willst. Die Wahl liegt bei dir. Auch darüber, ob du lieber noch länger wartest.

Gehen wir ein letztes Mal zurück zum *Dreieck der Wahl*. Nochmals zu den Situationen in deinem Leben, die anders sein sollten. Um die Bereiche deines Lebens, die für dich in Ordnung sind, musst du dich zwar nicht weiter kümmern, aber es tut gut, zu sehen, dass man auch so einiges in der Ecke »Lieben« platzieren kann.

Wie sieht es in der Ecke des »Veränderns« aus? Was konkret wirst du jetzt tun? Und wann wirst du es tun? Am besten triffst du mit dir eine schriftliche Vereinbarung, allerdings nur dann, wenn du gewohnt bist, dich auch an Vereinbarungen zu halten.

Wirf auch einen Blick in die Ecke des »Verlassens«. Gibt es da etwas in deinem Leben, das du endgültig loslassen willst? Wann tust du es? Wann befreist du dich von dem, was dich nicht weiterbringt? Die Wahl liegt bei dir.

Jetzt bist du bereit, etwas in deinem Leben zu verändern, tatsächlich loszulaufen. Da ist es in Ordnung, wenn du dir nun die Frage stellst: »Aber wohin denn genau?«

4 | Am Ticketschalter
Wie ich die Richtung finde

Du willst selbstbestimmt leben, klar. So, wie es dir ganz persönlich entspricht. Aber manchmal bist du fremdbestimmt oder von hinderlichen Gewohnheiten geprägt, ohne es selbst zu merken. Das kann passieren, wenn du keine klare Vorstellung hast, wie dein Leben aussehen soll. Also brauchst du Orientierung: Wohin soll die Reise gehen?

Wie du herausfindest, was für dich wirklich wichtig ist, womit du dich in Zukunft beschäftigen willst und womit nicht mehr, darum dreht sich dieses Kapitel.

Alles kontrolliert. Sitz, Gurtzeug, Helm, Notschirm, Leinen ... nur mein Puls lässt sich nicht kontrollieren. Der rast mit unerlaubter Geschwindigkeit durch meinen Körper. Blick zurück: Die Kalotte meines Gleitschirms liegt schön ausgebreitet, startbereit. Blick nach vorn: Der Startraum ist frei. Blick zur Seite: Der Fluglehrer ist noch da. Blick zum Himmel: »Oh Gott, wenn das nur gut geht ...«

Warten auf den richtigen Wind.

Ich dachte, mein Puls könnte nicht mehr weitersteigen, er tut's trotzdem. Ich habe die Leinen in der Hand und die Bremsen. Dann

endlich kommt der richtige Aufwind, direkt von vorne. Der Wind-
spion bestätigt es, flattert und winkt mir zu, als würde er fragen:
»Worauf wartest du?« Noch einmal tief durchatmen. Dann: auf-
ziehen, loslaufen, Schirm kontrollieren, weiterlaufen und aus dem
Funkgerät die Stimme von Röbi, unserem Fluglehrer: »Schirm
leicht zurückbremsen, und jetzt lauf!«

In mir drinnen schreit eine andere Stimme: »Warum tust du dir
das an? Warum tust du dir das bloß an?« Noch könnte ich abbre-
chen. Soll ich?

»Und jetzt gemütlich zurücksetzen, ganz in den Sitz reinrut-
schen, genieß deinen ersten Flug!« Zu spät zum Abbrechen. Ich
fliege! Als unter mir der Boden wegsackt, krampft sich mein Ma-
gen zusammen. Von wegen »Genieß den Flug …«. Der hat ja wohl
nicht alle!

Dann hebe ich den Blick. Weg von den kleiner werdenden
Buchenwipfeln, hin zum Horizont. Ich fliege! Gigantisch! So geht's
den Adlern jeden Tag. Mein Gott, ist die Welt schön! Ich ziehe
an der linken Bremsleine und gleite in einem sanften Bogen nach
links, über die Baumgruppe dort. Dann die rechte Bremsleine: ein
Bogen nach rechts Richtung Alpweide. Hier oben brauche ich kei-
ne Straßen. Nur der Wind und ich bestimmen, wo es langgeht.
Wow, was für ein Gefühl … für ein paar Minuten.

Dann holt mich die Wirklichkeit wieder ein, beziehungsweise
Röbi über Funk: »Jetzt fliegst du schön raus, einfach direkt in Rich-
tung Landeplatz …«

Landeplatz – das Stichwort für mein Herz, um augenblicklich
wieder durchzudrehen. Die Luft um mich herum ist ruhig, kei-
ne Turbulenzen, die finden nur in mir drinnen statt. Landen! Ich
muss ja auch noch landen. Verflogen ist das Gefühl von »Gigan-
tisch!« und »Wow!«. Wenn das nur gut geht. Wieder meldet sich
meine innere Stimme, diesmal leise, zweifelnd, fragend: »Warum
tust du dir das an?«

Die Landung geht gut, ich lebe noch. Und jetzt gebe ich meiner inneren Stimme endlich die Antwort: Weil's schön ist, weil's gigantisch ist, weil's Abenteuer ist, weil ich Abenteuer liebe und weil es etwas ist, das ich schon immer wollte! Darum. Darum werde ich auch wieder starten, trotz jagendem Puls und zusammengekrampftem Magen. Weil ich es will. Niemand sagt mir, dass ich Gleitschirm fliegen muss. Es ist meine Entscheidung.

Abheben

Es ist ein starkes Gefühl, im Leben wie beim Gleitschirmfliegen, sagen zu können: »Ich bestimme, wo's langgeht, ich allein, kein anderer. Ich habe die Steuerleinen in der Hand.« Das bedeutet Freiheit.

Einen ähnlichen Adrenalinkick bekommst du auch bei einem anderen Abenteuer: hoch über der Erde, Tempo und Kurven, Nervenkitzel und Spannung. Beim Looping kann schon mal das Gefühl aufkommen, zu fliegen. Aber du schwebst nicht mit dem Gleitschirm über die Landschaft. Du sitzt in der Achterbahn.

Der große Unterschied ist: Wenn der Sicherheitsbügel geschlossen ist und es losgeht, kannst du nichts weiter tun als jauchzen vor Freude oder schreien vor Angst. Mehr Wahlmöglichkeiten hast du nicht. Du sitzt in diesem Karren und der fährt auf seiner Schiene. Mal linksrum, mal rechtsrum, mal aufwärts, dann wieder abwärts, so wie es die Schienenbauer festgelegt haben. Du kannst nicht selbst steuern, nicht mal vorher sagen, wo es hingehen soll. Ausgeliefert und fremdbestimmt schlitterst du durch die nächsten Minuten. Nicht so schlimm, du weißt ja: Die Fahrt geht vorüber, bald steigst du wieder aus, das war's.

Stell dir vor, dein ganzes Leben wäre eine solche Achterbahn. Aufregend, aber fremdbestimmt. »Oh nein!«, denkst du jetzt wahrscheinlich. »Also in meinem Leben will ich schon selbst bestimmen, wo's langgeht und wo nicht!«

Nur: Leider merkt man es oft gar nicht, wenn man im eigenen Leben auf vorgegebenen Bahnen unterwegs ist. **Selbst wenn du glaubst, den Steuerknüppel in der Hand zu halten – steuern tun trotzdem ganz oft die anderen.** Sie bestimmen deinen Lebenskurs. Und du passt dich an.

Fremdbestimmt. Damit meine ich nicht die Anpassung an vorgeschriebene Pausenzeiten bei der Arbeit oder an die Geschwindigkeitsbeschränkungen auf der Straße. Dass man sich vorgegebenen Strukturen anpasst, um das Zusammenleben zu erleichtern, ist in Ordnung. Ebenso, dass man sich an Gesetze und Regeln hält. Klar, dass du diese Regeln nicht gemacht hast. Aber du hältst dich dran, weil sie für alle gelten. Und weil du sie für sinnvoll hältst, im Großen und Ganzen jedenfalls. Um diese offensichtlichen Vorschriften geht es mir gar nicht.

Das, worum es hier geht, sind Fremdbestimmungen, die sich kaum merklich einschleichen.

»Das mit diesem Auftrag haben Sie super hingekriegt, was würde ich nur ohne Sie machen? Ah, und wenn wir schon dabei sind, morgen Abend findet ja dieses Networking-Treffen statt … da kann ich unmöglich auf Sie verzichten. Bitte richten Sie es sich ein, dass Sie mit dabei sein können.« Manipulation durch Lob heißt dieser fiese Trick. Allzu leicht fällst du darauf rein und lässt die eigene Verabredung über die Klinge springen: »Du, Schatz, tut mir leid, aber ich kann morgen leider nicht mit dir ins Kino gehen … mein Chef hat gesagt, ich müsste mit zum Networking-Treffen. Ich habe keine andere Wahl!«

Natürlich hast du eine andere Wahl, aber du willst den Chef nicht enttäuschen. Dass auch das eine Entscheidung ist, merkst du kaum noch.

In der Woche drauf gibt's ein zweites wichtiges Meeting und ein drittes, und dann dieser Kunde, der dem Chef so wichtig ist und betreut werden sollte – auch nach Feierabend. Der Chef gewöhnt sich an aufopfernde Mitarbeiter auch außerhalb der Arbeitszeit. Und schon bist du Teil eines Spiels, das du nie mitspielen wolltest. »Alles tun, was der Chef von mir will? Ohne mich!« Wenn du dann aber plötzlich weniger gibst, wird's gefährlich: »Was, wenn ich dann den Job verliere?« Der Achterbahnbügel ist zugeschnappt. »Ich allein entscheide …« Von wegen – ein anderer hat die Fernsteuerung in der Hand.

Eine andere Situation: Endlich, gegen 21 Uhr machst du dich auf den Heimweg. Dein Handy klingelt, es ist deine Mutter: »Gut, dass ich dich noch erreiche, die Deckenlampe im Gang funktioniert nicht, du weißt, ich trau mich nicht auf die Leiter, kannst du nicht rasch vorbeikommen, ich werde dich auch nicht lange aufhalten …« Natürlich, wie könntest du Mama diesen Wunsch ausschlagen, bei allem, was sie für dich getan hat. Wenn du schon mal dort bist, hilfst du ihr gleich noch bei einem Problem am PC, und so wird es 22.30 Uhr, bis du endlich zu Hause bist. Und dann sagst du: »In meinem Leben bestimme ich!«

Die Frage ist: Nach welchen Regeln entscheidest du? Dem Chef zuliebe, Mutter zuliebe, dem Nachbarn zuliebe oder dir zuliebe? Irgendwann hast du keine Ahnung mehr, was für dich richtig und was falsch ist. Du lebst ein Leben zwischen dem, was du willst, und dem, was die anderen von dir erwarten. Da du deine Mitmenschen nicht enttäuschen willst, versuchst du ihnen zu entsprechen. Das ist zwar deine Entscheidung, aber ich würde behaupten, dass es trotzdem nicht ganz richtig ist, zu sagen: »In meinem Leben bestimme ich, wo's langgeht.« Korrekter wäre die Aussage: »In meinem Leben wähle ich, dass ich mich andauernd durch die Bedürfnisse meines Umfeldes von meinen eigenen Zielen ablenken lasse.« Du fährst also hilflos in einer ferngesteuerten Achterbahn. Doch so findest du deine eigene Richtung nie.

Du weißt, du müsstest aussteigen aus dieser Opferrolle. Aber das ist alles andere als einfach, denn man überlistet sich mit dem Selbstbetrug: »Ich kann doch nicht anders, ich muss doch, weil …« Du erinnerst dich: Gründe, warum man nicht anders kann, lassen sich leicht finden. Aber so kommst du nie weiter.

Wenn du in der Opferrolle hängen bleibst, geht es dir wie Manuela, die mitten auf der Karriereleiter stand, als sie ungeplant schwanger wurde. Ein Kind war für sie nie ein Thema, Abtreibung aber genauso wenig. Weil sie ihr Kind nicht fremdbetreuen lassen wollte, ihr Job mit den unzähligen Auslandsreisen sich aber unmöglich mit der Mutterrolle kombinieren ließ, entschied sie sich für das Kind und verzichtete auf den Job. Ihre Entscheidung. Theoretisch. Letzte Woche dann ist es passiert. Kerstin, Manuelas Geschäftsfreundin, kam aus Singapur zurück und stattete Manuela auf dem Heimweg einen kurzen Besuch ab. Wie üblich top gekleidet, top motiviert und topfit. Begeistert erzählt sie von ihren letzten Erfolgen. Manuela mit dem quengelnden Kind auf dem Arm, in Jeans und viel zu weitem T-Shirt erzählt ebenfalls. Wie schön es sei, Mutter zu sein, und auch ans Hausfrauendasein habe sie sich gewöhnt. Wie toll es sei, dass die Kleine jetzt schon durchschläft und dass sie auch andere Mütter kennengelernt hätte, mit denen sie sich austauschen könne. Plötzlich bricht Manuela in Tränen aus: »Ich bin jetzt genau da gelandet, wo ich nie sein wollte! Natürlich liebe ich Lena über alles, aber ich lebe ein Leben, das so gar nicht meinen Vorstellungen entspricht.«

Ist das, was du tust, wirklich das, was du tun willst? Es ist wichtig, das regelmäßig zu überprüfen. »Jetzt ist es halt so, ich habe halt diesen Job, ich habe nun mal Kinder und da ist man nicht mehr frei …« Diese Einstellung ist keine Lösung. Wer so redet, unterwirft sich den Zuständen. Er nimmt das, was ist, als gegeben hin und macht sich keine Gedanken mehr über das, was er wirklich will.

Doch keiner sagt: »Du musst!« Du wählst selbst.

Ich bin die Letzte, die verkündet: »Ach, wenn dir die Mutter- oder Vaterrolle nicht passt, geh doch einfach und fang irgendwo in Südamerika ein neues Leben an.« Darum geht es hier auch nicht. Es geht einzig darum, dass du bewusst Ja sagst zu dem, was du tust.

Selbstbestimmt mit der richtigen Portion Verantwortung. Für dich selbst und für andere.

»Ich habe mich entschieden, meine Kinder nicht fremd- betreuen zu lassen, deswegen habe ich meinen Job aufgege- ben.« Das klingt selbstbestimmt und stark. »Ich musste meinen Job aufgeben wegen der Kinder, ich hätte ja noch so gerne wei- ter dort gearbeitet, aber eben …« Hier spricht das sich fremd- bestimmt fühlende Opfer.

Was also tun, wenn du bei deiner Lebens-TÜV-Untersuchung feststellst, dass du fremdbestimmt bist? Dass du gar nicht das Leben lebst, das du eigentlich willst?

Hier tauchen zwei Schwierigkeiten auf. Zum einen kannst du ja nicht einfach sagen: »Morgen steige ich um oder aus.« So ein- fach geht das nicht. Das Leben findet nicht im Vergnügungs- park statt, und die Fahrt, auf der du dich gerade befindest, endet auch nicht in ein paar Minuten. Zum anderen bist du Verpflich- tungen eingegangen, die du erst mal einhalten musst. Aber das heißt nicht, dass du das Leben nicht mehr gestalten kannst. Du kannst andere Lösungen finden. Eine andere Richtung einschla- gen. Die Frage ist nur: Welche?

Wie findest du die richtige Richtung in deinem Leben?

Das herauszufinden ist leider nicht so einfach. Ich zeige dir, warum.

Verstiegen

»Das darf nicht wahr sein! Siehst du das? Die durchqueren die Wand! Unmöglich!« Seit einer Viertelstunde beobachten wir, meine Bergkollegen und ich, die beiden Kletterer an der Südwand des Zustolls. Wir kennen die Route, wir wissen: Da, wo die jetzt entlangwollen – unmöglich. Dort gibt es eigentlich gar keinen Quergang. Sie versuchen's trotzdem. Die kommenden Meter sind noch einigermaßen kletterbar, danach wird es immer schwieriger. Vor allem: Am Ende der Traverse geht's nicht weiter. In keine Richtung. Haben die sich verstiegen? Ein weiterer Blick durchs Fernglas bestätigt: »Sie sind definitiv falsch.«

Klar, mit der Felswand vierzig Zentimeter vor der Nase ist das schwer zu erkennen. Da können sie unmöglich sehen, dass zehn Meter weiter oben Endstation ist. Von unten zuschauen ist immer einfacher. Jetzt müsste man ihnen einen Funkspruch durchgeben können, ihnen irgendwie beibringen, dass sie von der richtigen Route abgekommen sind. Aber eigentlich müssten sie doch selbst merken, dass es dort, wo sie jetzt sind, kein Weiterkommen gibt.

Dann die Schrecksekunde: Der vordere der beiden Bergsteiger stürzt. Unwillkürlich krampft sich meine Hand zusammen, und ich spüre geradezu, wie sich das Seil in die Handfläche schneidet. Dann sehe ich: Es gelingt seinem Begleiter, ihn zu halten. Ich atme weiter. Trotzdem, ein Zehnmetersturz war das sicher. Glücklicherweise scheint er nicht ernsthaft verletzt zu sein, denn er klettert sofort wieder hoch. Diesmal traversiert er nach rechts. Er erreicht den nächsten Standplatz, ist zurück auf der Route – auch ohne einen Funkspruch von unten.

Aus der Distanz ist der Überblick besser. Wäre ein Blick von außen auf das eigene Leben möglich, könntest du Holzwege und Sackgassen frühzeitig erkennen. Du könntest jede Entwicklung verfolgen und erkennen, in welche Richtung sie führt – und ob das die Richtung ist, die du haben möchtest, oder eine ganz falsche. Manch ein Konflikt könnte vermieden, manch ein Irrweg umgangen werden.

Aber, du kannst nicht gleichzeitig im Karussell deines Lebens drinsitzen und dich von außen betrachten. Egal, wie gut du dich kennst, über dich, deine Stärken und Schwächen, deine Charakterzüge und Eigenschaften Bescheid weißt, dir fehlt immer ein Teil der Wahrheit über dich. Du hast nie das ganze Bild, weil du dich immer nur aus deiner Warte erlebst. So manche Tendenz, die sich durch dein ganzes Leben zieht, kannst du gar nicht erkennen, weil sie für dich selbstverständlich ist. Zum Beispiel deine Neigung, dich strikt an Regeln zu halten. Dein Perfektionismus. Oder deine grundlegende Frohnatur.

Manches an sich kann man nicht wahrnehmen. Anderes will man nicht wahrhaben. Es könnte ja unangenehm sein, daher blendet man es lieber aus. So entsteht der berühmte blinde Fleck.

Da ist beispielsweise Veronika, die als 10-Jährige von ihrem Vater sexuell missbraucht wurde und heute Angst hat, sich auf eine sexuelle Beziehung einzulassen. Aber ihren Missbrauch darf auch ihre Therapeutin nicht ansprechen. Veronika hat dieses Erlebnis ausgeblendet, will nichts darüber wissen und behauptet, was damals auch immer passiert sei, es habe nichts mit ihrem heutigen Leben und ihrer blockierten Sexualität zu tun.

Oder Karin, die ihren neunjährigen Sohn so verwöhnt hat, dass er inzwischen nicht nur die ganze Familie, sondern auch seine Schulklasse terrorisiert, wann immer es nicht nach seinem Kopf geht. Aber bei der Erziehung lässt sie sich nicht reinreden. Wenn andere andeuten, feste Grenzen täten dem Jungen sicher gut, reagiert Karin mit einem Abwehrreflex. Das Kind sei halt nicht einfach und überhaupt, der Lehrer müsste halt … Es lebe der blinde Fleck!

»Mein Leben ist in Ordnung, ich lebe genau das Leben, das meinen Vorstellungen entspricht.« Super, wenn du nichts an deinem Leben auszusetzen hast. Zum Glück erleben wir solche Momente.

Aber es gibt auch Situationen, in denen wir eigentlich wissen, dass wir nicht glücklich sind. Ganz und gar nicht. Trotzdem wollen wir es nicht wahrhaben, erzählen anderen und uns selbst, alles sei in Ordnung. Wenn der Unzufriedenheitsalarm unseres Befindlichkeitsweckers losgeht, legen wir einfach das Gerät unters Kopfkissen, in der Hoffnung, den Alarm nicht mehr zu hören.

Warum bloß? Mein Verdacht ist: Wer zugibt, unzufrieden zu sein, müsste logischerweise etwas verändern. Seine Verhaltensweise, seine Lebensumstände, vielleicht sogar sich selbst. Das ist enorm anstrengend. Bequemer ist es, zu ignorieren, was schiefläuft. Ja, sogar wenn andere uns mit der Nase aufs Problem stoßen, lehnen wir ab.

So wie Veronika und Karin. Vordergründig suchen sie nach einer Lösung für ihre aktuelle belastende Situation. Veronika sucht sogar Hilfe bei einem Therapeuten. In Wirklichkeit lassen sie diese Hilfe aber nicht an sich herankommen: »Wie soll einer von außen beurteilen können, was in meinem Leben falsch läuft. Er ist ja nicht ich.« Genau! Egal, ob es nun der Therapeut ist, der Partner oder die beste Freundin: Keiner von ihnen steckt in deiner Haut. Aber gerade darin liegt die Chance. Er betrachtet das Karussell, in dem du dich drehst, von außen. Er sieht den Teil, für den du selbst blind bist.

Die Einschätzung deiner Mitmenschen kann dir zu einem ganzheitlichen Bild von dir verhelfen. Es geht dabei nicht darum, einfach anzunehmen, was dein Umfeld dir über dich vermittelt. Die anderen können dich ja jeweils auch nur aus ihrem Blickwinkel sehen, vielleicht perspektivisch verzerrt. Trotzdem ist ihr Bild von dir eine wertvolle Ergänzung zu deinem Selbstbild. Du musst nur ihre Wahrnehmung sorgfältig mit deiner eigenen vergleichen und schauen, wo sie übereinstimmen, wo sie einander widersprechen und wo sie einander ergänzen. Das hilft dir, Dinge zu erkennen, die du ohne diese Rückmeldungen nicht erkennen würdest. Dinge, die schieflaufen.

Seien wir ehrlich: Jeder ist ab und zu im Blindflug unterwegs, auch du. Dann bist du froh, wenn ein Fluglotse dir sagt, dass er dich auf dem Radar hat und dir deine Position durchgibt. Wenn er dir aber den Kurs ansagt und dich zum nächsten Flughafen lotst, dann musst du als Pilot deines Lebens wissen, ob das wirklich dein Zielflughafen ist oder ob du eine ganz andere Richtung einschlagen willst.

Der erste Schritt hin zu einem selbstbestimmten Leben ist die Standortbestimmung. Überprüfe: Bin ich, wo ich sein will? Lebe ich, was ich leben will? So, wie es jetzt gerade in meinem Leben zugeht, gefällt es mir nicht. Diese oder jene Situation stinkt mir. Davon will ich wegkommen. Dabei, das herauszufinden, kann der Außenblick helfen.

Der zweite Schritt, der folgen muss, wenn man festgestellt hat, dass nicht alles in meinem Leben so ist, wie es sein sollte, ist der größere. Jetzt geht es nämlich darum zu klären: **Was will ich stattdessen? Wie sollte es sein? Wo will ich hin?** Bei dieser Zielfindung kann dir kein Außenblick helfen. Darauf musst du alleine kommen.

Es gibt zwei Schlüssel, die dir zu dieser Klarheit verhelfen können.

Fluchtgedanken

Die letzten Sonnenstrahlen tauchen die kleine Insel in ein goldenes Licht. Meine Finger graben sich in den noch warmen Sand, mein Blick schweift über das tiefblaue Wasser in die Unendlichkeit. Vier Monate habe ich diesem Augenblick entgegengefiebert, ihn richtiggehend herbeigesehnt. Vier Monate ist es her, seit ich mich für diese Doku-Sendung als »moderner Robinson Crusoe« beworben habe. Drei Monate seit der Zusage des Schweizer Fernsehens.

Paradiesbilder begleiteten mich durch die Träume der letzten Wochen. Ich ganz allein auf dieser einsamen Insel, wie ich zu meiner Ruhe finde, wie ich einfach nur ich selbst sein kann. Träumereien vom Inselglück. Meine Vorfreude war gewaltig. Und nun?

Der erste Inselabend, ich sitze auf dem weißen Sandstrand, der direkt aus einem Hochglanz-Reiseprospekt gepurzelt zu sein scheint – und vermisse meine Kinder. Jetzt schon. Wie soll ich diese Zeit der Trennung überstehen? Ein paar Heimweh-Tränen kullern über meine Wangen. So habe ich mir das hier nicht vorgestellt. Was mache ich hier eigentlich? Ich, die Mutter. Ich, die Ehefrau. Ich, die Abenteurerin. Ich, die Kinesiologin und Paartherapeutin.

Wenn ich ehrlich bin, passe ich in etwa gleich gut in diese Bounty-Landschaft wie ein Steinbock aus den Bündner Bergen. Nämlich überhaupt nicht. Aber wo passe ich überhaupt hin?

In Wirklichkeit war es ja nicht die Sehnsucht nach Insel, Meer und Palmenstrand, die mich wegführte von zu Hause. Sondern das Verlangen nach Ruhe. Der Wunsch, einmal ausall dem wegzukommen, was da gerade falsch läuft in meinem Leben. Angefangen mit der Ehe, die nicht dem entspricht, was ich ursprünglich wollte. Nur ich weiß, dass mein Weg auf die Insel auch eine Flucht war. Aber das werde ich natürlich keinem sagen.

Meine Flucht ist gelungen. Ich bin hier. Und sehne mich nach meinem Zuhause. Der Wunsch, endlich mal mit mir allein zu

sein, und die Sehnsucht nach meinen Kindern – sie sind beide in
mir. Was ist wichtiger?
  Ich starre über die Wellen und frage mich:
  »Wer bin ich überhaupt? Und was will ich in meinem Leben?
Was ist mir wirklich wichtig?«

Leergefüllt
Der erste Schlüssel zur Klarheit führt über die Frage: **Was ist
dir wichtig im Leben, was weniger?** Es geht dabei nicht nur
um deinen Job, sondern um den Inhalt deines gesamten Lebens.
Dazu gehören auch Freizeit, Hobbys, Familie, Wohnen, kurzum
alles, womit du deine Stunden, Tage, Monate, Jahre füllst. Bei jeder einzelnen schönen Unternehmung, von der Tasse Cappuc-
cino bis zum Treffen mit dem alten Schulfreund, denkst du in
dem Moment: »Darauf möchte ich auf keinen Fall verzichten.«
Aber alles kannst du nicht haben. Im Chor singen oder Motor-
rad fahren? Abend mit den Kindern oder Ausgeh-Abend? So
schön es auch wäre, alles gleichzeitig zu machen: Es geht nicht.
Nur wenn du dir darüber im Klaren bist, was dir wirklich wichtig ist und was nicht, was dir Erfüllung bringt und was dich nur
belastet, kannst du zwischen all den Möglichkeiten des Alltags
gut entscheiden.
  Am einfachsten ist das, wenn du dir dein Leben als eine Art
Gefäß vorstellst. Als großen Krug zum Beispiel. Mich begeistert
dieses Bild immer wieder, weil es so verblüffend und gleichzeitig so einleuchtend ist. Also: Nimm große Steine und fülle diesen Krug bis an den Rand. O.K., voll? Nein, nicht ganz. Nimm
nun kleine Steine, leg sie drauf und schüttle den Krug leicht – sie
rutschen zwischen die großen Steine. Ist das Gefäß jetzt voll?
Nein, natürlich nicht. Mit Kieseln lassen sich auch die Lücken
zwischen den großen und den kleinen Steinen ausfüllen. Du
kannst dir vorstellen, wie es jetzt weitergeht: richtig, Sand. Sand

hat überall noch Platz. Jetzt ist er aber voll! Ja, fast. Nimm nun ein Glas Wasser und kippe es in den Krug. Und du erkennst: Für ein Glas Wasser findet sich immer noch Platz.

So, jetzt wird's ernst. Stell dir nun das eigene Leben als diesen Krug vor. Als dein Lebensgefäß. Und dieses Gefäß gilt es nun zu füllen. Mit dem, was du tust, mit dem, was dir wichtig ist.

Also: Womit ist dein Lebensgefäß gefüllt? Womit verbringst du deine Zeit?

Die wirklich wichtigen Dinge in deinem Leben sind die großen Steine: deine Beziehung, deine Kinder, deine Familie, Freunde, Job, Wohnen … Sie prägen deinen Alltag am stärksten und nehmen am meisten Zeit und Energie in Anspruch. Sie geben dir aber auch am meisten. Sie machen dein Leben zu dem, was es ist.

Bei den kleinen Steinen geht es um Dinge, die dein Leben zusätzlich lebenswert machen und ihm einen besonderen Touch verleihen: dein Haustier, dein Hobby, Reisen, Sport, Garten …

Die Kieselsteine sind die Nettigkeiten zwischendurch: das Abendessen in einem feinen Restaurant, der monatliche Kinobesuch, der jährliche Christkindlmarkt, ein tolles Konzert … Unternehmungen, die dir guttun, »Nice-to-haves«.

Und dann der Sand. Die vielen kleinen Dinge, die deinen Alltag noch lebenswerter machen, einfach so zwischendurch. Ein Espresso auf der Terrasse, ein Anruf deiner Freundin, das Vogelgezwitscher im Garten, das Entspannungsbad am Abend, ein paar Seiten in einem guten Buch, eine SMS an deinen Geliebten – und natürlich auch eine SMS, die zurückkommt.

Bliebe zu guter Letzt noch das Wasser. Wasser, das Lebenselixier. Es umspült alles andere. Wasser verleiht allem und jedem in deinem Lebensgefäß einen besonderen Wert. Für mich steht das Wasser für die Augenblicke des bewussten Genießens. Einen Moment innehalten, bewusst wahrnehmen, wie schön das

Leben und alles, was es mir zu bieten hat, ist. Von den Kindern bis hin zum Espresso. Das Wasser ist die Einstellung, mit der du diesen Dingen begegnest.

Vielleicht denkst du jetzt: »Super, wunderbare Sache, das mit diesem Lebensgefäß. Ich will möglichst viele verschiedene Sachen hineinpacken.« Viel Füllung, viel Erfüllung. Das könnte man vordergründig meinen. Doch aufgepasst: **Je mehr du einfüllst, desto weniger Zeit bleibt dir für jedes einzelne Bedürfnis.**

Angenommen, dir ist es wichtig, täglich eine Stunde Sport zu treiben, täglich mindestens zwei Stunden mit deinem Partner zu verbringen (nicht schlafend im Bett ...), Zeit für das Spielen mit deinen Kindern zu haben, täglich eine Fernsehsendung an-zuschauen, Zeit in der Natur zu verbringen etc. – uff, das wird eng.

Stell dir vor, du hättest 50 Bedürfnisse, die du gerne ausleben möchtest. Möglichst jeden Tag. 16 Stunden pro Tag stehen zur Verfügung, die restlichen 8 Stunden gehören dem Schlaf. Wie sieht deine Zeitverteilung aus? Hier eine einfache Zeitrechnung: 960 Minuten geteilt durch 50 Bedürfnisse ergeben für jedes Be-dürfnis 19,2 Minuten Zeit. Eine etwas eigenartige Rechnung, stimmt. Aber sie kann dir einiges bewusst machen:

Jeder Lebensinhalt braucht eine gewisse Zeit, die du ihm widmest. Du kannst diese Zeit nicht kürzen und dabei hoffen, dass du mit zwei halben Sachen, die du tust, genauso glücklich wirst wie mit einer ganzen. Stell dir vor, du könntest, weil dir die Zeit fehlt, nur 10 der 90 Minuten deiner Lieblingssendung ansehen. Glücklich wärst du mit diesen 10 Minuten wohl kaum. **Die Stunden werden nicht länger, nur weil du mehr hinein-zuquetschen versuchst, höchstens frustrierender.**

Menschen, die versuchen, zu viel unter einen Hut zu brin-gen – von einer Aktivität zur nächsten hetzen, vom Fitnesscenter ins Einkaufscenter, vom Grillfest beim Nachbarn zur Geburts-tagsparty der Cousine, in diesem Verein ein bisschen aktiv sein, in jenem das Amt des Schriftführers innehaben, schnell mal eine Viertelstunde mit den Kindern Lego spielen, abends todmüde ins Bett fallen und der oder dem Liebsten beim Gutenachtkuss noch zuflüstern:»Ich liebe dich!«–, haben mit Sicherheit längst vergessen, was es bedeutet, wirklich zufrieden zu sein. **Solche Menschen sind nicht wirklich erfüllt, sie sind überfüllt.** Dinge, von denen sie behaupten, dass sie ihnen wichtig wären, finden kaum mehr Platz in ihrem Lebensgefäß. Na ja, und dann wundern sie sich, wenn eines Tages der Partner weg ist. Seine Begründung:»Ich habe ja keinen Platz in deinem Leben!«, lässt sie fassungslos zurück, und erst jetzt merkt sie, dass ihr Leben ziemlich leer ist. Überfüllt mit Kleinigkeiten, mit Kies und Sand, aber die großen Steine, die wirklich wichtigen Dinge, fehlen.

Deswegen ist es so wichtig, Prioritäten zu setzen. Entscheide, was dir wichtig ist! Dem widmest du deine Zeit. Dem Unwichtigen nicht. Für mich zum Beispiel sind Kunst, Musik, Fernsehen oder auch Politik C-Prioritäten. Wäre schon nett, mich damit zu beschäftigen, aber mein Job, mein Familienleben und Ausflüge in die Natur sind mir wichtiger. Dort will ich keine Abstriche machen, deswegen fallen die C-Prioritäten unter den Tisch. Dafür habe ich keine Zeit.

Das heißt natürlich nicht, dass du einmal entscheidest, was in deinen Lebenskrug hineinkommt und was nicht, und dass das dann unveränderlich so bleiben muss. Natürlich ändern sich deine Bedürfnisse entsprechend deiner äußeren Umstände und im Laufe der Zeit. Die großen wie die kleinen. Dass ich bei 35 Grad im Schatten Lust auf ein eiskaltes Bier habe, bei Minustemperaturen eher auf einen heißen Tee, ist selbstverständlich. Aber auch die großen, wichtigen Dinge ändern sich mit den Lebensphasen.

Vor 20 Jahren hatten meine Kinder einen viel höheren Stellenwert und nahmen bedeutend mehr Zeit in Anspruch als heute, wo sie erwachsen sind. Ebenso hatte meine Aus- und Weiterbildung eine ganz andere Bedeutung als gegenwärtig, dafür blieben andere Dinge wie Reisen und Abenteuer auf der Strecke. Für die habe ich heute wieder mehr Zeit.

Kipp also immer mal wieder deinen Lebenskrug aus, und schau dir an, was du da alles hineingefüllt hast. Tu das gründlich – das ist besser, als ein bisschen drin herumzustochern. Erst beim Auskippen findest du alles, was sich im Lauf der Zeit angesammelt hat und Platz beziehungsweise deine Zeit blockiert, ohne dass du dich bewusst dafür entschieden hast. Dann kannst du den Inhalt in »wichtig« und »unwichtig« sortieren, Unwichtiges beiseitelegen und Wichtigem mehr Raum geben. Oder etwas Neues dazulegen, für das du bisher keine Zeit hattest und das du schon immer machen wolltest. Mit diesen neuen Inhalten füllst du den Krug dann wieder.

Aber wie entscheidest du, was wichtig und was unwichtig ist?

Selbstgespräche

Schweiß, Sonnencreme, Mückenschutzmittel und überall auf meiner Haut klebt Sand. Mein Körper ist gerade alles andere als eine Wohlfühloase. Jetzt eine erfrischende Dusche, das wär's …

»Selber schuld, du wolltest ja auf diese Insel, du wusstest, dass dich hier kein Fünfsternehotel erwartet!«

Tag drei auf der Insel, und schon führe ich Selbstgespräche. Aber egal, es hört mich ja niemand. Bin ja ganz allein hier. Ganz allein … ich will heim. Die Kinder vermisse ich noch mehr als die Dusche, und ein sauberes Bett auch.

Weißer Sand, türkisfarbenes Wasser, stahlblauer Himmel, und ich grüble, anstatt zu genießen. Wie kann ich nur! Jetzt gehe ich erst mal eine Runde schwimmen, das tut gut. »Carpe diem – Genieße den Tag!«

Gibt es etwas Schöneres, als aus dem kühlen Wasser zu steigen und sich in den warmen Sand zu legen? Ja, gibt es! Im warmen Sand zu liegen und zu wissen, was man wirklich will.

Ich liege auf dem Bauch, das Kinn in meinen Händen aufgestützt, starre ins Leere und versuche zu genießen. Als könnte man das auf Kommando! Eine riesige Krabbe kriecht aus einem Sandloch. Zu Tode erschrocken springe ich auf und schreie sie an: »Verschwinde, du hässliches Untier! Wie soll ich da die Insel genießen, wenn du mir fast über die Nase krabbelst? Und wie soll ich in Ruhe nachdenken?« Ich koche vor Wut. Einerseits, weil mich ein harmloser Inselbewohner aus der Fassung bringt, andererseits, weil ich mich schon wieder auf dem Karussell der Kreisgedanken befinde.

Ich klopfe den Sand von meinem Körper, schlendere den Strand entlang und versuche mich zu fassen.

»Was will ich eigentlich? Wonach sehne ich mich so? Mein Zuhause habe ich ja in zwei Wochen wieder. Aber irgendwas fehlt dann immer noch, das weiß ich jetzt schon. Warum? Was erhoffe ich mir von meinen Kindern, meiner Beziehung, meinem Komfort zu Hause? Was ist mir wirklich wichtig?«

Bestens, du sitzt nun also vor deinem leeren Lebensgefäß und darfst es neu auffüllen. Möglichst sinnvoll, na klar. Nur: Was ist sinnvoll?

Es genügt nicht zu wissen: Das und das will ich in meinem Leben haben, dieses oder jenes unbedingt tun. Denn trotzdem könnte es immer noch sein, dass du dir völlig falsche Vorstellungen von deinen Zielen machst. Selbst wenn du sie erreichst, wirst du enttäuscht sein. Du tust, was du schon immer tun wolltest – aber es macht dich nicht glücklich. Das kann passieren, wenn dir vorher nicht klar war, warum du dir diese Dinge wünschst, was du dir davon versprichst. Worin der Sinn für dich liegt. Du sehnst dich zum Beispiel nach deinem eigenen Haus. Warum? Wegen der Unabhängigkeit von miesepetrigen

Vermietern? Wegen der Möglichkeit, nachts um elf laute Musik zu spielen, ohne dass es Nachbarn stört? Oder weil du dir ein bleibendes Zuhause wünschst? Wenn es der dritte Grund ist, und du ein Haus findest, das in fünf Jahren einem Einkaufszentrum weichen soll, dann brauchst du es gar nicht erst zu kaufen.

Erst wenn du deine zugrunde liegenden Wünsche entdeckst, kannst du überhaupt prüfen, ob das, was du hast, dir gibt, was du dir davon versprichst. Erst dann weißt du nämlich, was für dich wirklich das Richtige ist, nicht nur vordergründig, auch tiefgründig. **Erfüllung kommt nicht von dem, was man tut, sondern von dem, was das, was man tut, einem gibt.** Alles, was du hast oder nicht hast, tust oder auch nicht tust, ist nichts wert, wenn es dir keinen Nutzen stiftet oder, mit anderen Worten, nichts bringt. Mit Nutzen meine ich natürlich nicht einfach Geld oder einen sonstigen Vorteil. Sondern: Erfüllung. Glück. Das Gefühl von Sinn.

Der nächste Prüfstein liegt also vor dir: Was gibt deinem Leben Sinn?

Unglückliches Gemüse

Ich wandere mal wieder, anstatt in die Berge durchs Dorf. Anstatt einem Rucksack, Seil und Pickel trage ich einen Korb voll Bohnen, Kohlrabi und Zucchini. »Wenn wenigstens nicht immer alles gleichzeitig erntereif wäre …«, denke ich.

160 Einmachgläser sind gefüllt, unzählige Schnüre mit aufgefädelten Bohnen hängen zum Trocknen, 30 kg Himbeeren sind bereits verarbeitet. Was bleibt mir anderes übrig, als mein Gemüse zu verschenken? Angeblich soll ein eigener Garten glücklich machen. Das stimmt vielleicht für die anderen und auch für die, die von meinem Garten profitieren, aber nicht für mich!

Selber schuld, nur weil ich bei meiner Schwiegermutter, der perfekten Gärtnerin, punkten wollte, habe ich den Garten überhaupt übernommen. Meine Schwiegermutter – wann immer sie mir am Telefon erzählt, was sie alles geerntet hat, wie gut selbst gezogenes Gemüse schmeckt, wie gesund es ist, wie viel Geld sie damit spart ... melden sich in mir Zweifel. Sie ist begeistert. Und ich? Frustriert. Warum musste ich es ihr unbedingt gleichtun? Ich habe schnell gemerkt, dass mir der Garten nicht das Gleiche gibt wie ihr. Innerlich fluche ich über jede einzelne Zwetschge, die sterilisiert werden muss. Wenn alle Einmachgläser voll sind und der Gefrierschrank überquillt, ist nicht etwa Schluss, dann wird gedörrt. Zwischenzeitlich fühle ich mich selbst wie eine Dörrzwetschge.

»Beinahe-Selbstversorger« klingt gut. Aber in mir rebelliert alles dagegen. Ein Kind im Tuch auf den Rücken gebunden, eines an der Hand und dieser Korb mit Gemüse am Arm – ich fühle mich wie im Mittelalter.

Nun noch die Eier im Hühnerstall holen, und dann so schnell wie möglich nach Hause, bevor Sämi aus dem Kindergarten kommt. Wenn der Garten wenigstens beim Haus wäre, ich rebelliere schon wieder. »Wie befreit man sich von einem Garten, der nicht glücklich macht?« Das ist die Frage, mit der ich mich auseinandersetzen sollte.

»Also, Mami, rechne einmal aus, wie viel du in der Zeit, die du im Garten verbringst, in der Praxis verdienen könntest. Mit ein paar Stunden kannst du das Gemüse für einen ganzen Monat finanzieren. Die Hälfte der Ernte verschenkst du sowieso, Spaß macht dir der Garten auch nicht, also wirtschaftlich ist das sicher nicht ...« Sandro, mein Zweitältester, brachte es irgendwann auf den Punkt. Im Berechnen der Rendite war er schon immer hervorragend, er ist ja dann auch Wirtschaftsprüfer geworden. Auf jeden Fall war ich überglücklich darüber, einen so klugen Sohn zu haben. Er bestärkte mich darin, den Garten ab- und die Praxis auszubauen.

Trotzdem zweifelte ich daran, ob ich das wirklich bringen kann. Den Garten einfach wieder abstoßen? Aber warum eigentlich nicht? Mit dem Gemüse funktioniert das sicher genauso wie mit den Kühen und den Hühnern. »Milch von glücklichen Kühen«, »Eier von glücklichen Hühnern« – so werben Biobauern. Und Gemüse von glücklichen Gärtnern? – Ob glücklich gekauftes Gemüse gesünder ist als unglücklich geerntetes? Egal. Selbst wenn ich mir noch so gut zurede, für mich bedeutet mein großer Gemüsegarten primär Frust. Gartenerfüllung, wie andere sie erleben, das hätte ich mir auch gewünscht! Aber ich bin nicht *die anderen*. Der Garten hat für mich nicht den Wert, den ich mir erhoffte. Also weg damit!

Der zweite Schlüssel, der dir Klarheit für deine Richtungsfindung gibt, sind die Werte. Deine Werte. Lebenswerte oder auch Wertvorstellungen sind so individuell, wie Bedürfnisse individuell sind und wie wir Menschen individuell sind. Mein einer Großvater war Straßenfeger. Er war ein bemerkenswert zufriedener Mensch. Für saubere Gehsteige und Straßen zu sorgen, hat ihn erfüllt. Sich mit den Menschen auszutauschen, denen er begegnete, hat ihn glücklich gemacht. Andere Menschen finden ihre Erfüllung beim Analysieren von Zahlen und wieder andere bei der Pflege ihrer Mitmenschen.

Was für den einen von Wert ist, Sinn gibt und erfüllt, kann für den anderen Frust bedeuten. **Es geht also darum, herauszufinden: Was sind meine Wertvorstellungen?**

Werte gibt es viele: Zuverlässigkeit, Disziplin, Ordnung, Lebensfreude, Humor, Abenteuer, Harmonie, Umweltbewusstsein, Hilfsbereitschaft etc. Die Liste ließe sich endlos fortsetzen. Alle Werte haben eines gemeinsam: Sie treiben zum Handeln an.

Bei Edison war es der Erfindergeist und bei Einstein der Forschergeist, der sie antrieb. Mutter Teresas Lebenswerte müssen Hilfsbereitschaft und ihr Glaube gewesen sein, und bei Nelson

Mandela oder Mahatma Gandhi waren es die Menschenrechte, die sie kämpfen ließen. Viele große Erfindungen und Entdeckungen verdanken wir Menschen, die sich durch ihre Wertvorstellungen unvergleichlich motivieren ließen.

Jeder Mensch tut nur solche Dinge gerne und mit Überzeugung, die mit mindestens einem seiner Werte in Verbindung stehen. Einen frisch verschneiten, jungfräulichen Pulverschneehang mit meinen Skiern zu entzaubern, löst in mir ein unbeschreibliches Glücksgefühl aus. Andere sind froh, wenn sie nicht auf Skiern stehen müssen. Ein tolles Rockkonzert versetzt manch einen Musikbegeisterten beinahe in Ekstase, während ich einen großen Bogen um laute Musik herum mache. Menschen sind verschieden, ihre Bedürfnisse und ihre Wertvorstellungen ebenfalls. Es geht hier weder um den frisch verschneiten Pulverschneehang noch um das Rockkonzert, es geht um die Frage, was es einem gibt.

Was dir nichts gibt, ist für dich nichts wert. So weit logisch.

Bergsteigen, Gleitschirmfliegen oder auch Reisen sind Freizeitaktivitäten – etwas, das ich gerne und freiwillig tue. Gestillt wird dadurch meine Abenteuerlust. Gestillte Abenteuerlust ist der Nutzen oder eben der Wert, den mir diese Tätigkeiten geben. So betrachtet ist die Handlung das Säen und das, was es einem gibt, also der Nutzen daraus, die Ernte oder eben der Wert.

Wenn du gerne Sport treibst, gibt dir diese Tätigkeit eine Befriedigung. Sport erfüllt dich oder macht dich glücklich. Wenn du nicht gerne Sport treibst, sieht das anders aus. Nun kannst du natürlich auch Sport treiben, ohne dass du es gerne tust. Nämlich dann, wenn anstelle der Zufriedenheit ein anderer Wert steht, der dir wichtig ist, zum Beispiel deine körperliche Gesundheit, die du durch den Sport förderst. Es ist in Ordnung, Dinge zu tun, die keinen Spaß machen, solange sie trotzdem einen Wert liefern. **Nicht jeder Wert ist ein Wohlfühlwert.**

Super ist natürlich, wenn man durch eine Tätigkeit gleich mehrere Werte abdecken kann. Wandern kann Freude bereiten, tut der Gesundheit gut, steigert die Fitness, und wenn man mit Freunden unterwegs ist, werden auch noch die sozialen Kontakte gefördert. Ideale Tätigkeiten sorgen dafür, dass sich Werte sogar kumulieren.

Um sich erfüllt und zufrieden zu fühlen, muss der Nutzen von dem, was man tut, egal in welchem Bereich, auf jeden Fall größer sein als der Preis oder der Aufwand, den es einen kostet. Je wichtiger mir etwas ist oder je größer der Nutzen, den ich mir von etwas verspreche, desto mehr Energie bin ich bereit zu investieren.

All das klingt schrecklich berechnend, stimmt. Bedürfnisse, Energieaufwand, Zeitrechnung, Ertrag, Werte, Kosten, Nutzen …

Muss denn wirklich immer alles, was man tut, einen Nutzen stiften? Das klingt so verabscheuenswürdig egoistisch. Ja, das tut es, aber so funktioniert nun mal das Leben: Du tust etwas in der Absicht, etwas zu bewirken. Erreichst du tatsächlich das, was du bewirken wolltest, empfindest du die Aktion als Erfolg.

Du hilfst anderen Menschen und erntest Anerkennung. Kann sein, dass du gar keine Anerkennung suchst, dass du nur hilfst um des Helfens willen. Dann ist das, was du erntest, einfach ein gutes Gefühl. Auch das ist ein Nutzen. Das Kind spielt. Zweckfrei? Nein: weil es ihm Spaß macht, es etwas lernt dabei oder die Herausforderung sucht – egal, irgendeinen Nutzen gibt ihm dieses Spiel, sonst würde es nicht spielen. Irgendeinen Nutzen verspricht es sich auch, wenn es trotzt, sich am Boden wälzt und herumschreit.

Menschen tun etwas, weil sie sich dadurch einen Nutzen oder Wert versprechen. Wie wertvoll und wie sinnvoll dieser ist, darüber lässt sich freilich streiten. Aber die persönliche

Kosten-Nutzen-Rechnung ist bei Weitem weniger egoistisch, als sie vordergründig erscheint.

Ein einziger Satz soll auf den Punkt bringen, was ich mit dieser Aussage meine: **Nur zufriedene Menschen können andere Menschen glücklich machen, nur zufriedene Menschen können für Frieden sorgen und nur zufriedene Menschen können von Herzen geben.** Und genau das ist es, was die Welt braucht! Zufriedene Menschen. Aber nur Menschen, die ihr Leben nach ihren Werten richten und auf ihren Wegen zu ihren eigenen Zielen unterwegs sind, sind wahrhaft zufriedene Menschen.

Um zu diesen Menschen zu gehören und ein erfülltes Leben zu leben, ist es wichtig, dass:

- *du dein Leben nach deinen eigenen Prioritäten lebst,*
- *deine Prioritäten mit deinen Lebenswerten übereinstimmen,*
- *dein Energieaufwand in einem gesunden Verhältnis zum Ertrag steht.*

Je mehr du tust, was dir entspricht, desto besser bist du unterwegs in deine Richtung. Du hast das Ticket hin zu dir gebucht. Und je mehr dir das, was du tust, gibt, also je höher der Wert, desto eher bleibst du auf deinem Weg.

5 | *Der Rucksack*
Was ich alles nicht brauche

Die Kunst beim Rucksackpacken ist es, sich auf die wenigen
Dinge zu beschränken, die du wirklich brauchst. Wenn du im
Rucksack nur das Richtige haben willst, musst du dich von
allem Falschen trennen. Dazu braucht es Mut. Es genügt auch
nicht, den Unterschied zwischen Richtig und Falsch, Wichtig
und Unwichtig zu erkennen – entscheidend ist es, daraus die
Konsequenzen zu ziehen. Du musst tatsächlich alles Überflüssige und vor allem alles, was dich bremst, aus deinem Leben
verbannen.

*»Sie bekommen von uns 100 Franken, um sich zu kaufen, was Sie
für ein Inselabenteuer auf einer unbewohnten Insel zum Überleben brauchen. Wie investieren Sie dieses Geld?«, will Herr Fladi,
der Inselspezialist, wissen. Ist das eine Fangfrage? Ich bin ein wenig unsicher, also antworte ich vorerst mit einer Gegenfrage: »Ich
bekomme 100 Franken, um mir zu kaufen, was ich für meine Zeit
auf der Insel brauche? Aber ich bekomme doch von Ihnen schon
besagte Überlebenstasche. Da ist sicher alles drin, was ich zum
Durchhalten brauche, oder nicht?«*

»Mehr sogar: ein kleines Zelt, ein Taschenmesser, Kompass mit Lupe, eine Angelrute, eine Flasche für eine Flaschenpost, ja sogar eine Hängematte ...«, antwortet mir jemand aus dem Team des TV-Senders.

Ich kann mich nur wundern. Soll ich etwa ein dickes Buch kaufen, damit mir nicht langweilig wird? Oder einen Wecker, damit ich die Sonnenaufgänge nicht verpasse? Was soll das? Schließlich geht's um eine Überlebenswoche. Für mich ist die Sache klar: »Also, wenn ich für den Fall, dass ich auf der Insel kein Trinkwasser finde, noch etwas mitnehmen kann, um Wasser aufzubereiten, brauche ich weiter nichts. Dann habe ich mehr, als Robinson bei sich hatte, als er seinerzeit an Land gespült wurde. Ich brauche Ihre 100 Franken nicht.«

Meine Antwort war der Auslöser dafür, dass ich für das TV-Format als Überlebenskünstlerin ausgewählt wurde. So brachte mich das »Nichts« an das Ziel meiner damaligen Wünsche.

Ballaststoffe können ganz schön ungesund sein

»Nimm sicherheitshalber ein Paar Ersatzsocken mit! Und eine Taschenlampe, ein Taschenmesser, Regenschutz, Schnur, Nähzeug ...« Wenn Mutter mir in meiner Jugendzeit beim Rucksackpacken fürs Zeltcamp half, sprach die Pfadfinderin aus ihr: »Hast du Streichhölzer, Landkarte, Kompass ...?« – sicherheitshalber!

Es gibt Menschen, die tragen einen zweiten Regenschutz mit, für den Fall, dass der erste nass wird. Ein drittes Paar Ersatzsocken, man weiß ja nie ... Und eine Ersatzhaarbürste. Die Chance, dass du die eine Haarbürste verlierst und froh bist, die zweite gleich zur Hand zu haben, ist sehr gering. Sicherheitshalber etwas mehr mit dir herumzutragen macht dir deshalb das Leben nur schwerer, nicht leichter. Die Last auf deinen Schultern spürst du mit jedem Schritt. Warum machst du das dann?

Aus Unsicherheit. Die Angst, dass etwas fehlen könnte, macht dich unsicher. Eifrig versuchst du, jede mögliche Leerstelle auszufüllen. Du greifst nach allem, was dir Sicherheit bietet oder wenigstens Sicherheit vermittelt. Die große Gefahr ist, dass deine Unsicherheit auf diese Weise dafür sorgt, dass du dein eigentliches Vorhaben immer wieder hinauszögerst. **Das, was vermeintlich fehlt, hindert dich daran, zu starten.** Du sagst:

- *»Ich brauche nur noch ...«*
- *»Ich muss nur noch ...«*
- *»Ohne ... kann es nicht losgehen!«*

... und bewegst dich keinen Millimeter vorwärts. Dieser Perfektionismus hat aber seinen Grund nicht nur in einem übertriebenen Sicherheitsdenken. Dieses Motiv hat noch einen dunklen Zwilling: Auf perfekte Umstände warten zu wollen, ist sehr oft ein Alibi dafür, erst gar nicht in Bewegung kommen zu müssen und gemütlich in der Kuschelecke bleiben zu dürfen.

Zwilling eins: Die Angst, es könnte etwas fehlen, macht dich unsicher.

Zwilling zwei: Deine Unsicherheit gaukelt dir vor, es fehlt etwas, um ins Handeln zu kommen.

Wenn dich dieses teuflische Duo gepackt hat, bist du wie in einer Zeitschleife gefangen.

Bevor ich mit meiner Praxistätigkeit als Kinesiologin startete, verharrte ich erst mal in einer Warteschleife. Eigentlich war alles bereit. Aber ich wollte unbedingt noch diese Zusatzqualifikation zur Ausbildung erwerben, jenen Kurs belegen, diese geniale neue Methode erlernen und jenes Seminar zum Thema »So mache ich mich selbstständig« besuchen. Ganz wichtig war mir auch, dass meine Praxis perfekt eingerichtet ist. Beispielsweise legte ich Wert auf eine wirklich gute Praxisliege, bevor der erste Klient kommen sollte. Also erkundigte ich mich bei anderen Therapeuten nach der besten Liege und nach allem, was man sonst noch brauchen könnte. Und warum? Ich wollte ganz sicher sein, meinen künftigen Klienten nur das Beste bieten zu können. Ich wollte Sicherheit für meine Klienten – und für mich. Wissen sollte mir Sicherheit vermitteln, und materielle Dinge auch. So viel Wissen, das ich noch hätte anhäufen können! So viele Möglichkeiten, die ich noch hätte abchecken können!

Wer Angst hat loszulegen und deshalb eine Hürde nach der anderen vor sich aufbaut, bremst sich selber aus. Man kann ewig an den perfekten Bedingungen herumbasteln, um sich vor dem Start zu drücken.

Wenn du immer auf Nummer sicher gehen willst, wirst du nie einen Fuß vor den anderen setzen. Denn die absolute Sicherheit gibt es nicht.

Speziell bei Zielen, die einiges an Disziplin oder Durchhaltewillen abverlangen, schiebt man gerne etwas vor, das noch unbedingt herbeigeschafft werden muss – nur, um noch nicht starten zu müssen.

- *»Ich will endlich wieder richtig fit werden, aber ich brauch noch eine neue Pulsuhr, um mit dem Joggen starten zu können.«*
- *»Klar würde ich mit dem Rad zur Arbeit fahren, um meine Kondition aufzubauen, aber ich hab nur eins mit sieben Gängen. Ich spar jetzt auf ein Mountainbike mit 27 Gängen und dann geht's los!«*
- *»Wir möchten euch schon so lange gerne zum Essen einladen, aber unsere Küche ist einfach nicht groß genug, um für Gäste zu kochen. Sobald wir die neue Küche haben …«*
- *»Um einen neuen Job werde ich mich erst bemühen können, wenn ich besser mit Computerprogrammen umgehen kann.«*

Entschuldigung – aber so wird das nie was! Das sind doch alles billige Ausreden! Ausreden dafür, alles so lassen zu dürfen, wie es ist. Wenn etwas fehlt, dann ist es die Bereitschaft, die persönliche Komfortzone zu verlassen! Mit einem »Es fehlt mir aber noch …« als Sündenbock für versäumte Gelegenheiten kommst du gewiss nicht ans Ziel. Wer mit solchen Alibis unterwegs ist, drückt immer stärker aufs Bremspedal als aufs Gaspedal. Das gibt schwarze Streifen auf der Straße, aber vom Fleck kommt man damit nicht. Stelle dir also die Frage: **Fehlt tatsächlich etwas, oder *willst* du, dass noch etwas fehlt, um nicht starten zu müssen?**

Also einfach drauflosstolpern? Wird schon gut gehen? Nein! Sich ohne passendes Gepäck auf eine Weltreise zu begeben, ist genauso falsch, wie jahrelang an der richtigen Ausrüstung zu feilen. Die Kunst ist es, herauszufinden, was du wirklich brauchst.

In der Auswahl liegt der Erfolg

Ein hellgrüner Fremdkörper, keine Pflanze, kein Tier, kein Stein. Auf jeden Fall etwas, das weder auf einer einsamen Insel wächst noch zu meiner Ausrüstung gehört. Ich schaue ihn genauer an, den Gegenstand, der vor mir im Sand liegt. Ein Feuerzeug! Ich hebe es auf, klopfe die Sandkörner ab, halte einen Moment inne und klicke. Eine kleine Flamme springt auf und verschwindet augenblicklich wieder, als ich den Drücker wieder loslasse. »Ha, genial!« Dieses Ding funktioniert sogar!

Eine dunkle Wolke schiebt sich vor die Sonne. Innerlich jubiliere ich: »Ab sofort bin ich von dir, liebe Sonne, nicht mehr abhängig! Ich brauche dich nicht mehr, um ein Feuer zu entfachen. Du kannst hinter den Wolken verschwinden, solange du willst! Jetzt habe ich ein Feuerzeug!«

Gestern hat mich das Fernsehteam besucht. Sie wollten ein paar Aufnahmen von mir und meinem Inselleben drehen. Da muss Bettina, die Reporterin einer Zeitschrift, ihr Feuerzeug verloren haben. Ich erinnere mich schwach, dass sie sich eine Zigarette angezündet hatte. Und jetzt habe ich ihr Feuerzeug. Was für ein Luxus! Feuer durch einen einzigen Klick!

Kaum 24 Stunden später fällt mir mein letztes Stückchen Kokosnuss aus der Hand, und wohin? In den Sand. Weißer, sauberer, traumhafter Sand – aber bitte nicht an meiner Kokosnuss! Ich gehe zum Meer hinunter und bücke mich, um meine sandige Mahlzeit zu waschen. Da höre ich ein leises »Plups«. Mein Feuerzeug sinkt auf den Grund. »Oh nein!« Schneller, als ich denken kann, greift meine Hand danach. Meine Finger umschließen es fest. Aber nass ist es geworden.

»Ob ein Feuerzeug, das im Wasser war, noch funktioniert?«, frage ich mich. Als Nichtraucher weiß ich das nicht. »Was, wenn nicht?« Ich könnte heulen! Es war so unglaublich bequem, gestern mit einem einzigen Klick für Feuer zu sorgen. Und nun soll dieser herrliche Luxus vorbei sein. »Stell dich nicht so an!«, ermahne ich mich. »Bis gestern ging es ohne Feuerzeug und heute machst du dir wegen eines nicht mehr funktionierenden Feuerzeugs das Leben schwer. Das darf doch wohl nicht wahr sein!«

Beim vierten Versuch die Erleichterung. Die kleine Flamme züngelt mir vorsichtig entgegen. Glück gehabt.

Das Einzige, worauf ich in meinem Inselleben auf keinen Fall hätte verzichten können, waren mein zur Wasserdestillation umgewandelter Milchkessel und mein kleiner Kompass mit Lupe. Denn ohne Lupe kein Feuer – und ohne Feuer kein Trinkwasser. Zelt, Fischernetz, Angelrute und Taschenmesser: ganz nett, aber eigentlich nur Luxusartikel. **Zum Überleben braucht es nicht viel.**

Das gefundene und fast wieder verlorene Feuerzeug zeigte mir, wie schnell man sich an etwas bindet und sich dadurch das Leben schwer macht. Bevor ich das Feuerzeug gefunden hatte, hatte ich mir keine Gedanken über dieses kleine Plastikding gemacht. Mit dem Feuerzeug kamen gleichzeitig die Sorgen ins Spiel.

So schnell gewöhnst du dich an Luxus! So schnell bist du nicht mehr bereit, darauf zu verzichten! Je mehr du hast, desto mehr kannst du verlieren und desto eingeschränkter bist du. Du kümmerst dich, pflegst, schützt, erhältst, ordnest … Ganz schön viel Aufwand, um alles am Laufen zu halten! Je mehr du mit dir rumschleppst, desto belasteter bist du. Ich frage dich: Was hilft dir ein Rucksack mit allem drin, wenn er so schwer ist, dass du nicht mehr vom Fleck kommst?

Also: Weg mit dem Ballast! **Nur was dich weiterbringt, gehört in deinen Rucksack.** Es geht also nicht darum, möglichst viel oder möglichst wenig mit dabeizuhaben, sondern genau das, was du brauchst. Das Richtige eben.

Die Aussicht ist gigantisch, die Sommersonne erwärmt jetzt sogar die Gipfel der Dreitausender, der letzte Schnee schmilzt dahin und sucht sich in kleinen Bächen den Weg ins Tal. Wir setzen uns auf den warmen Fels, freuen uns auf eine kleine Zwischenmahlzeit und genießen unsere Rast.

Ich suche meine Zwischenverpflegung im Rucksack, finde sie nicht und beginne meinen Rucksack zu entleeren. Pullover, Bergjacke, Notapotheke … »Moment mal, was ist das denn? Das gibt's doch nicht!« Der Beutel mit meinen Skifellen. Was macht der denn hier drin? Es ist Wochen her seit der letzten Skitour, wir sind mitten im Sommer. Und überhaupt – ich packe die Felle doch nach jeder Skitour zum Trocknen aus.

Da fällt es mir wieder ein. Die letzte Skitour fand gar nicht statt. Wir hatten die Rucksäcke zwar gepackt, aber als wir am Morgen aufbrechen wollten, war der Himmel mit Wolken überzogen – nichts für eine Skitour Ende Mai. Denn nur bei sternklarer Nacht wäre es kalt genug gewesen, dass die aufgeweichte Schneedecke wieder fest zufriert. Keine idealen Skitourenbedingungen, also ließen wir es bleiben. Etwas frustriert hatte ich den Rucksack wieder an den Nagel gehängt. Und da ist er dann hängen geblieben – bis heute.

»Sag mal, was machst du denn mitten im Sommer mit deinen Skifellen hier oben?«, will mein Mann wissen.

»Na, draufsitzen natürlich! Die eignen sich wunderbar als Sitzunterlage auf dem harten Stein. Hast du deine etwa nicht dabei?«, lache ich.

Dass auch noch meine Lawinenschaufel eingepackt war, davon habe ich freilich nichts gesagt.

Da versuche ich auf jeder Bergtour möglichst nicht zu viel mitzuschleppen, und dann habe ich mitten im Sommer einen Teil der Winterausrüstung mit dabei! Um Gewicht zu reduzieren, hatte ich sogar auf viel Verpflegung verzichtet, ein paar Dörrfrüchte und eine halbe Tafel Schokolade hätten für diese Tour gereicht. Aber die sind zu Hause auf dem Küchentisch liegen geblieben.

Auf den Malediven brauchst du keine Skischuhe, für die Fahrradtour keine Ersatzschnürsenkel, im Kino keine Sonnenbrille und für deine Amerika-Rundreise kein italienisches Wörterbuch. Das ist ja noch relativ einfach. Aber wie sieht das im richtigen Leben, auf deiner Lebensreise, aus? Was brauchst du dort, um gut unterwegs zu sein? **Und vor allem, was brauchst du nicht?**

Besitz bedeutet oft auch Ballast. Oft sind langjährige Wegbegleiter, an die wertvolle Erinnerungen geknüpft sind, das Problem. Wenn du auf Stapeln alter GEO-Zeitschriften hockst, als wären es Wertpapiere, und den ausgedienten Toaster auch beim überübernächsten Umzug noch mitschleppst, obwohl du längst ein neues Modell gekauft hast – »Man weiß ja nie … für den Fall, dass der neue mal ausfällt …,« – dann ist es an der Zeit, loszulassen!

Ein wenig Rationalität in emotionale Gedankengänge hineinzubringen, wirkt wahre Wunder. Wie viel kostet ein neuer Toaster? 20 Euro? Viel mehr bestimmt nicht, vor allem, wenn er in seinen Funktionen in etwa dem alten Modell aus den Achtzigern entsprechen soll. Was kostet es an Aufwand, zusammen mit einem alten Toaster umzuziehen? Wie hoch ist der Quadratmeterpreis in der neuen Wohnung? Jeden Monat! Vielleicht zählst du darauf, dass der Toaster wieder zu Ehren kommt, wenn dein Sohn eine eigene Wohnung einrichtet. Aber wird der sich nicht viel lieber für wenig Geld einen neuen kaufen? Frage dich also: Willst du es dir wirklich leisten, den alten Toaster so lange zwischenzulagern, bis du endlich zur Einsicht gelangst, dass du ihn nie mehr brauchen wirst?

»Komm schon, sei nicht so kleinlich, so ein Toaster hat überall Platz!«, kannst du mir entgegnen. Klar, da gebe ich dir recht. Wer aber einen ausgedienten Toaster behält, der behält auch die ausrangierte Kaffeemaschine, die Lampe, die gerade nirgendwo in die Wohnung passt, und Ersatzschläuche für Fahrräder, die es längst nicht mehr gibt. Geschweige denn all die Dinge, die sich irgendwann als Bastelmaterial eignen könnten: Shampooflaschen, WC-Rollen, Joghurtbecher, Gurkengläser oder alte Hüte und Krawatten für die Fastnacht. Grenzen bezüglich »Man weiß ja nie, ob man das nicht doch noch irgendwann wieder brauchen könnte« sind keine gesetzt. Aber all das ist Ballast und all dieser Ballast macht dir dein Leben schwer.

Die ausgelatschten Bergschuhe, undicht, mit ein paar Löchern und längst keinem Profil mehr an der Sohle; mindestens drei Mal sind sie mit mir umgezogen. »Was, jetzt hast du diese alten Dinger immer noch, was soll das?«, will Mutter wissen, als sie mir beim Auspacken im neuen Haus zusieht.

»Sie waren über so viele Jahre meine treuen Begleiter, ich kann sie doch nicht einfach wegwerfen! In ihnen leben all meine

Abenteuer weiter«, gebe ich empört zurück. *Mutters Antwort ist resolut: »In jeder deiner einst getragenen Socken auch und in jedem Pyjama, jedem Stiefel … Willst du all dieses Zeug ein Leben lang mit dir herumtragen? Erinnerungen trägt man im Herzen und nicht in alten Bergschuhen!«*

Meine Bergschuhe haben sich nicht einmal gewehrt, sie ließen sich widerstandslos in den Abfallcontainer werfen. Doch es brach mir fast das Herz, als ich mich für immer von ihnen verabschiedete. Ich kam mir vor wie ein Verräter. Aber der Schmerz verging. Heute denke ich mit guten Gefühlen an die wunderbaren Touren, die ich in ihnen machte, zurück. Und ich habe wieder mehr Platz im Schrank.

Zu klein gewordene Skier, ein alter Garderobenspiegel, Blumenvasen, die nicht mehr gefallen, ungelesene Bücher, Spielzeug von den Kindern, ein Dreirad, ein paar Möbelstücke, die nicht mehr ins Haus passten, ein Kleiderständer … Vor unserem Haus am alten Wohnort sah es ab und zu aus wie auf einem Flohmarkt. Wer mit dem Bus an unserem Haus vorbeifuhr, die bunte Ausstellung vor unserem Haus erblickte und das eine oder andere gerne erstehen wollte, stieg an der nächsten Station zwei Häuser weiter aus und machte sich auf die Gratis-Schnäppchenjagd. Bis zum Abend war der Platz vor unserem Haus wieder leer und die meisten Dinge, die wir nicht mehr benötigten, hatten ein neues Zuhause gefunden.

Das ist die beste Wertschätzung, die man geliebten Dingen angedeihen lassen kann. Besser, als sie in muffigen Kellerschränken vergammeln zu lassen, ist das allemal!

Entrümpeln durch einen Hausflohmarkt ist Recycling auf höchster Ebene – die einen freuen sich darüber und die anderen sind wieder mit deutlich leichter gewordenem Gepäck unterwegs. Es gibt natürlich noch andere umweltfreundliche Wege, nicht mehr gebrauchte Dinge loszuwerden. Du kannst sie für wohltätige Zwecke spenden, in der Zeitung eine Anzeige aufgeben, an Nachbarn verschenken. Und vergiss nicht: Einiges gehört sicher auf den Müll. Versuche objektiv zu sein: Kann tatsächlich noch irgendjemand etwas mit deiner alten Reisetasche aus den Siebzigern, die keinen Griff mehr und einen durchhängenden Boden hat, anfangen?

Vielleicht hast du Angst, dass du am Ende ohne materielle Güter dastehst, wenn du dich von allem trennst, was dich belastet. Aber ich kann dir versichern: Das Gegenteil ist der Fall! **Wenn erst einmal alles Überflüssige, Störende, Hemmende weg ist, bist du zum Kern vorgedrungen.** Dann leuchtet das, was du in deinem Leben als wichtig erkannt hast, umso heller.

Es gibt noch eine weitere Sorte von Ballast, der wie zäher Klebstoff an dir haftet und dich in deiner Bewegungsfreiheit einschränkt: deine eigenen Vorstellungen von deinem Leben. Dazu gehören auch längst überholte Ziele.

Entfesselt

Über Jahre begleitete mich ein »Ich-sollte-unbedingt-Ziel«, nämlich endlich gut Englisch zu lernen. Bei jeder Urlaubsplanung war es mit dabei: »Eigentlich sollten wir lieber Urlaub in England machen, als mit unserem Camper durch Lappland zu reisen …« Dann, vor einigen Jahren, haben mein Mann und ich tatsächlich einen Sprachaufenthalt in der Nähe von Oxford gebucht. Ein paar Wochen nur Englisch sprechen, beim Englischlehrer zu Hause leben, englisch essen, englisch denken, englisch schlafen – sogar unser Liebesgeflüster war auf Englisch. Zwei, drei Wochen hatte ich tatsächlich das Gefühl, bezüglich meiner Sprachbarriere einen Schritt weitergekommen zu sein. Wieder zu Hause wurde mir aber klar, dass ich immer noch ein Englisch-Dilettant war. Also noch ein Sprachkurs? Noch ein Urlaub in England? Mein

Anspruch an mich wurde immer belastender und größer. So groß,
dass ich irgendwann die Reißleine zog.

Seit mittlerweile drei Jahren fühle ich mich befreit, denn ich ent-
schied mich: »Ich geb's auf! Ich bin ein Antitalent. Ich werde nie-*
mals eine Fremdsprache so gut sprechen, wie ich es gerne hätte!«
Fertig mit Englisch. Fürs Essenbestellen und Nach-dem-Weg-
Fragen reicht es. Aber ich werde nie Oliver Twist oder Robinson
Crusoe im Original lesen. Das ist kein negativer Glaubenssatz,
sondern Realität. Erst seitdem ich die Realität akzeptiert habe,
kann ich endlich ganz frei von diesem »Sollte-Ziel« *meine Ferien*
planen. Endlich befreit!

Mit bewusst fallen gelassenen Zielen geht es dir besser als be-
lastet mit all jenen Vorhaben, von denen du eigentlich weißt,
dass du sie eh nie anpacken wirst. Mehr als gedanklicher Ballast sind diese nämlich nicht. Sätze wie »Ich wollte doch immer
mal …! Ich sollte doch endlich …!« sind reines Blei! Besonders schädlich sind jene Ziele, bei denen du in deinem Inneren nicht an den Erfolg glaubst. Aber wie wirst du sie los? Dinge lassen sich anfassen. Sie aus deinem Rucksack, den du durch
dein Leben trägst, herauszunehmen, ist vergleichsweise einfach.
Bei hemmenden Gedanken ist das noch einmal deutlich schwerer.

Eine Übung kann zeigen, wie einfach es ist, Ballast abzulegen.
Du kannst sie für falsche, negative Überzeugungen einsetzen,
aber auch dann, wenn es darum geht, sich von überflüssigen
Dingen oder Menschen, die dich ausbremsen, zu lösen. Negative Gedanken – ich nenne sie Kopfballast –, negative Emotionen,
Fehler, die man sich und auch anderen nicht vergeben kann, und
längst überholte Ziele und Vorstellungen lassen sich so leichter
verabschieden. Nimm einen etwa zwei Kilo schweren Stein in

die Hand. So fühlst du das Gewicht, die Schwere dessen, was du gerne abgeben möchtest. Dann stell dir vor, dass du alles abgeben, es endgültig loswerden kannst.

Die Belastungen können aus den unterschiedlichsten Bereichen kommen, am besten konzentrierst du dich aber immer nur auf ein Thema oder auch auf eine Person.

- *Die Verletzungen der Ex-Schwiegermutter (des Chefs, Partners, eines Freundes etc.).* »*Übertrage all die belastenden Gedanken an die betreffende Person auf diesen Stein. Sag ihr laut oder im Stillen, was dich verletzt hat, gib ihr zu verstehen, dass du nicht länger bereit bist, die Folgen ihres Verhaltens zu tragen.*«
- *Dein Anspruch, immer perfekt sein zu wollen.* »*Du musst nicht bis zum Umfallen arbeiten und das Büro stets als Letzter verlassen. Löse dich von diesem Druck, spüre, wie er auf diesen Stein übergeht.*«
- *Deine fixe Vorstellung von einem Ziel, das nicht zu dir passt.* »*Lass die Idee, mit einer Harley durch Amerika zu reisen, obwohl du längst festgestellt hast, dass Motorradfahren dich extrem stresst, los. Verabschiede dich von ihr!*«
- *Die Folgen eines Unfalls, einer Krankheit oder eines Missbrauchs.* »*Benenne die Folgen, die du trägst, und beschließe, dich nicht länger von ihnen terrorisieren zu lassen. Stell dir vor, wie du all das Schwere, das du über so lange Zeit getragen hast, auf den Stein überträgst.*«

Während dieser Übung scheint der Stein tatsächlich von Sekunde zu Sekunde schwerer und immer schwerer zu werden.

Wie lange kannst du zwei Litertüten Milch mit angewinkelten Armen tragen? Du merkst, worum es geht. Natürlich wird der Stein nicht wirklich schwerer, nur die Arme werden immer müder. Und trotzdem! Glasklar macht dir der Stein bewusst, wie sehr dich negative Gedanken und Gefühle belasten. Der Stein als Symbol für Ballast lässt dich spüren, wie viel du mit dir rumträgst und wie sehr dich das belastet. Deine Hemmschwelle, dich von all deinem Ballast zu trennen, wird automatisch niedriger. Das ist Befreiung pur! Probiere es mal aus!

Wenn du dann auch noch einen Fluss oder einen See findest, in den du den Stein, beladen mit allem, was du gedanklich abwerfen willst, zu guter Letzt ins Wasser schmeißt, verstärkst du die Wirkung noch einmal deutlich. Du wirst sehen, es tut unendlich gut, den Stein verschwinden zu sehen. Augenblicklich fühlst du dich erleichtert und befreit.

Natürlich ist diese Übung nur symbolisch zu verstehen, sie kann dir aufzeigen, wie stark dich manches belastet und wie gut es letztlich tut, es loszulassen.

Große Schuldgefühle, Folgen von schweren Schicksalsschlägen, belastende Ängste, – all das kann man oftmals nicht so einfach loswerden. Da braucht es gute Begleitung, manchmal therapeutische Unterstützung oder einen starken Glauben.

Aber erst wenn es dir gelingt, dich von Ballast zu lösen, der dich hindert, dein Leben zu leben, und von negativen Gedanken und Gefühlen, die dich immer wieder in ein Tief ziehen, bist du frei. Frei für die Zukunft. Und noch etwas: Du hast ein gutes Stück Unabhängigkeit gewonnen. Denn du hast erkannt, dass du gar nicht viel brauchst, um im Leben gut unterwegs zu sein. Es sind wenige wesentliche Dinge, ein paar gute Freunde und eine Handvoll guter Glaubenssätze. **Ballast abzuladen entlastet und macht dich frei.**

Und jetzt? Wohin willst du mit deiner neu gewonnenen Leichtigkeit gehen?

High Heels sind keine Gummistiefel

Für einen Augenblick ist Mutter sprachlos. Sie starrt auf den Zettel, dann ungläubig ins Gesicht des Bergsteigers und dann fragt sie noch einmal nach: »Und du willst nach Elm?« »Klar doch – steht ja auf der Karte!«, *antwortet der, ohne Hauch von Zweifel.*

Wir sind unterwegs auf dem Gletscher zwischen Piz Sardona und Piz Segnas ca. 3000 Meter über dem Meer. Mit Seil und Pickel, eine muntere Vierer- Seilschaft. Er, der fremde Bergsteiger, ist allein unterwegs. Ohne Seil und ohne Pickel. Dafür mit leichten Wanderschuhen.

Auch wenn ich erst neun bin und noch nicht viel Ahnung habe vom Kartenlesen, wird mir augenblicklich klar: Was der in der Hand hat, ist keine Landkarte, sondern so etwas wie ein Ferienprospekt. Trotzdem breitet der junge Mann seine Pseudokarte vor uns aus und zeigt mit dem Finger auf die Ortschaft Elm: »Hier steht's: Elm!«

»Das mag ja sein, aber erstens bist du hier auf dem Weg Richtung Vättis, also genau in die entgegengesetzte Richtung unterwegs, und zweitens ist der Ort, an dem wir uns befinden, nicht einmal auf deinem Bildchen drauf. Du brauchst nur einen Blick auf die Windrose zu werfen, dann siehst du, dass auf deinem Prospekt Norden im Süden eingezeichnet ist und umgekehrt. Und so wanderst du anstatt Richtung Westen in Richtung Osten ...«

Wer sicher und gut unterwegs sein will, muss mit der richtigen Ausrüstung unterwegs sein. Und vor allem: mit der richtigen Landkarte. **Eine falsche Karte führt mehr in die Irre als gar keine Karte.**

Mount Everest, Matterhorn, Eiger, die Niagarafälle, Kap Hoorn, Hawaii, der Mississippi, Florenz, Venedig, Rom. Fantastische Orte, großartige Ziele, alle sind existent, genau wie Elm, die Frage ist nur: Wo?

Erst mit der richtigen Karte in der Hand bekommst du eine Ahnung, in welche Richtung du aufbrechen musst. Eine Landkarte bekommst du an jedem guten Kiosk, deine persönliche Landkarte für dein Leben allerdings kannst nur du selbst entfalten. Und ich nenne sie auch nicht Landkarte, sondern Lebenskarte.

Um deine persönliche Lebenskarte zu gestalten, brauchst du ein paar wertvolle Erkenntnisse. Diese findest du über das Visualisieren. Oder anders ausgedrückt: über deine Visionen. Visionen – das klingt nach Management, Marketing, Großunternehmen. Ganz schön abgehoben, findest du? Doch warum sollte das, was für erfolgreiche Unternehmen gut, wichtig und wegweisend ist, nicht auch dir als Wegweiser dienen? Zudem ist es ganz leicht, Visionen zum Leben zu erwecken, viel einfacher, als du denkst.

Visualisieren bedeutet, etwas sichtbar zu machen. Die Vision bezeichnet eine Vorstellung, eine Fantasie, einen Traum oder ein Idealbild bezüglich eines Zieles in der Zukunft. Mit deinen Visionen gestaltest du dein Drehbuch zu deinem persönlichen Lebensfilm. Es ist hilfreich, dir dein künftiges Leben wirklich als einen Film, der demnächst gedreht wird, vorzustellen. Dabei sind auch die vielen kleinen Details von Bedeutung, nicht nur die großen Ziele und Szenen.

Wenn du ein neues Kleid bei einem Versandhaus bestellst, bestellst du nicht einfach irgendetwas. Du entscheidest dich für eine bestimmte Farbe, für das Material, den Stil, die Größe und auch den Preis. Und wenn es um deine Füße geht, bestellst du nicht einfach irgendeine Fußbekleidung. High Heels sind keine Gummistiefel, Pantoffeln keine Bergschuhe. Fragen wie die folgenden musst du dir bis ins Detail selbst beantworten – ungefähr bringt nur Ungefähres!

- *Wo werde ich leben?*
- *Wer wird an meiner Seite sein? Freunde, ein Partner oder sogar eine eigene Familie mit Kindern?*

- *Was ist mir wichtig für meine Selbstverwirklichung?*
- *Welche Ziele und Ideale werde ich verfolgen?*
- *Welchen Kleidungsstil werde ich tragen?*
- *Wie wird meine Wohnung aussehen?*
- *Was für ein Auto werde ich fahren?*

Die Details sind es, die deinem Lebensfilm Farbe und Lebendigkeit verleihen, die dein zukünftiges Leben unverkennbar zu deinem Leben machen.
Kleidergröße 38, das neue Fahrrad, die Reise zum Nordkap, die Fähigkeit, eine Fremdsprache zu beherrschen, sich mit einer neuen Geschäftsidee selbstständig machen, die Besteigung des Mont Blanc, Gleitschirmfliegen ... Visionen sind wie einzelne Puzzleteile, die deine Ziele sichtbar machen. Große und kleine, nahe und ferne.

Damit deine Visionen sichtbar werden, malst du sie auf. Die Buntstifte liegen in deiner Hand, ein leeres Blatt Papier vor dir auf dem Tisch. Am besten wählst du ein DIN-A3-Papier, um genug Platz für deine Vorstellungen von deinem Leben zu haben. Bei einer Landkarte sind es Berge, Täler, Ortschaften, Flüsse, Seen, Wälder und Wege, die das Bild prägen. Bei deiner Lebenskarte sind es deine Ziele, Wünsche und Sehnsüchte. Gibt es in deinem Leben ein berufliches Ziel, das du unbedingt erreichen willst? Lodert da der Kinderwunsch? Eine glückliche Beziehung? Sind es Wünsche wie: das eigene Heim, der eigene Garten, die eine oder andere Reise? Ist es ein sportliches Ziel? **Lass deiner Kreativität freien Lauf, schränke dich bezüglich deiner Fantasie nicht ein, bleibe aber realistisch.** Riskant hochgesteckt dürfen deine Ziele sein, aber die Chance, dein Ziel tatsächlich zu erreichen, muss da sein. Denn jedes Ziel, das von vornherein zum Scheitern verurteilt ist, bedeutet Frust und dadurch unnötigen Energieverlust.

Ich beispielsweise darf keine Expedition auf einen Achttausender einzeichnen, selbst wenn mich der Himalaja noch so lockt; meine Füße sind so schlecht durchblutet, dass ich schon bei geringen Minustemperaturen hier in der Schweiz Probleme mit der Kälte bekomme.

Ein Blick auf deine Lebenskarte macht dir bewusst: Ah, die Wiege steht für den Kinderwunsch, der Fluss für deine Reise zum Mississippi, der Eiffelturm für Paris, die Trompete für den Wunsch, im Dorforchester mitzuspielen, ein Lagerfeuer für ein besonderes Abenteuer, ein Diplom für deinen Berufsabschluss etc. Es gibt keine Grenzen – außer du setzt sie dir selbst. Wichtig ist, dass du dich mit all deinen Wünschen, Ideen und Zielen auseinandersetzt und darauf achtest, ob sie zu dir und deinem Plan für dein Leben passen.

Wenn du nun schon einige konkrete Stationen auf deiner Lebenskarte eingezeichnet hast, wirf einen kritischen Blick darauf. Wie geht es dir mit deinem Kunstwerk? Ist dir deine Lebenskarte noch zu langweilig? Zu eintönig? Dann überlege weiter: Was wolltest du schon immer mal erleben? Zeichne es ein. Stell dir auch folgende Frage: »An welcher Station möchte ich in meinem Leben unbedingt noch vorbeikommen?« Erinnere dich an deine Kindheitsträume, vielleicht haben sie ja gar nicht an Aktualität verloren, sondern du hast sie lediglich vergessen. Wo finden sie auf deiner Lebenskarte Platz?

Nun hast du auf deinem Blatt Papier eine Menge Stationen. Doch einzelne Puzzleteile ergeben noch kein ganzes Bild und einzelne Visionen machen noch kein Leben aus. Was fehlt noch? Klar – die Wege, die diese Stationen miteinander verbinden.

Ich bin dann mal weg
Auf der Landkarte machen die Wege deutlich, wie du am besten
zu einem gesetzten Ziel kommst. Nimmst du die Autobahn oder
den Waldweg? Den Bergweg oder den Seeweg? Auf der Lebenskarte ist das nicht anders. Wege führen vom Start zum Ziel. Vom
Istzustand zum Sollzustand, »weg von« und »hin zu«. Also versuchst du, so schnell es geht, von Punkt A nach Punkt B zu kommen, oder? Je weniger du auf den staubigen Landstraßen unterwegs bist, desto besser, nicht wahr? Nicht unbedingt! Edelsteine
findest du eher auf steinigen Wegen – und Veilchen wachsen
nicht auf der Autobahn. **Wege sind wichtiger, als du denkst,
denn auf ihnen findet das Leben statt.** Start und Ziel sind nur
Momente, kurze oder längere Augenblicke, die Wege aber, auf
denen du unterwegs bist, bedeuten die Zeit, durch die du dich
bewegst. Auf dem Weg sein heißt in der Gegenwart sein. Leben.
    Menschen, die sich auf dem »Jetzt-und-sofort-Trip« befinden,
übersehen das. »Ich will jetzt das neue Auto, jetzt die Luxus-
wohnung, jetzt die Reise nach Amerika. Alles jetzt und nicht in
einem Jahr!« Ob sie das Geld dazu haben, die Möglichkeiten, ob
ihr Leben dafür Platz bietet, fragen sie sich nicht … Es ist absehbar, dass sie mit dieser Auffassung scheitern werden.
    Denn Wege müssen gegangen werden. Man kann das zwar
schneller oder langsamer tun, aber überspringen lässt sich der
Lebensweg nicht. Zwischen den einzelnen Stationen in deinem
Leben stellen sie die Beziehung her, indem sie den zeitlichen
Ablauf markieren. Welche Ziele liegen direkt vor dir? Was wird
vielleicht erst in einem Jahrzehnt spruchreif? Die Wege, die du
in deine Lebenskarte einzeichnest, sagen dir, wann der beste Zeitpunkt für welches Ziel ist. Erst die Reise nach New York
und dann die Familienplanung? Oder erst die Kinder und dann
nach zehn, fünfzehn Jahren mit der gesamten Familie nach
New York? **Nur wenn du die Wege auf deiner Lebenskarte mit**

Bedacht einzeichnest und die Logik nicht ganz außen vor lässt, gerätst du nicht ins Stolpern. Manchmal ist es eben so, dass du Schritt X nicht vor Schritt Y machen kannst. In so einem Fall mit dem Kopf durch die Wand zu wollen, hat denselben Effekt wie eine Expedition ohne vorheriges Konditionstraining: Es ist von vornherein zum Scheitern verurteilt.

Natürlich kannst du die Reihenfolge deiner Ziele immer wieder ganz nach Lust und Laune umstellen. Aber der Preis, den du dafür bezahlst, könnte sehr hoch sein. Erst das teure Auto und dann im Job durchstarten? Wohl kaum eine gute Idee! Denn mit einem Rucksack voller Schulden lässt es sich nicht leicht durchs Leben reisen. »Alles zu seiner Zeit« gilt im Leben – das solltest du bereits beim Zeichnen deiner Lebenskarte berücksichtigen.

So, nun hast du also deine fast fertige Lebenskarte vor dir. Fast fertig deshalb, weil sie nie ganz fertig sein wird. **Eine Lebenskarte ist ein lebenslanges Werk.** Immer wieder kommen neue Ziele hinzu, andere geraten zu Recht in Vergessenheit. Dazu kommen vielleicht schwere Schicksalsschläge, aber auch ganz alltägliche Kleinigkeiten, die deinen Plan über Nacht ändern können. Stelle also bezüglich der Zuverlässigkeit nicht dieselben Erwartungen an sie wie an einen Fahrplan der Schweizerischen Bundesbahn. Am besten hast du neben den Farbstiften auch noch einen Radiergummi zur Hand. Sorgsames Ausradieren eines überholten Zieles ist die nettere Form, sich davon zu verabschieden, als dieses einfach durchzustreichen – und es verunstaltet deine Lebenskarte weniger.

Mit deiner Lebenskarte hast du nun eine Orientierungshilfe an der Hand, die es dir leicht macht, in Bewegung zu kommen. Sie zeigt dir, welchen Schritt du als Nächstes gehen musst.

6 | *Einsam, alleinsam, allein*
Warum Alleinsein
gar nicht schlecht ist

Jetzt weißt du, welche Dinge für dein Leben wichtig sind und
welche nicht. Du hast dir Ziele gesetzt, deine Richtung gefunden,
losgelassen, was dich gebunden hat, und einen Plan für dein Leben – im Kopf. Um deine Pläne nun auch trotz aller Widerstän-
de wirklich umzusetzen, benötigst du enorme Stärke. Woraus
kannst du die Kraft schöpfen, um dein Leben wirklich so zu leben,
wie du es für richtig erkannt hast?

In diesem Kapitel lernst du, wie wichtig es ist, auch einmal mit
dir allein sein zu können. Erst wenn du nicht mehr auf Selbst-
ablenkungsmanöver angewiesen bist, erlangst du die innere
Freiheit, die dich dazu befähigt, deine Ziele zu verwirklichen.

*Wie ernst die Lage wirklich ist, begreife ich erst, als ich höre, wie
die Ärztin ins Telefon schreit: »Wenn wir nicht innerhalb der
nächsten 15 Minuten einen Hubschrauber vor Ort haben, stirbt
uns das Kind unter der Hand weg!«*

*Bis vor wenigen Minuten habe ich mein Kind noch berührt,
ihm zugeredet, die winzigen Fingerchen gestreichelt. Ein weiterer*

Alarm der lebenserhaltenden Systeme, bestimmt schon bald der zwanzigste heute, hat alles geändert. *Ich werde zur Seite geschoben, sehe zu, wie Simeon nicht mehr über die Maschine, sondern manuell beatmet wird. Ich stehe mittendrin im Chaos. Hilflos und ausgeliefert. Die Ärztin beendet ihr Telefongespräch und wendet sich jetzt an mich:* »Ist Ihr Mann schon unterwegs? Wenn er seinen Sohn noch einmal sehen will, muss er sich beeilen. Jetzt geht es um Minuten.«

Vor einer knappen Stunde haben wir uns noch darüber ausgetauscht, ob wir Simeon von seinen Schläuchen und Kabeln erlösen würden, damit ich ihn in seinen letzten Lebensminuten im Arm halten kann. Und jetzt geht es plötzlich um einen Transport von St. Gallen nach Zürich? Ich bin nicht fähig, einen klaren Gedanken zu fassen.

»Hören Sie«, *richtet die Ärztin sich erneut an mich,* »ich habe mit Zürich telefoniert. Dort haben sie ein spezielles Beatmungsgerät, bisher das einzige in der Schweiz. Laut dem Chefarzt in Zürich könnte für Ihren Sohn Hoffnung bestehen. Und die Maschine ist frei, wir wollen Simeon diese Chance geben. Sind Sie einverstanden?«

Habe ich eine Wahl? Keine jedenfalls, die ich treffen will. »Ich will mit ihm mit!« *ist meine einzige Antwort.*

»Das geht nicht, es hat im Heli keinen Platz für Sie. Da ist schon der Arzt der Rettungsflugwacht, ein Arzt von unserem Team, dann eine Krankenschwester …«

Im selben Augenblick höre ich den Rotorenlärm des sich nähernden Helikopters und dann wieder die Stimme der Ärztin: »Sie müssen sich jetzt von Ihrem Sohn verabschieden. Wir wissen nicht, ob er den Flug überleben wird.«

Eine Krankenschwester kommt mit einer Sofortbildkamera und macht eine letzte Aufnahme von Simeon im Brutkasten. »Hier …« *Sie gibt mir das noch nicht fertig entwickelte Bild.* »Wenigstens *ein Bild von Ihrem kleinen Sohn, das ist auch wichtig für die Geschwister.«*

Alles um mich herum beginnt sich zu drehen, ich bin tränenüberströmt, verzweifelt. Eine Krankenschwester legt tröstend ihren Arm um mich. Aber ich entreiße mich ihr und folge dem Inkubator, der jetzt vorsichtig und doch mit größter Eile durch endlose Gänge zum Hubschrauber geschoben wird. 100 Meter, 200 Meter? Mir ist, als würde ich hinter dem Sarg meines toten Kindes herlaufen.

Der Helikopter hebt ab. Der Lärm der Rotorblätter, all die Menschen um mich herum, dann der Rotorenwind, der meine Tränen augenblicklich trocknet und sie doch nicht zum Versiegen bringen kann … Ist das die Realität oder ein Albtraum? Und dann mit einem Mal die Ruhe. Kein Traum, grauenhafte Realität. Mein Kind ist weg, irgendwo zwischen Himmel und Erde, zwischen St. Gallen und Zürich, zwischen Leben und Tod.»Mein Gott, warum hast du mich verlassen?«

Woher kenne ich diesen Satz? Egal. Aber ich weiß mit einem Mal, wie es sich anfühlt, diese Frage aus dem tiefsten Inneren zu stellen.

Eine nie gekannte Einsamkeit droht mich zu verschlingen.

In der Luft

Es gibt Situationen im Leben, in denen du nur noch Angst, Verzweiflung und Hoffnungslosigkeit verspürst. Das kann der Verlust einer geliebten Person sein, eine lebensbedrohliche Krankheit oder ein schwerer Unfall. Doch nicht nur Situationen auf Leben und Tod lassen dich wanken. Auch ein Streit mit deinem Liebsten oder eine nicht bestandene Prüfung kann dich aus der Bahn werfen. Es kann jederzeit etwas geschehen, das dir den Boden unter den Füßen wegzieht, und dann kommt die schreckliche Erkenntnis:»Ich bin allein.« Bei manchen Menschen können sogar ganz banale Alltagssituationen, die nicht nach Plan verlaufen, das schmerzhafte Gefühl von Einsamkeit auslösen. Eine gestohlene Geldbörse in einer fremden Stadt, ein verpasster Zug oder ein kleiner Misserfolg im Beruf können schon dafür sorgen, dass du dich allein und verloren fühlst.

Einsamkeit zu spüren, sich von aller Welt verlassen zu fühlen, ist eine Emotion, die an die Nieren geht. Sie macht dich fertig. Sie reduziert dich zu einem Häufchen Elend. Mach es dir zum Ziel, dich solchen Situationen nicht länger hilflos ausgeliefert zu fühlen. Denn es gibt einen Weg, der dein Selbst so sehr stärkt, dass du die tröstliche Gewissheit haben kannst, immer wieder zur Kraft zurückzufinden, immer wieder aufzustehen. Selbst wenn es dich einmal umhaut. Um diesen Weg gehen zu können, musst du dir als Erstes die Frage stellen: Was haben alle diese Situationen, die dich fertigmachen, eigentlich gemeinsam?

Egal, ob es sich um einen existenziellen Einschnitt in deinem Leben handelt oder du lediglich mit deinem Auto auf dem Pannenstreifen stehst, das Hotel, in welchem du so gerne deine Ferien verbracht hättest, dir eine Absage erteilt, und vielleicht sogar dann, wenn dein Lieblingskäse im Supermarkt ausverkauft ist: Du schaust dich in deiner Einsamkeit um und fragst dich: »Was mache ich jetzt bloß?« In dieser Frage klingt Hilflosigkeit mit. Und genau das ist der Punkt: Du sehnst dich nach Hilfe. Hilfe von außen. Irgendjemand soll kommen und dir sagen: »Mach dir keine Sorgen, ich regle das für dich.« Irgendeine äußere Macht soll deinen Sohn wieder gesund machen oder bewirken, dass der Bio-Bauernkäse wieder im Regal steht. Es hört sich furchtbar an, aber es ist so: Ganz gleich, ob es sich um Käse oder ein sterbendes Familienmitglied handelt – am liebsten möchtest du dich darauf verlassen, dass »etwas passiert«. Dass irgendein Superheld dich aus dem Schlamassel holt. Dass irgendjemand die Verantwortung übernimmt und das Problem für dich löst.

Klar, manchmal hast du Glück, und der freundliche Nachbar, der zufällig vorbeifährt und sieht, dass du deinen Bus verpasst hast, hält an und bietet dir an, dich mitzunehmen. Oder an dem Tag, an dem du ohne Vorwarnung aus deinem Job entlassen wirst, ruft dich zufällig ein Freund an und gibt dir den Tipp, in welchem Unternehmen jemand mit genau deinen Fähigkeiten gesucht wird. Aber willst du dich immer darauf verlassen, dass sich irgendein gnädiges Geschick findet, das dich aus einer unangenehmen oder gar misslichen Lage befreit?

Solange du dich auf andere Menschen verlässt, wirst du niemals wirklich frei sein. Denn zur Freiheit gehört Unabhängigkeit. Erst wenn du belastende oder gar existenzbedrohende Situationen aus dir selbst heraus bewältigen kannst, wenn du also unabhängig von anderen sein kannst, bist du frei. Die Betonung liegt dabei auf dem Wort »kannst« – dazu weiter unten mehr. Wenn du diese innere Unabhängigkeit nicht hast, bist du nur ein Spielball äußerer Bedingungen und wirst in deinem Leben immer wieder von bedrückenden Situationen hin und her geworfen – ohne Möglichkeit, dich aus eigener Kraft zu befreien.

Was aber bedeutet Unabhängigkeit genau? Aus den vorangegangenen Kapiteln weißt du: Unabhängig bist du, wenn du die Fremdbestimmung von dir abgeschüttelt hast. Also auch die Erwartungshaltungen anderer, die ja lediglich eine abgeschwächte Form von Fremdbestimmung sind. Wenn du dein Verhalten nicht mehr willenlos von anderen beeinflussen lässt, hast du bereits einen großen Schritt zur Unabhängigkeit und damit zur Freiheit geschafft. Aber es fehlt noch ein wichtiger Teil: Fremdbestimmung heißt ja nicht nur, dass andere in dein Leben hineinreden, sie bedeutet auch, dass du selbst erwartest, sogar hoffst, dass sich andere in dein Leben einmischen! Dass sie sich um dich kümmern.

Wenn du sagst: »Rette mich!«, bedeutet das nichts anderes, als dass du aus einer Schwäche heraus deine Freiheit und Selbstbestimmung aufgibst. Um ein freies Leben zu führen, musst du also nicht nur die Erwartungshaltungen anderer abwehren; nein, du musst dich auch von deinen Erwartungen an andere lösen. Erst dann hast du überhaupt eine Chance, die Sicherheit zu erlangen, dass du dich, wenn alles um dich herum zusammenbricht, auf dich selbst verlassen kannst. Erst dann hast du die höchste und kostbarste Art von Freiheit, das Freisein von Fremdbestimmung und damit wahre Unabhängigkeit, erreicht.

Heißt das, dass du in jeder Sekunde deines Lebens unabhängig von anderen sein musst? Nein, natürlich nicht! Es geht nicht darum, immer unabhängig zu sein, sondern darum, wenn es darauf ankommt, jederzeit unabhängig sein zu *können*. Den größten Teil deines Lebens verbringst du gemeinsam mit deinen Mitmenschen, ihr helft euch gegenseitig, seid füreinander da, tauscht euch aus. Manchmal schlägt das Schicksal aber gnadenlos zu. Dann kommen Herausforderungen auf dich zu, in denen du scheinbar ganz auf dich gestellt bist. Dann brauchst du deine ganze Kraft, deine Fähigkeiten; deine innere Stärke, Vertrauen und Zuversicht. Dem Glaubenden hilft es in einer solchen Situation, dass er sich durch seine Verbindung zu Gott geborgen fühlen kann. Wie du solchen Herausforderungen begegnest, liegt allein an dir. Als Opfer, schwach und hilflos ausgeliefert? Oder stark, unabhängig und selbstbestimmt?

Wie du zu deiner inneren Stärke findest, um in Zukunft selbstbestimmt den belastenden Situationen begegnen zu können, die zweifellos in deinem Leben auf dich warten, zeigen dir die folgenden Schritte.

Schritt 1: Akzeptiere, dass du in manchen Situationen wirklich auf dich allein gestellt bist!

Unser alter Mitsubishi jagt mit Höchstgeschwindigkeit über die Autobahn. Hätten wir doch ein schnelleres Auto! Mein Blick sucht verzweifelt den Himmel nach dem Hubschrauber ab, der unser Kind entführt hat. Dabei muss ich doch hoffen, dass dieser längst in Zürich gelandet ist. Mein Mann sitzt konzentriert, ruhig und gelassen wirkend am Steuer und redet mit leiser Stimme auf mich ein: »Noch ist es nicht zu spät. Gib die Hoffnung nicht auf. Komm, beruhige dich!«

Ich will nicht beruhigt werden. Ich will mein Kind. Ich fühle mich unbeschreiblich allein, unverstanden vom eigenen Mann. Dabei hat er nichts, gar nichts, falsch gemacht. Auf dem Hubschrauberlandeplatz des St. Gallener Krankenhauses sprang er über einen mannshohen Zaun, um schneller bei mir sein zu können. Er fährt uns nach Zürich. Er sorgt sich um unseren Sohn. Er ist da. Und trotzdem: Mit meinen Gefühlen bin ich allein.

Mein Mann ist verstummt. Was soll er noch sagen? Es herrscht nur noch gespenstisches Schweigen zwischen uns. Ich sehne mich nach Tränen. Aber da sind keine Tränen, die meinen Schmerz lindern könnten. Denn es gibt nichts zu beweinen. Noch nicht. Es ist, als wären sämtliche Zugänge zu meinen Gefühlen versperrt. Da ist nichts als Leere und Einsamkeit; Hilflosigkeit ist das letzte Gefühl, das in mir übrig geblieben ist. Mein Mann und ich sitzen dicht nebeneinander im Auto, wir berühren uns fast. Doch er könnte genauso gut Lichtjahre von mir entfernt sein.

In schweren Zeiten jemanden zu haben, der seine Gefühle mit dir teilt, ist ein Geschenk. Doch die Aussage des anderen: »Ich weiß, was du durchmachst«, ist zwar gut gemeint, aber nicht wahr. Niemand kann wissen, wie sich sein Gegenüber genau fühlt, denn Gefühle sind immer subjektiv, niemals objektiv. Sie beziehen sich immer nur auf die eigene Wahrnehmung und lassen sich weder bewerten noch berechnen. Selbst in exakt derselben Situation empfindet jeder anders. Wenn dir Nahestehende dann in extremen Momenten Verständnis bekunden, fühlt sich das wie Anmaßung an. Wenn du auf schwankendem Boden stehst, ist Anteilnahme nur noch aufdringlich. Selbst deine engsten Freunde, deine nächsten Verwandten können sich nicht in dich hineinversetzen. Und weil du genau das spürst, hilft es dir überhaupt nicht, wenn jemand sagt: »Ich verstehe dich.« Auch mit dem besten Freund neben dir, der dir sein Mitgefühl zeigt und dir beistehen will, bist du mit deinen Gefühlen, mit deiner Situation ganz allein.

Natürlich wird geteiltes Leid ein bisschen kleiner. Eine Schulter zum Ausweinen, eine helfende Hand können unendlich guttun. Aber sie lösen nicht das Problem, das du hast. Es ist wie mit einer Krücke, die du benutzt, wenn du ein gebrochenes Bein hast. Sie hilft dir, ein wenig herumzuhumpeln, aber dein Bein macht sie nicht wieder gesund.

Ich erinnere mich daran, wie es früher war, mit einer schlechten Schulnote nach Hause zu kommen. Wenn auch andere Klassenkameraden schlecht abgeschnitten hatten – »Aber Tobi und Jasmin und Anna haben auch dieselbe Note!« –, war es wesentlich einfacher. Es war ein gutes Gefühl zu wissen, dass man nicht alleine war. Selbst wenn das bedeutete, dass es anderen genauso schlecht ging wie mir selbst. Lieber in unglücklicher Gesellschaft als allein. Natürlich interessierten sich die Eltern nicht für die Noten der Mitschüler, und es hieß dann auch postwendend: »Ungenügend bleibt ungenügend; du bist nicht die anderen.« Wie wahr!

Aber ein Ausweg sind doch Menschen, die einem wirklich nahestehen, oder?

Die Magie des Verliebtseins liegt darin, dass Unmögliches möglich wird: Zwei gleich Fühlende haben sich gefunden. Wenn du schon einmal so richtig unsterblich verliebt warst und dann noch erfahren durftest, dass dein Gegenüber ebenso im Liebesrausch schwelgt, bist du bestimmt überzeugt davon gewesen, ewiges Glück und absolutes Verständnis gefunden zu haben. Du hast gedacht, nie mehr allein zu sein, immer jemanden neben dir zu haben, der so fühlt wie du. Jede Gemeinsamkeit, die ihr entdeckt habt, steigerte das Glücksgefühl. »Was, Rot ist auch deine Lieblingsfarbe – wie schön! Wir sind ja sooo gleich!« Oder du erzählst einer Freundin: »Er liebt die Malediven genauso wie ich, den weißen Sand, das türkisfarbene Wasser. Und er verbringt gerne die Nächte in romantischen Hotels, genau wie ich. Und er fährt ebenfalls einen BMW. Endlich habe ich jemanden gefunden, der genauso fühlt wie ich!« Nie mehr allein! Als gäbe es nicht Tausende, die den weißen Sand und das türkisfarbene Wasser ebenso lieben würden.

Die Ernüchterung kommt mit dem ersten Konflikt. Die Tatsache, dass man eben doch nicht immer gleich empfindet oder dieselben Ansichten und Wertvorstellungen hat, macht dir auf grausame Weise bewusst: »Ich bin doch allein!« Diese Erkenntnis schmerzt mehr als der Konflikt selbst. Damit musst du erst mal klarkommen. Das wirklich Tragische dabei: Es wird immer wieder passieren. Du suchst nach einem Seelenverwandten und wirst enttäuscht. Die Suche geht weiter. Nicht nur, was die große Liebe angeht. Viele Menschen sind ein Leben lang auf der Suche nach Mitmenschen, bei denen sie Gemeinsamkeiten entdecken können. Als wäre jede Gemeinsamkeit, mit wem auch immer, ein Garantieschein dafür, nicht allein sein zu müssen. Ein Schutz vor Hilflosigkeit. Akzeptiere es also: Es gibt keinen Menschen auf der Welt, der dich dauerhaft vor Einsamkeit bewahren kann. In harten Zeiten bist du mit deinen Fragen allein, mit deinen Entscheidungen allein, mit deinen Erlebnissen allein. Es wird in deinem Leben immer wieder Situationen geben, in denen du einsam bist – ausgeliefert, schutzlos und bedroht. Dann fühlst du dich mitten unter Hunderten von Menschen wie abgeschnitten vom Rest der Welt.

Einsamkeit ist die Gewissheit, dass keiner genau dasselbe durchmacht wie du.
Jetzt hast du zwei Möglichkeiten, mit dieser Erkenntnis umzugehen: Du kannst diese Situationen, wenn sie über dich hereinbrechen, entweder erdulden, verdrängen oder ignorieren. Das tun die meisten.

Oder du kannst die Einsamkeit offensiv angehen und lernen, mit ihr umzugehen. Dazu musst du aber wissen, was Einsamkeit mit dir macht.

Schritt 2: Lerne mit deinen Gefühlen umzugehen!
Physisch gesehen bist du natürlich nicht allein. Freunde, Bekannte sind um dich herum, der Taxifahrer, die Gemüsefrau auf dem Markt, die Lieblingsverkäuferin in der Bäckerei. Doch es zählt nicht, was ist, es zählt, was du fühlst.

Wenn du in den »Abtauchen-und-mal-sehen-wann-es-wieder-besser-wird«-Modus verfällst, wirst du dich schnell in einer Negativ-Spirale wiederfinden. Denn zu dem Gefühl der Einsamkeit gesellen sich schnell Gefühle wie:

- *Zorn – »Das ist nicht fair!«*
- *Selbstmitleid – »Warum muss das gerade mir passieren!«*
- *Fatalismus – »Mir passiert immer so etwas. Das musste ja so kommen!«*
- *Enttäuschung – »War ja klar, dass mir niemand hilft!«*
- *Hoffnungslosigkeit – »Es wird niemals wieder gut werden!«*

Wenn du dich in diesen negativen Gefühlen verlierst, wirst du im Leiden untergehen und erst recht der Situation ausgeliefert sein. Wie kannst du diesen freien Fall deiner Gefühle aufhalten?

Auch wenn es schmerzhaft ist: Stelle dich der Situation und akzeptiere die mit ihr verbundene Einsamkeit. Dass du mit großer Wahrscheinlichkeit vergebens auf Hilfe von anderen Menschen wartest, hast du in Schritt 1 verstanden. Lasse nun auch den Schmerz zu: Ja, du bist durch die Prüfung gefallen; ja, dein Mann will sich von dir scheiden lassen; ja, dein Sohn droht von der Schule zu fliegen.

Die Fakten zu beschönigen oder zu verleugnen hilft nichts. Ganz bewusst betreibst du eine Bestandsaufnahme und stellst dich deinen Gefühlen. Stelle dir vor, du sitzt vor einem Baukasten und holst ein Klötzchen nach dem anderen heraus. »Aha, da ist ja Hoffnungslosigkeit! Interessant!« Oder: »Hmm, jetzt habe ich Fatalismus in der Hand. Ob ich damit weiterkomme?« Indem du dir die oben genannten negativen Gefühle bewusst machst und dir darüber klar wirst, was du warum fühlst, entgehst du der Gefahr, in ihnen zu versinken.

Ein weiterer Trick, um erst gar nicht in dem bodenlosen Gefühlsloch zu versinken: Du wirst aktiv. Das meine ich wörtlich, und ich verspreche dir, es ist einfach: Bewege dich, gehe spazieren, treibe Sport!

Tu all das, was dir guttut und dich deshalb stärkt. Sobald du ins Handeln kommst, bist du nicht mehr nur ausgeliefert, nicht mehr machtlos. Schon allein dadurch, dass du nicht auf dem Sofa eingemummelt in einer dicken Decke deine Fahrt ins Jammertal antrittst, sondern aktiv bist, lässt dein Gefühl des Ausgeliefertseins und der Einsamkeit nach. Du spürst dich wieder. Sollte dir körperliche Bewegung nicht möglich sein, kannst du dich auch mental betätigen: schwierige Rätsel lösen, ein Hörbuch einlegen, ein spannendes Buch lesen … Vieles kann helfen, die bedrohliche Situation zu relativieren. Doch aufgepasst! Sinn dieser Aktivitäten ist nicht, mit hektischer Betriebsamkeit vor dem eigentlichen Problem und dem Schmerz zu fliehen, sondern dich nicht von deinen Gefühlen überwältigen zu lassen.

Erst wenn du dem Sich-allein-Fühlen die Stirn bietest, wirst du die ganze Kraft aus dem Alleinsein schöpfen können. Indem du dich deinen Gefühlen stellst und sie aktiv beeinflusst, verliert deine Einsamkeit einen großen Teil ihrer Bedrohlichkeit. Nun kannst du den nächsten Schritt gehen: aus der unfreiwilligen Einsamkeit ein freiwilliges Alleinsein machen.

3. Schritt: Überwinde deine Angst vor dem Alleinsein!
Den meisten fällt es unglaublich schwer, allein zu sein. Klar, es gibt Menschen, die für Jahre in eine abgelegene Hütte in Norwegen ziehen und sich dort pudelwohl fühlen. So wie die Eremiten im Mittelalter, die sich lebenslang von jeder Gesellschaft zurückgezogen haben. Für sie ist Einsamkeit offenbar kein Problem. Aber auf die meisten Menschen trifft das nicht zu. Denn Menschen sind von Natur aus eben keine Einsiedler. Alleinsein ist alles andere als ein Idealzustand. Wie schaffst du es trotzdem, das Alleinsein auszuhalten?

Zuerst einmal: Erkenne den Unterschied zwischen Einsamkeit und Alleinsein. In die Einsamkeit wirst du gestoßen, ungefragt. Sie ist die ungewollte Art des Alleinseins. Mit diesem Wissen verliert das freiwillige Alleinsein einen großen Teil seines Schreckens.

Außerdem gibt es da eine Gruppe von Menschen unter uns, von der du dir viel abschauen kannst. Sie sind Tag für Tag erpicht darauf, sich allein und aus eigener Kraft völlig neuen Herausforderungen zu stellen. Mit ungeheurem Mut schaffen sie es, sich ganz allein immer neue Lebensbereiche zu erobern. In ihrem Bauplan ist der Wille zur Unabhängigkeit geradezu eingemeißelt. Sie spüren sehr genau, dass sie lernen müssen, allein zurechtzukommen, wenn sie frei in ihren Entscheidungen sein und sich nicht einsam und ausgeliefert fühlen wollen. Wer sind diese unglaublich tollen Wesen?

Ich erinnere mich noch sehr genau daran, wie meine Tochter Sabrina im Alter von fünf Jahren das erste Mal alleine mit dem Bus zu ihrer Patentante fuhr. Wir kannten den Chauffeur gut. Sabrina wusste, dass er ihr sagen würde, wann sie aussteigen darf. Meine Schwester wartete an der Haltestelle, um ihr Patenkind abzuholen. Alles klappte wunderbar. Später verkündete Sabrina: »Ich hab es ganz alleine geschafft, auch wenn mein Herz ganz fest geklopft hat. Aber jetzt kann ich alleine Bus fahren, Mami, ich brauche dich nicht mehr, wenn ich zur Tante fahren will!«

Sie war so stolz und so glücklich! Und sie strotzte vor Selbstsicherheit. Es war, als wollte sie sagen: »Wenn ich dies ganz alleine geschafft habe, werde ich alles schaffen!« Reine Selbstsicherheit leuchtete aus ihren Augen.

»Ich will das selber machen!« Wer Kinder hat, kennt diesen Satz nur allzu gut. Das erste Mal allein für Mama einkaufen. Das erste Mal allein den Kindergartenweg unter die Füße nehmen. Das erste Mal allein eine Telefonnummer wählen. Die ersten Schwimmzüge ohne Unterstützung. Das erste Mal allein zu Hause bleiben. So viele erste *Alleins*, und jedes Mal tun sie dem Kind unendlich gut, weil sie so unglaublich stärkend wirken. Der Trainingsplan fürs Alleinsein ist bei Kindern enorm.

Klar, das eine oder andere Mal geht etwas daneben. Na und! Ist das ein Grund, es nicht mehr zu probieren? Wie oft fällt ein Kind beim Laufenlernen hin! Trotzdem wird weiterprobiert, immer wieder, bis es klappt. Glücklicherweise. Denn jeder Schritt allein ist ein kleiner Schritt in die Unabhängigkeit.

Wo ist unser Mut aus unseren Kindertagen geblieben? Viele Erwachsene haben diesen Mut vergessen. Nichts riskieren, nichts wagen, nicht scheitern ist die Devise. Dabei gibt es in

Wirklichkeit nichts zu fürchten. Wenn du dich darauf einlässt, allein sein zu können, wirst du nur Vorteile erfahren. Wie ein Kind, das aus freiem Willen den Rockzipfel seiner Mutter loslässt, um eigene Erfahrungen machen zu können, kannst auch du dich bewusst und willentlich auf Expeditionen ins Alleinsein machen. Wenn du das Alleinsein trainierst, bevor der Ernstfall eintritt, kannst du ja auch jederzeit wieder zurück ins warme, kuschelige Gemeinschaftsgefühl mit deinen Freunden und Nächsten flüchten. Warum auch nicht? Wichtig ist nur, dass du lernst, auf dich selbst vertrauen zu können.

Ich sitze allein auf der Mauer und schaue ein paar Klassenkameraden bei der Schneeballschlacht zu. Ich darf nicht mitspielen. Weshalb, weiß ich nicht. Ich würde alles tun, um dazuzugehören. Dann ist die Pause vorbei und die Schulweihnachtsfeier wird geplant. Jeder Schüler soll etwas beisteuern. Das Einzige, was noch fehlt, ist ein Weihnachtsbaum. Das ist meine große Chance: »*Ich werde für morgen einen Weihnachtsbaum besorgen!*« *Ich freue mich über die überraschten und anerkennenden Blicke der Klassenkameraden.*

Geld, um einen Baum zu kaufen, habe ich keines. Wie ärgerlich, dass Papa ausgerechnet an diesem Abend nicht zu Hause ist, er hätte mir einen kleinen Baum aus dem Wald holen können. Wie soll ich jetzt das Versprechen an meine Schulkameraden einhalten? Ich bin verzweifelt, schlafe nur wenig und suche selbst im Traum nach Weihnachtsbäumen. Doch irgendwann erahne ich die Lösung. Am nächsten Morgen ist es noch dunkel, als ich zum Schulhaus laufe. Und nun tue ich etwas, was ich unter normalen Umständen nie getan hätte: Ich lasse einen Tannenbaum vom noch geschlossenen Verkaufsstand vor dem Lebensmittelgeschäft mitgehen. Ich will ihn ja nicht stehlen, nur ausleihen! Mein Plan ist, ihn nach der Weihnachtsfeier einfach wieder zurückzustellen.

Was ich nicht bedenke: Als ich mit dem Baum am Mittag wieder zurückkomme, ist es hell, und das Geschäft ist geöffnet. Doch ich habe Glück, werde nicht erwischt. Doch selbst wenn, der Ärger wäre mir die Sache wert gewesen. Denn in der Schule war ich der Held des Tages und gehörte ab sofort wieder dazu.

Um nicht allein zu sein, tun Menschen die verrücktesten Dinge. Sich ins Konzert mit barocker Lautenmusik mitzerren lassen und dort versuchen, wach zu bleiben. Auf Menschen schimpfen, gegen die man gar nichts hat, nur weil die Kumpels das tun. Bis hin zum Lügen und Stehlen. Mit einem starken Selbst wäre das alles nicht nötig.

Wer seine Stärke im Alleinsein findet, braucht sich vor der Einsamkeit nicht zu fürchten. So wie Lebertran den Körper stärkt, auch wenn er nicht schmeckt, so stärkt die Fähigkeit, mit sich allein sein zu können, das Selbst, auch wenn es nicht unbedingt Spaß macht. Das Alleinsein nicht zu üben, weil man die Einsamkeit nicht mag, macht so wenig Sinn, wie nicht Schwimmen zu lernen, weil man sich im Wasser unwohlfühlt. Du musst die Einsamkeit nicht mögen, aber du solltest lernen, sie nicht länger als Bedrohung wahrzunehmen. Und das ist der Anreiz, der dich dazu bringt, dich auf das Abenteuer Alleinsein einzulassen: Je besser es dir gelingt, durch bewusst gewähltes Alleinsein in dir selbst Stärke zu finden, desto weniger wirst du dich dann ausgeliefert, einsam und unsicher fühlen. Wenn dir das gelingt, wirst du aus dem Alleinsein Stärke ziehen und hast die Chance, die schlimmsten Situationen zu überstehen, ohne an ihnen zu zerbrechen.

4. Schritt: Sei mit dir allein!

Mit sich allein sein – das hört sich zunächst einmal einfach an. Du fährst morgens eine halbe Stunde mit dem Auto zur Arbeit; da sitzt du allein im Auto und hörst Radio. Oder du bereitest das Mittagessen vor, bevor deine Kinder aus der Schule kommen; niemand außer dir ist im Haus. Das ist aber nicht die Art des Alleinseins, die ich meine. Allein sein heißt nicht nur, dass kein anderer da ist. **Allein sein heißt, dass du für ein paar kurze oder lange Augenblicke mehr dir selbst als dem Rest der Welt gehörst.**

Es braucht kein Kloster und keine einsame Insel, um dir selbst nah zu sein. Auch keine Weltreise. Es ist keine Frage von Ort und Zeit, sondern eine Frage von Willen und Tun. Es gibt so viele Möglichkeiten des Alleinseins, die zum eigenen Ich zurückführen! Eine Zugfahrt ohne Handy, Buch oder Laptop, ja selbst ein Spaziergang im Regen zeigen schon in Ansätzen den gewünschten Effekt. Das ist der erste Schwierigkeitsgrad.

Der zweite Grad: Gehe allein ins Restaurant, allein zum Tanzen, allein ins Kino. Viele Menschen empfinden diese Situationen als extrem unangenehm. Bereits an der Kasse zu stehen und nur ein einzelnes Ticket zu kaufen, löst ein komisches Gefühl aus. Und sich dann im voll besetzten Saal auf den einzelnen freien Platz zu setzen ist wie ein Spießrutenlauf.

So ging es mir, als ich mit 17 als Au-pair-Mädchen in London war. Allein. Im Kino lief ein Blockbuster, der Saal war fast voll. Alle mussten aufstehen, um mich, den einzelnen Kinobesucher, durchzulassen. Die Erleichterung, endlich in meinem Sessel versinken zu können, war von kurzer Dauer. Rechts von mir kuschelte ein verliebtes Pärchen, links kicherten ein paar Mädchen, offensichtlich Freundinnen. Überall um mich herum waren Menschen, die zusammengehörten. Ich fühlte mich so einsam und so unwohl, als wäre ich allein in einem Urwald voller Schlangen und Skorpione unterwegs. Natürlich lauerten im Kino keine objektiven Gefahren – das Gefährlichste bei meinem ersten Alleingang ins Kino war unumstritten der »Weiße Hai« auf der Leinwand.

Damals habe ich mir angewöhnt, in Momenten der Einsamkeit folgende Frage an mich zu richten: »Was ist das Schlimmste, das mir in dieser Situation, so ganz mit mir allein, passieren kann?« Die Antwort fiel fast immer so aus, dass ich mich umgehend beruhigt fühlen konnte: »Na also, dann kann ich es ja wagen!«

Ab und zu werden einem solche Augenblicke auch einfach geschenkt. Letzten Winter, beim Skifahren, saß ich ganz allein auf einem Sessellift und ließ mich über die verschneite Berglandschaft tragen. Die Sonne schien mir ins Gesicht, und ich genoss die Zeit mit mir allein, auch wenn ich sie nicht bewusst gesucht hatte. Selbst als der Lift für einige Zeit stehen blieb, irritierte mich das nicht im Geringsten. Ich genoss sogar das Warten, weil ich es nicht als lästig empfand, sondern als willkommene Zeit für mich mit mir. Auf dem Berg angekommen, fühlte ich mich so befreit und zufrieden, wie ich es zuvor nur selten erlebt hatte. Einfach so, ein Geschenk, mitten an einem Donnerstagnachmittag. Für ein solches Geschenk musst du weder meditieren noch einen Baum umarmen. Ohne besondere Übungen, Yogasitz, Duftöl oder Entspannungsmusik ist der Moment des Alleinseins plötzlich da. Das Einzige, was du tun musst, ist offen sein für diese Augenblicke. Und dann, von einem Moment auf den anderen, spürst du, dass Alleinsein maximale Nähe zu dir selbst bedeutet. In solchen Augenblicken wird dir bewusst, was dir entgeht, wenn du das Alleinsein meidest; du erkennst, dass du so auch den Kontakt zum eigenen, innersten Ich unterdrückst. **Es kommt nicht darauf an, was das Alleinsein dir nimmt, sondern darauf, was es dir gibt.**

Und noch einen dritten Schwierigkeitsgrad gibt es. Welcher das ist und wie tief greifend die Wirkung ist, wenn man ihn meistert, habe ich gelernt, als ich tatsächlich einmal auf einer einsamen Insel »gestrandet« war.

Da sitze ich nun zusammengekauert in meinem winzigen Zelt, ängstlich darauf bedacht, nirgends an die Zeltwand zu stoßen. Denn mittlerweile leistet ein kräftiger Regen dem orkanartigen Sturm Gesellschaft, und sobald ich die Zelthülle berühre, sickert Nässe durch. Es ist eng, feucht und ungemütlich – ich will zurück nach Hause. Dass mich auf der einsamen Südseeinsel nicht nur Romantik pur erwarten würde, damit habe ich gerechnet, als ich mich für dieses Abenteuer mit dem Schweizer Fernsehen entschied. Schließlich ging es bei diesem Projekt um die Frage, wie sich eine Frau als Robinson Crusoe durchschlagen würde. Doch wer denkt schon an Sturm und Regenzeit, wenn er das Wort Südseeinsel hört? Davon war nie die Rede.

Zum Glück habe ich draußen vor dem Zelt den Kessel meiner Wasseraufbereitungsanlage so aufgestellt, dass sich das Regenwasser darin sammelt – wenigstens würde ich mich morgen nicht um Trinkwasser kümmern müssen. Ärgerlich nur, dass die ausgehöhlte Kokosnuss für meine Trinkwasserreserve keinen Platz in meinem winzigen Zelt gefunden hat. Aber bei diesem Unwetter wage ich mich nicht hinaus. Verrückt! Draußen geht eine Sintflut nieder und ich hocke im Zelt und habe Durst!

Es ist unerträglich eng hier drinnen. Zu eng für alles, zu eng auch für mich. Ich habe nichts zu tun, nur abzuwarten, bis es wieder aufklart. Minuten fühlen sich wie Stunden an, irgendwann geht das Zeitgefühl ganz verloren. Nie zuvor in meinem Leben habe ich mich so einsam gefühlt.

Auf das Alleinsein habe ich mich bewusst eingelassen, aber dass mir die Einsamkeit so zu schaffen macht, damit habe ich nicht gerechnet. Krampfhaft probiere ich mich abzulenken. Doch es ist nichts da. Nichts zu essen, nichts zu trinken, kein Licht, kein Buch, rein gar nichts.

Während der Sturm um mich herum so stark wird, dass Äste brechen und Kokosnüsse fallen, wird mir bewusst, dass ich auf

einer Fläche von 180 auf 70 Zentimetern gefangen bin. Ich bin un-
ausweichlich allein mit mir – ohne Entkommen.

Wer auf einer einsamen Insel an Land gespült wird – oder
sich freiwillig absetzen lässt –, hat vorerst einiges zu tun. La-
gerplatz suchen, Zelt aufbauen, sich um Feuerholz kümmern,
Wasser destillieren, für Essen sorgen und schließlich das Inselleben genießen … Doch irgendwann verebben die Bountyge-
fühle. Was, wenn dir die Tätigkeiten und irgendwann sogar die
Gedanken ausgehen? Wenn du alles getan hast, was es zu tun
gibt, alles geplant hast, was es zu planen gibt? Dann beginnst du
die Ablenkungen richtiggehend zu vermissen. Denn Alleinsein
im Kino ist einfach: All deine Aufmerksamkeit gilt dem Film.
Alleinsein im Auto ist einfach: Du konzentrierst dich auf den
Verkehr und hörst Radio. Alleinsein daheim, wenn du für die
Kinder kochst, ist einfach: Deine Gedanken drehen sich darum,
wie du den Nachmittag gestalten wirst. Du lässt dich gerne ablenken. Die allgegenwärtige Ablenkung sorgt dafür, dass du dich
vor Problemen, vor einer unangenehmen Arbeit, vor Verpflichtungen oder auch guten Vorsätzen drücken und unangenehme
Fragen verdrängen und ins Unterbewusste abschieben kannst.
Ablenkung schützt dich davor, Probleme lösen zu müssen. Nur
wenn du schlafende Hunde weckst, kann du sie auch zähmen.

Richtig allein bist du erst, wenn es keine Ablenkung mehr für
dich gibt, wenn du nur noch dich hast und gezwungen bist, in
dich selbst hineinzuhorchen und eine Bestandsaufnahme zu
machen. Dann hast du zwar den größten Hebel, um dich auf
deine Stärken besinnen zu können, aber gleichzeitig kannst du
deine Probleme nicht mehr zuschütten oder wegdrücken. Das
ist der Preis, den du dafür bezahlst, wenn du dich ichwärts bewegst: Du wirst auch auf viele sorgfältig versteckte und kunst-
voll verdrängte Leichen in deinem Keller stoßen. Das ist auf den
ersten Blick sehr unbequem. Aber eine gigantische Chance für

dich, gleich gründlich aufzuräumen. **Das Alleinsein ist die einzige Tür zu dir selbst.**

Niemand wird bei sich selbst ankommen, wenn er nicht durch die Tür des Alleinseins gegangen ist. Sie macht dich empfänglich für die Stimme deines Herzens. Es lässt dich hören, was dir dein Herz sagt, es sorgt für Herzklopfen, kann aber auch Kopfzerbrechen bereiten. »Bin ich noch ich? Was, wenn ich von meinem Lebenskurs, von meinen ursprünglichen Zielen, abgekommen bin? Lebe ich wirklich mein Leben, so wie ich es will?« Wenn es keine Ablenkung mehr gibt, tauchen sie auf, die wertvollen, substanziellen Fragen, in denen es um deine eigene Person geht. Es sind Fragen, die ins Zentrum, »ichwärts«, führen, die der Schlüssel zum eigenen Ich sind. Wenn erst die Fragen klar sind, dann kommen die Antworten ganz von allein. Sie sorgen dafür, dass du eins wirst mit dir.

Es kostet einiges an Mut, sich von allen Ablenkungen zurückzuziehen. Auch wenn es nur zeitweise ist. Groß ist die Angst vor alldem, was im Unterbewussten schlummert. Trotzdem: Immer öfter hört man von Menschen, die sich für einige Wochen in ein Kloster zurückziehen. Ihr Ziel ist es, wieder einmal ganz bei sich und mit sich zu sein. Ohne Ablenkung. In Stunden des Schweigens, im Aushalten der Stille. Der Geschäftsführer eines großen Unternehmens berichtete kürzlich in einem Interview über seine jährliche Klosterzeit. »Im Kloster gelingt mir, was ich draußen nicht schaffe. Ich bleibe bei mir. Ablenkung fehlt. Keine Zeitungen, keine Geschäftsberichte, keine Kinder, kein Golfklub, kein Internet, keine Termine. Die einzigen Termine sind die mit mir und die mit Gott.«

Auf die Frage, warum das für ihn nur im Kloster möglich sei, antwortete er: »Weil ich zu wenig diszipliniert bin und mich zu gerne in Versuchung führen lasse. Jemand, der disziplinierter ist, braucht kein Kloster, er kann auch einfach am Rheinufer auf

einem Stein sitzen und ganz bei sich sein oder bei einem Wald-
spaziergang zu sich finden.«

5. Schritt: Sei einfach!

Das Beste an diesem Schritt ist: Er geht sich ganz von allein,
wenn du die Schritte 1 bis 4 hinter dich gebracht hast. Er ist wie
eine reife Frucht, die dir nun in den Schoß fällt, ohne dass du
weitere Anstrengungen unternehmen musst. Denn du hast nun
gelernt, Alleinsein auszuhalten und sogar aktiv aufzusuchen. Du
bist frei von Erwartung. Du wartest nicht auf andere, die dir aus
allen möglichen und unmöglichen Lagen heraushelfen sollen.
Aus negativ empfundener Einsamkeit ist ein positiv wirkendes
Alleinsein geworden. Du hast dein Selbst nicht nur gefunden,
sondern auch gestärkt. Und indem du dich nun in den Momenten freiwilligen Alleinseins unverstellt von Ablenkungen aller
Art siehst, erkennst du, was dir guttut und was nicht. Du lernst
dadurch deiner Vergangenheit, allem, was dir je widerfahren ist,
sowie den Menschen, die dich verletzt haben, zu vergeben und
gibst dir und deinem Leben eine neue Chance. Diese Aufgaben
werden dich ein Leben lang begleiten. Doch weil du den Weg zu
dir selbst gefunden hast und du damit jederzeit an die Quelle
deiner inneren Stärke gelangst, fällt dir das leicht.

Damit steht dir aber auch jederzeit die innere Kraft zur Verfügung, mit der du jede unvorhergesehene und bedrohliche
Situation, der du dich zuvor noch ausgeliefert gefühlt hättest,
meistern kannst. Und das ist unglaublich wichtig. Denn es gibt
im Leben jedes Menschen außergewöhnliche Situationen, die
von ihm Außergewöhnliches abverlangen. Sie lassen ihn über
sich selbst hinauswachsen.

Du musst aber nicht alle fünf Schritte gegangen sein, um Kraft
zu schöpfen. Bereits die Überwindung der Angst vor dem Alleinsein stärkt. So macht die Angst dem Mut Platz. Selbstzweifel

weichen der Selbstsicherheit. Ich allein. Ich schaff das, ich vertraue meinen Fähigkeiten. Ich weiß, was ich kann. Je stärker dein Selbst ist, desto weniger wirst du dich ausgeliefert fühlen, egal wie existenzbedrohend die Situation auch ist.

Du hast die Wahl, mach dich auf den Weg. Suche deine Stärke, entdecke deine Stärke und dann nutze sie!

Dann weißt du: Von nun an wirst du jede Situation meistern können. Von nun an bist du aus dir selbst heraus stark.

Die folgenden Wochen sind schwer. Simeon liegt auf der Intensivstation im künstlichen Koma. Dann endlich beschließen die Ärzte, den Versuch zu wagen, unser Kind ins Leben zurückzuholen. Morgen früh um 4 Uhr wollen sie das Narkosemittel absetzen. »Was passiert dann?«, will ich wissen.

»Wir rechnen damit, dass Simeon gegen 8 Uhr zu sich kommt. Dann wird sich zeigen, ob er selbstständig atmen kann.«

Kurz vor 4 beginnt eine neue Form des Wartens. Würde Simeon zu uns zurückkehren? 6 Uhr, 7 Uhr, 8 Uhr, nichts passiert. 10 Uhr, 11 Uhr – immer noch nichts. Ich streichele mein Kind, immer und immer wieder. 14 Uhr, 15 Uhr, und immer wieder der Arzt, der nachschaut und tapfer versucht, mir Hoffnung zu machen. Ich starre in den Inkubator und warte auf ein Wunder.

Irgendwann kommt meine Freundin Claudia, ich bin nicht mehr allein. Jemand ist da und teilt meine Angst, meine Gefühle und irgendwie auch meine Einsamkeit.

Dann endlich, knapp vor 16 Uhr, wir haben es beide gesehen, bewegt Simeon zum ersten Mal eine seiner winzig kleinen Zehen.

7 | Wüstenzeit
Warum alles seinen Preis hat

Du hast jetzt erkannt, wie kostbar und wichtig das Alleinsein ist.
Ein Schatz, der dir geschenkt ist und der dich zu dir führt. Auf
dem Weg zu deinen Zielen geht es aber nicht immer glatt voran. Du musst Mühen auf dich nehmen, mit Rückschlägen fertig
werden, mit Gegenwind kämpfen. Kurz: Jedes Ziel fordert seinen
Preis. Da bist du schon mal in Versuchung aufzugeben. Damit
kämst du aber nicht vorwärts. Wie du es schaffst, trotz Durststrecken an deinem Ziel festzuhalten, steht in diesem Kapitel. Fünf
Erfolgsfaktoren helfen dir dabei, zu tun, was zu tun ist.

*Meine Nase reicht kaum über die Theke des Bahnschalters, aber
ich bestehe darauf, meine Fahrkarte selbst zu lösen. Das erste Mal
werde ich allein zu meinen Großeltern und auch wieder zurück
nach Hause fahren. »Bist du sicher, dass du das auch wirklich
willst?«, hat mich Mami gefragt. Meine Antwort: »Natürlich!«*

*Ich nehme allen Mut zusammen und gebe meine Bestellung auf:
»Einmal Wil hin und zurück, ein Kinderticket«, verkünde ich
stolz. So, jetzt ist es ausgesprochen, jetzt ist die Entscheidung gefallen. Jetzt gibt es kein Umkehren mehr. Natürlich hätte ich mich*

grundsätzlich immer noch weigern können, allein in den Zug zu steigen. Aber das hätte ich mich nicht wirklich getraut, jetzt, wo meine Mutter gerade die Fahrkarte bezahlt hat. Jetzt muss ich sie auch nutzen.

»Du gehst mit keinem Fremden mit und passt immer auf deinen Koffer auf!« Als wüsste ich das mit meinen acht Jahren nicht schon längst.

»In zweieinhalb Stunden wirst du ankommen. Großmama holt dich vom Bahnhof ab. Danach ruft ihr mich sofort an! Hast du verstanden?« Als sich die Türe schließt und der Zug langsam anrollt, muss ich erst einmal schlucken. Zu spät, um mir das mit diesem Abenteuer doch noch anders zu überlegen. Aussteigen ist kein Thema mehr. Ein beklemmendes Gefühl schleicht durch meinen Körper. Zugfahren, so ganz allein, ist für ein Kind kein Kinderspiel.

Wenn ich mich heute an meine erste Zugfahrt allein erinnere, höre ich augenblicklich wieder dieses »Tadam, Tadam, Tadam, Tadam ...«, das sich mit dem Pumpum, Pumpum, Pumpum meines Herzschlags vermischte. Ich sehe wieder mein Köfferchen neben mir auf der Bank liegen und fühle meine schweißnassen Hände. Zweieinhalb Stunden in einer neuen, fremden Welt. Die erste Zugreise ganz allein. Es war meine Entscheidung, und ich hatte mir das einfach nur wunderbar vorgestellt. Dass zweieinhalb Stunden verflixt lang sind oder dass ich mich unwohl, einsam und angreifbar fühlen könnte, habe ich offensichtlich ausgeblendet. Jetzt holte mich die Realität wieder ein. Ich saß verkrampft auf dem Zugsitz und fragte mich:

»Ist das wirklich das, was ich wollte?«

Einmal hin und zurück

Da hast du dir ein lohnendes Ziel gesetzt, bist voller guter Vorsätze, gehst die Sache entschlossen an – und dann tauchen Schwierigkeiten auf. Der Weg zum Ziel wird mühsamer, unangenehmer, beängstigender, als du es dir zunächst vorgestellt hast. Und plötzlich ertappst du dich beim Gedanken: »Ist es das wirklich wert?«

Da freut man sich riesig auf das neue Schlafzimmer, sucht bei IKEA begeistert aus, öffnet voller Enthusiasmus die ersten Kartons, und dann sitzt man da mit Schrauben, Dübeln und Klammern und der Frage: »Welche gehören denn nun in welche Löcher?« Da wartet Arbeit, knifflige, anstrengende Arbeit. Spätestens wenn man merkt: »Ups, so war das wohl nicht gedacht, das muss ich wieder auseinandernehmen und von vorne anfangen«, wird's ungemütlich. Ehrlich, ich hätte auch schon am liebsten einfach den ganzen »Karsumpel« zurückgebracht.

Wenn Aufgeben einfacher ist als Dranbleiben – warum nicht das Aufgeben wählen? Diese Frage ist doch echt berechtigt. Und natürlich, **Aufgeben ist tatsächlich eine Option – auf jeden Fall für den, der es vorzieht, in den alten Mustern hängen zu bleiben.** Doch wenn du aufgibst, bringen dir die besten Pläne nichts, all deine Ziele bleiben nur eine unverwirklichte Idee. Dann entscheidest du dich dafür, der Bequemlichkeit die Führung in deinem Leben zu überlassen. Es sind wenige Ausnahmen, bei denen Aufgeben die bessere Option ist: wenn ein Ziel an Sinn und Aktualität verloren hat. Es ist weder sinnvoll, den Garten weiterzugießen, wenn sich eine Regenfront nähert, noch einen Pullover fertig zu stricken, den keiner tragen kann.

Als Bergsteigerin und Gleitschirmpilotin kenne ich noch ein weiteres wichtiges Kriterium fürs Abbrechen: den Risikofaktor. Das Leben wird nicht leichtfertig aufs Spiel gesetzt. Wenn sich eine Situation so verändert, dass das Vorhaben zu riskant wird, ist Aufgeben nicht nur keine Schande, sondern Pflicht. Doch wie schätzt man das Risiko richtig ein?

Andere Gleitschirmpiloten fliegen, selbst wenn es mir in der Luft zu turbulent wird, sicher und munter. »Es ist gerade ein bisschen sportlich«, meinen sie cool, während ich meinen Schirm wieder einpacke und zu Fuß ins Tal absteige oder schnell mal Richtung Landeplatz fliege. Dann sage ich mir: Gut, das sind halt die sportlicheren Piloten, die Profis. Ich bin nicht die anderen. Jeder muss seine Grenzen kennen und selbst entscheiden. »Das Können ist des Dürfens Maß«, dieser Grundsatz gilt in den Bergen wie überall, wo Scheitern eine Gefahr für Leib und Leben mit sich bringt.

Wo diese Gefahr nicht besteht, wäre vorzeitiges Aufgeben einfach feige. »Die Prüfung nächste Woche liegt mir arg im Magen; mir wird schon ganz schlecht, wenn ich nur daran denke. Na ja, die Ausbildung in den letzten vier Jahren hat mir ehrlich nie so richtig gefallen – ich sage die Prüfung jetzt einfach ab. Basta. Dann ist gut!« Nein, gut ist das nicht, es ist einfach nur schade. Kurzfristig bist du erleichtert über deine Entscheidung, langfristig enttäuscht über dein Aufgeben.

Trotzdem geben viele Menschen vorschnell auf, einfach weil's ungemütlich wird, schwerer jedenfalls, als man es sich vorgestellt hat. Warum?

Ich kann dir sagen, was es ist: **Wir suchen die Herausforderung, aber wir sind nicht bereit, den Preis dafür zu bezahlen.** Der kann verschieden aussehen: Angst vor dem Scheitern, ein finanzieller Preis, der Verlust des guten Rufes, Disziplin, das Verlassen der Komfortzone etc.

»Künftig werde ich meinem kleinen Trotzkopf, der an der Supermarktkasse nach einem Schokoriegel quengelt, nicht mehr nachgeben«, hast du dir vorgenommen. Prompt kommt die Rechnung. Ein Kind, das sich brüllend auf den Boden schmeißt, kombiniert mit dem Blick der ungeduldigen Kassiererin, die nicht einsieht, warum der Kleine keinen Schokoriegel bekommen soll, und einer wartenden Menschenschlange hinter dir – Mamma mia, da ist ein hoher Preis gefordert:

Durchsetzungskraft einerseits und Gleichgültigkeit dem kritischen Publikum gegenüber andererseits.

Jedes Ziel fordert seinen Preis. Weiterkommen fordert, das Leben fordert, Veränderungen fordern. Es gibt nichts umsonst Umsonst wäre ja umsonst – oder wie heißt es doch so schön: »Was nichts kostet, ist nichts wert.« Mal ganz ehrlich: Ein Ziel, das mühelos zu erreichen ist – wäre das was wert?

Stell dir vor, du spielst mit deinen Freunden ein Gesellschaftsspiel. Es gäbe keine Spielregeln, alles wäre erlaubt. Du kannst würfeln, sooft du willst, mit deiner Spielfigur laufen, wie es dir gerade passt, und Hindernisse nach Belieben überspringen. So habe ich ein paarmal mit Kindern gespielt, die schlecht verlieren konnten. Sie durften alles tun, was sie wollten, um zu gewinnen, sogar meine Spielfiguren vom Brett stoßen, wenn ich in Führung lag, oder ihre schlechten Spielkarten gegen meine guten austauschen. Ein oder zwei Mal war das lustig, dann wollten sie nicht mehr so spielen. »So macht es keinen Spaß!«

Anstrengung, Durststrecken, Hindernisse, Umwege, Irrwege, Herausforderungen, und überall lauern Gefahren. Aus der Glücksforschung weiß man, dass der Mensch all das braucht, um sich weiterzuentwickeln, um immer wieder Zufriedenheit zu erlangen. Auf einen Erfolg kannst du nur dann stolz sein und dich nur dann richtig darüber freuen, wenn du auch etwas dafür investiert hast. Wenn du das Gefühl hast: Es war schwierig, aber ich habe es trotzdem geschafft. Schwierigkeiten und Anstrengungen geben dem Ziel erst seinen richtigen Wert. **Es ist einfach etwas anderes, ob du einen Berg aus eigener Kraft bestiegen hast oder ob du mit der Bahn auf einen Gipfel hochgefahren bist.**

Oft ist es so: Beim Aufstieg denkst du: »Wenn ich nur schon oben wäre …«, beim Abstieg denkst du: »Wenn ich nur schon unten wäre …«, und wenn du unten bist, erzählst du, wie schön es war.

Sicher, in diesem Licht erweisen sich Schwierigkeiten erst im Rückblick als »Es hat sich doch gelohnt«, als wertvoll. Während du gerade vor einem schier unüberwindlichen Hindernis stehst, während du dich durch eine Durststrecke kämpfst, sieht die Sache anders aus. Da denkst du: »Auf diesen Stress könnte ich jetzt gut verzichten.« Schwierigkeiten sind dermaßen lästig, dass sie dich in Versuchung bringen, das Ziel infrage zu stellen, von dem du vor Kurzem noch überzeugt warst.

»Höchste Zeit, dass ich endlich den Job wechsle, mein Chef nervt so was von!« Du schreibst Bewerbungen, stellst dich in interessanten Unternehmen vor und bekommst tatsächlich eine neue Stelle angeboten. Du diskutierst mit Freunden, wägst ab, und plötzlich wird dir bewusst: »Moment mal, dann habe ich ja keinen Firmenwagen mehr. Und was verlangen die von mir? Dass ich in die Stadt ziehe und jedes zweite Wochenende arbeite? Obwohl, interessant klingt die neue Herausforderung schon, und das Team scheint auch ganz nett zu sein, aber umziehen? Und in die Stadt? Na ja, eigentlich ist mein Job auch nicht übel …«

Ganz schnell sind dann Argumente und Gründe bei der Hand, warum das Ziel seinen Preis gar nicht wert ist. Warum es doch nicht so toll ist. Warum Aufgeben kein Scheitern wäre, sondern die vernünftigste Entscheidung.

Zu den Klassikern der »Ich geb's besser wieder auf«-Ziele gehört jede Diät gegen überflüssige Pfunde. Schon die nächste Hungerattacke reicht, und man kommt zum Schluss: »Ach, so schlimm ist es nun auch wieder nicht mit meiner Figur.« Schon wird die Diät wieder abgebrochen.

Zwei Faktoren unterstützen deinen Durchhaltewillen: Erstens musst du dir im Voraus darüber im Klaren sein, wie hoch der Preis ist, den ein Ziel von dir fordert. Und zweitens musst du dich bewusst dafür entscheiden, diesen Preis zu zahlen. Ganz einfach, weil das Ziel es dir wert ist.

Menschen, die sich erst gar nicht mit dem Preis, den ein Ziel von ihnen fordert, auseinandersetzen, kommen leicht vom Weg ab. Sie wollen etwas, sie starten, aber irgendwann erkennen sie: »Mist, so habe ich mir das nicht vorgestellt«, und geben wieder auf. Das Motto lautet in etwa: »Keiner hat mir gesagt, dass man bei dieser Wanderung zu Fuß unterwegs ist …«

Diese Einstellung hat Tradition. Mindestens 3500 Jahre.

Als Mose die Israeliten aus der Knechtschaft der Ägypter befreite und sich mit ihnen auf den Weg in das Gelobte Land machte, war sein Volk begeistert. Vorerst. Doch dann kam die Wüstenzeit, es wurde anstrengend, Essen und Wasser wurden knapp. Die Menschen verloren das Vertrauen. Wenn Mose nicht eingeschritten wäre, hätten sie sich selbst und ihren Glauben aufgegeben. So war es vor dreieinhalbtausend Jahren, so ist es heute und so wird es vermutlich immer wieder sein.

Eines ist sicher: Du willst vorwärtskommen. Du hast dich für ein Ziel entschieden, das dir wertvoll und lohnend erscheint. Und das hat nun mal einfach seinen Preis. Immer. Zu Fuß gehen ist anstrengend, zu hoch der Preis, du wählst das Auto, aber auch mit dem Auto unterwegs sein kostet. Dabei geht es nicht nur um den finanziellen Preis oder das schlechte Gewissen der Umwelt gegenüber. Das, was du verpasst, wenn du, anstatt mit dem Auto zu fahren, zu Fuß gehst oder deinen Drahtesel wählst, ist ebenfalls eine Form des Preises. Du kannst dich auch entscheiden, gar nicht zu gehen, doch auch das hat seinen Preis. Der Preis könnte sein: nichts erleben, vereinsamen. Du kannst es drehen und wenden, wie du willst, irgendein Preis wird immer gefordert. Auch der Weg des geringsten Widerstandes kostet einiges. Meist mehr, als man sich selbst eingestehen will. Der Preis könnte es sein, nicht vorwärtszukommen. Stillstand.

Natürlich, nur weil man bereit ist, den Preis für ein gesetztes Ziel zu zahlen, bedeutet das noch lange nicht, dass der Erfolg

garantiert ist. Du musst erst den Preis zahlen, die Wüste durchqueren. Und dann siehst du, ob du dein Ziel erreichst oder nicht.

Du musst einfach **tun, was zu tun ist**. Klingt einleuchtend,
klingt naheliegend. Ist aber gar nicht so einfach. Damit du das
schaffst, brauchst du Unterstützung. Ich gebe dir dafür in diesem Kapitel fünf Erfolgsfaktoren an die Hand.

Erstens: Die Führung übernehmen

Das Wichtigste, um gut voranzukommen, ist ein Begleiter, der
dich auf deinem Weg unterstützt, einer, der dich coacht und
führt und dir zur Seite steht, wenn es schwierig wird. Eine Füh-
rungskraft für dein Leben. Der Mensch, der für diese Rolle am
besten geeignet ist, bist du selbst.

Du denkst, dass du keine Führungspersönlichkeit bist? Gut,
vielleicht bist du weder Manager noch Bergführer, weder Coach
noch Reiseleiter. Das mag sein. Aber du kannst es, falls du es
noch nicht bist, werden – wenigstens für dein eigenes Leben. Du
kennst deine Ziele, du hast deine Lebenskarte in der Hand, und
du weißt jetzt, dass du ganz gut allein zurechtkommen kannst,
wenn es sein muss. Also bist du voll qualifiziert, um in deinem
Leben die Dinge in die Hand zu nehmen. Übernimm diese Rolle, das ist Lebensführung! Wie das konkret gehen kann, zeigt das
Beispiel von Stefan.

»*Stefan, vielen Dank, dass du unseren Spielzimmerschrank so
schön aufgeräumt hast!*« *Stefan ist stolz.* »*Mein Chef hat gesagt,
ich soll das heute machen. Und er hat auch gesagt, ich hätte heute
Küchendienst.*«

*Stefan, ein fröhlicher, aufgeweckter junger Mann mit Trisomie
21, war ein Mitbewohner eines Wohnheims für behinderte Menschen, in dem ich ein Praktikum absolvierte. Wenn man von Stefan etwas wollte oder ihm eine Aufgabe zuteilte, sagte er:* »*Ich*

muss zuerst meinen Chef fragen.« Und sein Chef, das war er selbst.
Gab der Chef das Okay, war Stefan äußerst zuverlässig. Niemals
wäre er schlafen gegangen, ohne seine Aufgabe abgeschlossen zu
haben, niemals ins Wochenende gefahren, ohne allen Verpflich-
tungen nachgekommen zu sein, und niemals verließ er die Küche,
wenn er Küchendienst hatte, bevor nicht alles tadellos in Ordnung
war. Wenn Stefans Chef jedoch Nein sagte, dann war dieses Nein
unumstößlich. Aber auch das hatte sein Gutes. Einmal, als er zu-
sammen mit den anderen älteren Jungs draußen allein unterwegs
war, kamen ein paar Jugendliche aus dem Dorf und wollten die
jungen Heimbewohner zum Rauchen und Biertrinken überreden.
Ich habe später davon gehört: Stefan sagte wie immer: »Ich muss
zuerst den Chef fragen!« Die Jungs vom Dorf lachten und sag-
ten: »Ja, ja, frag nur …« Stefan drehte sich kurz um, murmelte et-
was in sich hinein und antwortete dann: »Ich trinke kein Bier und
ich rauche nicht«, er wandte sich an die anderen Heimbewohner,
»und ihr auch nicht! Los, umkehren, wir gehen nach Hause!«

Stefan litt übrigens nicht an einer multiplen Persönlichkeits-
störung. Seine Idee mit dem Chef kam von seinem Großvater,
in dessen Unternehmen Stefan oft mitarbeitete. Der Großvater
war für ihn das große Vorbild. Die Firma sein zweites Zuhause.
Zuverlässigkeit und Verbindlichkeit waren dort mehr als leere
Worte, sie waren eine Selbstverständlichkeit. Wie der Großvater,
so wollte Stefan auch sein. Wie er, der alles wusste, von allen gefragt wurde, von allen respektiert wurde, dem man gehorchte.
So fragte auch Stefan immer für alles seinen Großvater.

Eines Tages sagte der Großvater zu Stefan: »Du musst nicht
immer mich fragen, frag deinen Chef – das bist du. Und dann tu
das, was er dir sagt.« Das tat Stefan fortan.

»Die Führung zu übernehmen« ist der erste und wichtigste Erfolgsfaktor. Aber was bedeutet das?

In erster Linie heißt es: **Du sorgst dafür, dass du Entscheidungen, die du getroffen hast, auch durchziehst.** Du tust alles in deiner Macht Stehende, um ein gesetztes Ziel zu erreichen. Egal, wie viel es dich kostet. Selbst wenn du für dieses Ziel jeden Morgen um 5 Uhr aufstehen musst. Und natürlich auch dann, wenn du lieber die Nacht durchfeiern würdest, anstatt deine Arbeit fertig zu schreiben. Du hältst deine Vereinbarungen mit dir selbst ein. Es geht also um Zuverlässigkeit und Verbindlichkeit.

Bist du noch kein Weltmeister in dieser Disziplin, kannst du schon heute mit deinem Training beginnen. Am besten besorgst du dir dazu eine genügend große Papieragenda. Bitte nicht wundern, wenn das Folgende jetzt banal klingt. Die Übung ist banal. Aber effektiv. Willst du im Großen etwas bewirken, übe dich zuerst in den kleinen Dingen. Oder andersherum: Wie willst du bei großen Zielen und Projekten erfolgreich sein, wenn du es im Kleinen nicht schaffst?

Also, zurück zu dieser Agenda: Dort trägst du alle deine Verpflichtungen und Aufgaben an dem Tag, an dem sie erledigt sein sollen, ein. Wenn du dich als tendenziell unzuverlässig einstufst, dann setzt du sicherheitshalber zwei Termine: einen für den besten Zeitpunkt, an dem du etwas erledigen willst, und noch einen Deadline-Termin. Denke an alle Aufgaben, nicht nur an die großen: Zeitungen bündeln, Altglas entsorgen, Einzahlungen tätigen, Keller aufräumen, Steuererklärung ausfüllen, Fenster putzen, Großmutter anrufen, Zahnarzttermin vereinbaren etc. Je mehr du aufschreibst und auch entsprechend abarbeitest, desto mehr kannst du nach getaner Arbeit durchstreichen. Das tut echt gut. Abgesehen davon bringt dieses Vorgehen den Vorteil mit sich, dass nichts mehr in Vergessenheit gerät.

Mit anderen Worten: Als Entscheider bist du verantwortlich für dein Zeitmanagement. Wenn es dir gelingt, alles immer zum besten Zeitpunkt zu erledigen, wirst du garantiert weniger Stress haben.

Der bestmögliche Zeitpunkt ist meistens sofort, manchmal wäre er gestern gewesen, selten ist er erst in ein paar Tagen. Ist doch ganz einfach: Die Winterreifen wechselst du idealerweise vor dem ersten Wintereinbruch; um Schnee zu schaufeln, musst du warten, bis er gefallen ist; Früchte erntest du, wenn sie reif sind; für eine Prüfung lernst du, bevor diese stattfindet, und alles Unangenehme erledigst du am besten zum frühestmöglichen Zeitpunkt. Das allein schon deshalb, weil es dich dann am kürzesten belastet.

Natürlich gehört noch anderes zu einem guten Zeitmanagement als der beste Zeitpunkt, zum Beispiel: Was macht wann Sinn? Welche Tätigkeiten kann ich miteinander kombinieren? Welches ist der effizienteste Weg?

So weit, so gut, das ist ja noch keine besondere Herausforderung. Der wirklich schwierige Teil kommt jetzt. Du brauchst feste Bezugspunkte im Alltag, die dafür sorgen, dass du deinen Verpflichtungen und Aufgaben auch tatsächlich nachkommst. Diese Ankerpunkte können echt hart sein. Ab und zu musst du dir selbst ein strenger Chef sein. Bei mir gibt es keinen Morgenespresso, bevor der Haushalt gemacht ist, das Haus wird nicht verlassen, bevor es in dem Zustand ist, in dem ich jederzeit Besuch empfangen könnte, in einem Buch wird erst gelesen, wenn alle Pflichten erfüllt sind, etc.

Mein innerer Chef lässt mich nicht in die Ferien, bevor ich alle Aufgaben abgearbeitet habe, und den Antrag für eine neue Anschaffung brauche ich bei ihm gar nicht erst zu stellen, bevor ich das Geld dafür auf die Seite gelegt habe.

Die Sanktionen beim Nichteinhalten der mit dir selbst getroffenen Vereinbarungen musst du individuell festlegen. Kein Fernsehen, kein PC, kein Entspannungsbad, wenn nicht erst …

Kein neues Kleid, kein neues Buch oder kein neues Handy, bevor ...

Wenn du unsicher bist, ob es dir gelingt, deine mit dir getroffenen Vereinbarungen auch tatsächlich einzuhalten, kommuniziere sie. Informiere deinen Partner, deine Freundin, dein direktes Umfeld. Vor sich selbst das Gesicht zu verlieren, wenn man eine Vereinbarung nicht einhält, ist relativ leicht auszuhalten. Bei Menschen, die einem am Herzen liegen, tut man sich damit um einiges schwerer.

Ob du Vereinbarungen mit dir selbst in deinem Kalender oder im Outlook einträgst, ob du Post-it-Zettel an den Kühlschrank oder die Pinnwand neben der Toilette heftest oder ob du alles in deinem Hirn abspeicherst, ist sekundär, **Hauptsache, du hältst deine Vereinbarungen mit dir selbst ein**. Und zwar zu 100 Prozent.

Zweitens: Durchhaltewillen entwickeln

Zum x-ten Mal stelle ich Marco auf die Skier. Er rutscht ein paar Meter, dann liegt er erneut im Schnee. Diesmal mit dem Gesicht nach unten, und diesmal im Pulverschnee. Über seine von der Kälte geröteten Wangen kullern ein paar Tränen.

»Komm, Marco, wir ziehen deine Skier aus, du warst tapfer heute, aber jetzt bist du müde«, noch bevor ich meinen Satz beendet habe, fällt mir Marco ins Wort: »Nein, ich will Ski fahren!« Und gleich darauf: »Meine Skier wollen fahren!« Marco ist zäh. Er lässt sich weder von mir noch von seinen Eltern davon abbringen, Skifahren zu lernen, auch wenn er mit seinen drei Jahren zu den Jüngsten des Kinderskikurses gehört und, was seine Beweglichkeit und sein Körpergefühl betrifft, ein ziemliches Antitalent ist. Aufgeben ist für ihn keine Alternative.

Marco hat die Skiausrüstung von seinem Cousin erhalten, und seither hat er nichts anderes mehr im Kopf als Skifahren. Er nimmt seine Skier sogar mit ins Kinderzimmer und legt sie nachts neben sein Bett. »Ich hoffe jeden Mittwoch- und jeden Samstagnachmittag darauf, dass Marco sagt, er würde lieber zu Hause bleiben. Vergebens!«, erzählt mir Marcos Mutter, als ich sie darauf anspreche, dass ihr Sohn überfordert sein könnte.

Marco bleibt in der Skischule. Er will. Den ganzen Winter über. Jede Woche zweimal, bei Wind und Wetter. Dann, es ist bereits März, schafft Marco den Durchbruch. Endlich klappt es mit dem Stemmbogen, und noch am selben Nachmittag schafft Marco die erste Fahrt bis ganz runter zum Übungslift. Freudestrahlend läuft er nach dem Unterricht seiner Mutter entgegen: »Ich bin heute bis zum Lift gefahren, ich kann Ski fahren!«

Diesmal bin ich es, die mit den Tränen zu kämpfen hat, mit Freudentränen.

Durchhaltewille ist ein wichtiger Erfolgsfaktor, bei kleinen Dingen wie bei großen. **Wenn du es schaffst, bei alltäglichen kleinen Zielen dranzubleiben, so ist das das beste Training für die großen Herausforderungen des Lebens.**

Du bist dabei, deine Wohnung auf Vordermann zu bringen. Du räumst auf und putzt. Jeden Raum. Wohnzimmer, Küche, Bad, Schlafzimmer und schließlich bist du beim Eingang und der Garderobe angelangt. Den ganzen Tag warst du an der Arbeit, in einer knappen halben Stunde kannst du fertig sein. Aber dann: Deine Freundin ruft spontan an und lädt dich zum Essen ein, in zehn Minuten wird sie dich abholen. »Super, das habe ich mir jetzt verdient, die Garderobe kann warten, morgen ist schließlich auch noch ein Tag.« Wenn du so reagierst, fehlt es dir an Durchhaltewillen. Du gibst dich mit 95 Prozent deines Tageszieles zufrieden. Dann gibst du auf, verschiebst den Rest auf morgen.

Doch diese fehlenden 5 Prozent sind gefährlich. An ihnen kann das ganze Projekt scheitern. Denn am nächsten Morgen ist dein Aufräumfieber vorbei. »Was soll's? Ist ja nur die Garderobe …« Hier aber liegen immer noch die Sommerschuhe herum, obwohl es Anfang November ist, am Haken hängt die Tasche mit deinen Badeutensilien sowie die Jacke, die Max bei seinem Besuch im Juni vergessen hatte, und in einer Ecke steht das Altglas zur Entsorgung. All das wäre nicht weiter tragisch, wenn sich nicht von diesem Ort aus das Chaos wieder ausbreiten würde, fast wie ein Virus, den man nie richtig gestoppt hat. »Spielt ja keine Rolle, wenn ich hier auch noch die Reiseunterlagen, die ich Brigitte bringen sollte, und den Mixer, der zur Reparatur muss, deponiere …«

Dort, wo man nicht fertig aufräumt, wuchert das Chaos schneller weiter, als man es sich eingestehen will. Wie der faule Apfel in der Kiste, der die gesunden Äpfel ansteckt, kann auch die Garderobe den Rest der Wohnung wieder mit Unordnung anstecken.

Zudem hast du dich um das 100-prozentige Erfolgserlebnis gebracht, dich mit Silber anstatt mit Gold zufriedengegeben. Schade.

Wenn du lernst, dir selbst gegenüber verbindlich zu sein, wird dein Durchhaltewille stärker als dein Bequemlichkeitsgen, und du gibst dich nicht mehr mit 95 % zufrieden. Du tust alles in deiner Macht Stehende, um deine Ziele zu erreichen. Der nächste Erfolgsfaktor hilft dir dann, auf dem Weg zu bleiben, dich nicht vom Kurs abbringen zu lassen.

Drittens: Den richtigen Fokus finden

10 Tage bleibe ich bei meinen Großeltern in den Ferien, dann trete ich die Rückreise an.

Meine Großmutter setzt mich in den Zug. Doch ich merke bald, etwas stimmt nicht. Immer wieder gibt es Zwischenhalte an Stationen, die nicht auf meinem Plan stehen. Wenn endlich eine Station kommt, von der ich sicher bin, dass sie auf meiner Reiseroute liegt, stimmen meine Zeiten nicht mit jenen der Bahnhofsuhr überein. Irgendwann dämmert es mir: »Ich sitze in einem Bummelzug.«

Kurz vor Sargans kommt der Schaffner bei mir vorbei. »So, Mädchen, jetzt musst du dann umsteigen. Über das Gleis, dann auf die andere Bahnhofseite und zu Bahnsteig zwei. Du musst dich beeilen, wir haben Verspätung, sonst erwischst du deinen Anschluss nach Bad Ragaz nicht. Hast du verstanden? Gleis zwei!«

»Umsteigen? Keiner hat was von Umsteigen gesagt ...«, hämmert es in meinem Kopf.

Es gibt hier keine Unterführung, ich muss wirklich über die Gleise stolpern mit meinem Gepäck. »Andere Bahnhofseite, Gleis zwei, rüber auf die andere Bahnhofseite, beeilen ...« Plötzlich höre ich jemanden meinen Namen rufen. Ich drehe mich nicht um. »Keine Zeit! Ich muss hier umsteigen und wir haben Verspätung!«, rufe ich zurück. Da packt mich jemand von hinten. Es ist Mami. »Du musst nicht umsteigen. Großmama hat dich in den falschen Zug gesetzt, jetzt hole ich dich mit dem Auto ab.«

Solche Situationen gibt es immer wieder im Leben. Da ist nur noch ein Ziel wichtig. Alles andere blendet man aus – selbst wenn eine vertraute Stimme den eigenen Namen ruft. Wenn du so etwas auch schon erlebt hast, weißt du, was es heißt, richtig fokussiert zu sein.

Würdest du jedes Ziel in deinem Leben mit dieser fokussierten Energie anstreben, ständest du unter Dauerstress. Und du würdest manches verpassen, was um dich herum passiert. Das Gegenteil von fokussierter Energie ist zerstreute Energie. Aber diese wiederum führt nicht oder nur über Umwege und mit Zeitverzögerung zum Erfolg.

»Richtig fokussieren« ist der Erfolgsfaktor, der dafür sorgt, dass du auf dem Weg bleibst und dein Ziel nicht aus den Augen verlierst, so lange, bis du es erreicht hast. **Fokussieren bedeutet, dass du deine Energie auf ein Ziel hin richtest und dieses Ziel ins Zentrum rückst.**

Richtig bedeutet, zum richtigen Zeitpunkt mit dem passenden Maß an Energie auf das Ziel hinzusteuern.

Wenn du in einem Jahr eine Wanderung quer durch Lappland geplant hast und schon seit Monaten an nichts anderes mehr denkst und von nichts anderem mehr sprichst, weil du nur noch auf dieses Ziel fokussiert bist, verpasst du die wichtigste Zeit deines Lebens, die Gegenwart. Das Leben findet hier und jetzt und nicht in einem Jahr in Lappland statt. Andererseits, wenn du keinen einzigen Gedanken an Lappland verlierst, nicht planst und organisierst und dir nächstes Jahr Mitte Juli einfällt: »Ah, eigentlich will ich doch diesen Juli durch Lappland wandern«, glaube ich nicht, dass du noch eine wirklich tolle Lapplandwanderung auf die Reihe kriegen wirst.

Aber wie findest du das richtige Maß an Fokus? Und welches ist der richtige Zeitpunkt? Die entscheidende Frage ist: Wo im Zentrum platzierst du dein Ziel?

Handelt es sich um ein Ziel in unmittelbarer Nähe, also befindet es sich gleich vor dir, oder liegt es noch in weiter Ferne? Nah oder fern? Im Zentrum kann beides sein. So wie du aus dem Fenster blicken kannst und sowohl Dinge direkt vor dir siehst als auch Dinge, die weiter weg liegen, und das mit ein und demselben Blick.

Gut fokussieren bedeutet, den Blick auf das zu richten, was im Augenblick wichtig ist, ohne das, was noch in weiter Ferne liegt, zu vergessen oder auszublenden.

Richtig fokussieren bedeutet aber auch, Etappenziele zu setzen. Das macht es einfacher, zielgerichtet zu bleiben. Die Unterteilung in einzelne Etappen hat außerdem den Vorteil, dass man sich immer wieder über kleine Erfolge freuen kann und dadurch motiviert bleibt. Hätte ich beim Umbau unserer Alphütte den Fokus nur auf das fertige Projekt gerichtet, wäre ich verzweifelt. Wir haben die alten Balken freigelegt, den Holzkochherd so aufgerüstet, dass er wieder funktioniert, die Grundmauern neu verputzt und auf dem Vorplatz Granitplatten verlegt. Lauter kleine Ziele, lauter kleine Erfolgserlebnisse, die für immer neue Motivation sorgten. Doch niemals habe ich das große Ziel, die Alphütte in ihren ursprünglichen Zustand zurückzuversetzen, aus den Augen verloren.

Die Zielvorstellung war: Wenn die Hütte so ist, wie sie sein soll, werden wir im Schein der Petroleumlampe und bei knisterndem Feuer im Ofen ein Fondue genießen. Dieses Bild war allgegenwärtig, beim Steineschleppen, beim Verputzen, beim Moosstopfen zur Isolation, beim Einschlafen und beim Aufwachen.

Ziele, die Freude bereiten, wie die Bergwanderung am Wochenende, die Kanufahrt durch Alaska oder auch das neue Einrichten der Wohnung, machen es dir einfacher, fokussiert zu bleiben. Aber im Alltag wartet vieles auf dich, das weit weniger motivierend ist. Da nicht abzuschweifen kann hart sein. Wie man die Führung behält, wenn einem gerade gar nicht danach ist, diszipliniert zu sein, darum geht es als Nächstes.

Viertens: Mit Tricks motivieren
Endlich zu Hause. Zurück aus den Ferien. Ein Stapel Post liegt auf dem Tisch, ein paar Pflanzen schreien nach Wasser, unsere Kleider wollen aus den Koffern befreit werden, der Anrufbeantworter blinkt …

Wer macht was? Keiner will sich um die Koffer kümmern, es ist bereits 21.30 Uhr, wir sind todmüde.

»Wir sollten sie auspacken«, meint mein Mann.

»Ja, wir sollten, es ließe sich besser schlafen«, antworte ich.

Trotzdem bleiben wir beide sitzen. Ein paar Minuten lang. Dann strafft mein Mann die Schultern.

»Bringen wir's hinter uns.«

Ich: »Ja, aber schnell!«

Er: »Was glaubst du, wie lange wir dazu brauchen?«

Ich: »Keine Ahnung, aber lange, bei all dem Zeugs, das wir mit auf der Reise hatten. All die Kleider, die Bergausrüstung, die Fotoausrüstung, Laptops, alle unterschiedlichen Stecker und Ladegeräte ...«

Er: »Wir schauen auf die Uhr. Nein, besser noch, wir machen ein Wettrennen.«

Ich: »Einverstanden – Hauptsache schnell! Wer übernimmt was?«

Wir einigen uns. Einer übernimmt alles, was in den unteren Stock muss, Bergausrüstung, Schuhe etc., der andere alle Kleider, Toilettenartikel usw.

Mein Mann macht die Stoppuhr bereit.

»Achtung, fertig und los!« Wir rennen buchstäblich durchs Haus. Rauf und runter, Schrank auf, Schrank zu, auf den Dachboden, ins Badezimmer, zur Waschmaschine, in die Garage ...

Stopp! 13 Minuten, 27 Sekunden. Die Waschmaschine läuft, Laptops und Handys hängen am Strom. Kurze Zeit später liegen wir zufrieden in den Federn.

Um unangenehme Aufgaben nicht endlos vor sich herzuschieben, hilft manchmal nur eins: Du musst dich mit Tricks dazu bringen, dass du jetzt gleich tust, was zu tun ist. **Dafür kenne ich zwei Kniffe: Selbstherausforderung und Selbstüberlistung.** Dich selbst herausfordern hilft dir dabei, in Bewegung zu kommen – nicht nur, wenn es um das Auspacken von Urlaubskoffern geht. Wettrennen sind dankbare Herausforderungen und liefern dir mindestens drei Vorteile:

- *Unangenehmes hast du auf diese Weise viel schneller erledigt.*
- *Wenn du für unangenehme Aufgaben weniger Zeit benötigst, bleibt dir mehr Zeit für die angenehmen Dinge im Leben.*
- *Unangenehmes kann, wenn es als Wettrennen inszeniert wird, sogar Spaß machen.*

Wie wär's, wenn du bei der nächsten Steuererklärung mit deinem Bruder ein Wettrennen vereinbarst? Wer verliert, muss den anderen zum Essen einladen.

Auch ein Wettrennen mit dir selbst kann motivieren. Kennst du deine Rekordzeit für das Putzen von 17 Fenstern? Nimm die langsamste Zeit, die du je hattest – ich weiß, dass man einen ganzen Tag mit Fensterputzen verbringen kann –, und dann vergleiche sie mit der Rekordzeit. Da stellst du zum Beispiel fest: Zwei Stunden, 35 Minuten Differenz. Zwei Stunden und 35 Minuten gewonnen, in denen du etwas tun kannst, das dir wesentlich mehr Spaß macht als Fensterputzen.

Wäsche bügeln, Überweisungen erledigen, E-Mails beantworten, Auto putzen, vieles lässt sich in Rekordzeit erledigen. Übrigens: Ein Wettrennen über den ganzen Tag, unter dem Motto: »Wie viel lässt sich bis 19 Uhr erledigen?«, ist die effizienteste Art, ganz enorm viel abzuarbeiten.

Aber natürlich macht man das nicht andauernd und mit allen Aufgaben so, denn das würde Dauerstress bedeuten.

Die zweite hilfreiche Strategie ist die *Selbstüberlistung.* Sie macht zwar weniger Spaß, ist aber dafür umso wirkungsvoller.

Ich hasse es, die Schränke und Schubladen in meiner Küche zu putzen. Früher lief das in etwa so ab: Abends, bevor ich ins Bett ging, dachte ich: »Okay, morgen. Morgen, da werde ich mich um die Küche kümmern.« Und dann war es morgen, der Alltagstrott war da, und ich kümmerte mich lieber um dies und das anstatt um die Küche. Die musste warten. Einmal mehr. Auch wenn ich mich jeweils darüber ärgerte.

Eines Abends habe ich mich selbst überlistet: Vor dem Schlafengehen habe ich kurzerhand einfach ein paar Schränke ausgeräumt – husch, husch. Alles auf die Anrichte »geworfen«, die Besteckschublade ausgeräumt und die Tupperwareschublade ausgekippt. Das Chaos war perfekt, und ich konnte am nächsten Morgen gar nicht anders, als mich erst mal um die Küche zu kümmern. Und so doof ist keiner, dass er all die Dinge wieder einräumt, ohne vorher die Schränke und Schubladen geputzt zu haben.

Dieser Mechanismus funktioniert übrigens auch bei der Steuererklärung. Alle Unterlagen, alle Belege, alle Ordner auf den Tisch – und bevor du etwas anderes tun kannst, wirst du wohl oder übel deinen Steuerkram erledigen. Denn noch einmal alles wegräumen, nur um es ein paar Tage später doch wieder hervorzuholen, hat wenig Sinn.

So zwingst du dich dazu, deine Aufgaben auch wirklich anzugehen und zu tun, was zu tun ist.

Die Führung für dein Leben übernehmen, Durchhaltewillen, fokussieren, mit allen Tricks arbeiten – das klingt, als ginge es nur noch um die eigenen Ziele, als wäre nichts anderes wichtig auf dieser Welt. Das wirkt fast ein bisschen egoistisch. Als müsste man über Leichen gehen.

Um dich davor zu bewahren, gibt es den fünften Erfolgsfaktor.

Fünftens: Niemals auf Kosten anderer handeln

»Guck mal, Mami, ein Portemonnaie! Hab ich draußen gefunden. Und es sind über 50 Franken drin!«

Der zwölfjährige Sebastian zeigt mir aufgeregt seinen Fund. Rasch habe ich darin auch den Ausweis mit der Adresse des Besitzers entdeckt. Ein bisschen enttäuscht ist Sebastian schon, als ich darauf bestehe, dass er den Geldbeutel mit allem Inhalt zur Post trägt und an den Besitzer zurückschickt. »Ich hätte die 50 Franken auch brauchen können«, meint er etwas frustriert.

»Würdest du etwas verlieren, wärst du nicht auch dankbar, wenn der Finder es dir wieder zukommen lässt? Du kannst nicht von anderen etwas erwarten, dass du selber nicht bereit bist zu geben«, rede ich ihm zu.

10 Jahre später verliert Sebastian sein Variometer, das Steigmessgerät fürs Gleitschirmfliegen, das immerhin 500 Franken gekostet hat. Prompt ist die Geldbörse von damals wieder ein Thema. Und ja, jemand findet das Gerät. Und ja, der Finder ist fair und ehrlich und sorgt dafür, dass Sebastian sein Vario zurückbekommt.

Lebensgesetze sind die Spielregeln im Leben, die eingehalten werden sollten. Grundsätzlich basieren alle Lebensgesetze auf Fairness, Achtung und Respekt. Wer die Schöpfung achtet, wird all das, was Gott geschaffen hat, niemals bewusst verletzen.

Viele Sprichwörter basieren auf den sogenannten Lebensgesetzen:

- *Wer andern eine Grube gräbt …*
- *Wie man in den Wald hineinruft …*
- *Säge nicht an dem Ast …*

Schon an der Form dieser Sprichwörter kannst du erkennen: Lebensgesetze funktionieren nach dem Resonanz-Prinzip: Was du aussendest, kommt zurück. In irgendeiner Form findet immer ein Ausgleich statt. Nicht immer dann, wenn du es erwartest, aber trotzdem, irgendwann wirst du ernten, was du säst. Der Nachbar hat in den Ferien deine Katze betreut, dafür hilfst du ihm bei einem Problem am PC. Eine Hand wäscht die andere. Findet der Ausgleich innerhalb einer Beziehung – egal ob in einer Ehe, geschäftlich oder freundschaftlich – nicht statt, darf man sich nicht wundern, wenn diese Beziehung plötzlich zu Ende ist. Beziehungen leben vom Geben und Nehmen.

Klar gibt es Menschen, denen der Rest der Welt so ziemlich egal ist, Hauptsache, sie bekommen, was sie wollen. Es gibt Menschen, denen es beispielsweise gleichgültig ist, andere warten zu lassen. Sie denken nicht einmal daran, dass die Zeit ihrer Mitmenschen genauso wertvoll sein könnte wie die eigene. Ich kannte einmal jemanden, der kam immer mindestens 15 Minuten zu spät. Das Problem war aber nicht seine Unpünktlichkeit, sondern seine Arroganz. »Meine Zeit ist mir zu schade, da lasse ich lieber die anderen auf mich warten …« Wer zu spät kommt, geht mit der Zeit seiner Mitmenschen so um, als wäre es seine eigene. Das ist Diebstahl.

»Ich kenne da einen, der ist wirklich ein asoziales Riesen-A… und trotzdem scheint das Glück immer auf seiner Seite zu stehen. Ist das vielleicht fair? Wo bleibt da die ausgleichende Gerechtigkeit?« Dazu kann ich nur sagen: »Es ist noch lange nicht aller Tage Abend!«

Wer fair spielt, mit dem spielt das Leben fair.
Das Einhalten von Lebensgesetzen ist daher ein wichtiger Erfolgsfaktor.

Doch Lebensgesetze haben noch einen weiteren Nutzen: Sie setzen Grenzen, wo Grenzen notwendig sind. Das wiederum gibt dir Sicherheit, und Sicherheit hilft dir, Durststrecken besser zu überstehen.

Das Wichtigste an den Lebensgesetzen ist aber nicht der Nutzen, den du davon hast, wenn du sie einhältst. Es geht um mehr. Erst bestimmte ethische Grundregeln ermöglichen ein friedvolles Zusammenleben. Ist doch selbstverständlich … könnte man meinen. Ist es aber offensichtlich nicht. Ich wundere mich immer wieder, wie oft der Pfad der Fairness auch von Menschen, die sich als fair bezeichnen, verlassen wird. »Stell dir vor, gestern Abend waren wir beim Italiener. War super – und das Beste kam zum Schluss: Das Essen kostete 84 Franken, ich bezahlte mit einer Hunderternote und bekam 116 Franken zurück – der Kellner glaubte doch tatsächlich, ich hätte ihm einen Zweihundertfrankenschein gegeben. Da gehst du fein essen und kommst mit mehr Geld in der Tasche nach Hause, als du gegangen bist. Das nenne ich Kunst!« Ich nenne es geschmacklos, menschlich daneben.

Über das, was ethisch korrektes Handeln bedeutet, ließe sich ein endlos langes Kapitel schreiben – ich beschränke mich auf eine einzige Frage: **»Stimmt das, was du tust und wie du es tust, mit deinem Gewissen überein?«**

Wenn du gut im Leben unterwegs sein willst, dann sorgst du selbst immer wieder für Ausgleich zwischen dir und deiner Umwelt. Es ist dir ein Bedürfnis, dem Leben in irgendeiner Form etwas zurückzugeben.

Manchmal gibt es auch Dinge, die lassen sich nur schwer ausgleichen. Wie sollte ich je ausgleichen, was damals die Ärzte und Krankenschwestern alles für unseren kleinen Sohn getan haben? Und doch wollte ich mich erkenntlich zeigen. Simeons ersten Geburtstag feierten wir dann auch nicht wie üblich mit einer Torte, sondern mit dreien. Ich fuhr mit den Torten und meinem kleinen Sohn zuerst nach St. Gallen ins Kinderspital, dann nach Zürich. Die Schwestern und Ärzte auf den Intensivstationen und der Neonatologie freuten sich an jenem 10. Juli 1995 über den Besuch von einem kleinen Jungen, dessen Leben ein Jahr zuvor am seidenen Faden hing und der jetzt vergnügt herumkrabbelte. Das Mindeste, was ich tun konnte, war, auf diese Art meine Dankbarkeit zum Ausdruck zu bringen. **Auch echte, tief empfundene Dankbarkeit ist eine Form des Ausgleichs.**

Indem man für Ausgleich sorgt, sei das in Form von Dankbarkeit oder dadurch, dass man mehr auf das Geben als auf das Nehmen fokussiert ist, sorgt man dafür, dass man sich nicht zum

Egoisten entwickelt. Auch dann nicht, wenn man seinen eigenen Weg geht. Denn ein Grundgedanke steht auf diesem Weg über allem: »Niemals auf Kosten anderer!«

Eigentlich klingt alles ganz logisch, leicht und einfach. Die Erfolgsfaktoren scheinen kein Ding der Unmöglichkeit zu sein. Du weißt ziemlich genau, was es bedeutet, zu tun, was zu tun ist, dranzubleiben bis zum Ziel und darauf zu achten, dass du nicht vom Weg abkommst. Und natürlich gehörst du nicht zu der Sorte Mensch, die über Leichen geht, um ein Ziel zu erreichen, denn du hältst dich an die Lebensgesetze.

So gesehen würde einem erfolgreichen Weg in die Zukunft nichts im Wege stehen, wäre nicht noch mit Rückschlägen zu rechnen, würden dir nicht deine Schattenseiten das Leben schwer machen, hättest du nicht auch mit Niederlagen zu kämpfen.

8 | Schattenfrei
Was mich bremst
und was mich voranbringt

Auf deiner Reise zu dir selbst wirst du auch immer wieder über Hindernisse stolpern. Du wirst Rückschläge erleben, Fehler machen und mit Schicksalsschlägen zu kämpfen haben. Das ist unvermeidlich. Das gehört zum Leben mit dazu. Die Frage ist, wie du damit umgehst. Lässt du dich von den Schattenseiten deines Lebens kleinkriegen, oder schaffst du es, daran zu wachsen? Ein schattenfreies Leben ist nicht ein Leben ohne dunkle Seiten, sondern eines, bei dem du dich mit den Schattenseiten versöhnt hast. Wie das gelingen kann – davon handelt dieses Kapitel.

Komm mit, ich lade dich ein zu einer Traumreise auf den Markt für Persönlichkeitsentwicklung. Hörst du die Marktschreier, die ihre Patentlösungen für Lebenskrisen anpreisen? Siehst du dort drüben den Schnellzeichner, der von den Vorbeigehenden auf Wunsch in Windeseile ein Idealbild skizziert? Riechst du den fruchtig-scharfen Duft aus dem Zelt, wo der Barkeeper für jeden Kunden den passenden Cocktail aus Arbeit, Familie, Freizeit und so weiter individuell zusammenstellt?

Lass uns zwischen den Verkaufsständen hindurchbummeln. Was es hier alles zu kaufen gibt! Wunderkerzen für ausgebliebene Wunder, Bausatzkästen zum Thema: »*Ich baue mir mein eigenes Leben*«*, Schicksalsbastelbogen, Tropfen gegen Konsumsucht, Missgeschick-Verarbeitungsprogramme und vieles mehr.*

Vor jedem Verkaufsstand stehen ganze Trauben von Menschen. Nur vor einem einzigen Tisch herrscht gähnende Leere. Lass uns mal schauen, was da los ist.

Im Sonderangebot beim cleveren Jakob, so steht's auf der Tafel geschrieben, gibt es heute »*Niederlagen 3 für 2*« *sowie* »*Rückschläge zum halben Preis*«*. Trotzdem bleibt niemand stehen.*

»*Nicht viel los bei dir, Jakob …*«*, spreche ich ihn an.*

»*Ja*«*, erwidert Jakob,* »*ich kann mir nicht erklären, woran das liegt. Ich dachte, Pleiten, Pech und Pannen zu verkaufen wäre ein Hit. Bevor ich mich darauf spezialisiert habe, hatte ich nämlich eine seriöse Marktforschung durchgeführt. Ich wollte herausfinden, was der Mensch braucht, um im Leben vorwärtszukommen. Das Ergebnis hat mich zwar verblüfft, aber es war eindeutig: Es sind Hindernisse, Niederlagen, Rückschläge und Fehler. Wenn die für die Persönlichkeitsentwicklung so wertvoll sind – warum will sie bloß niemand haben?*«

Pleiten, Pech und Pannen

Fast jeder kennt die Situation: Da läuft etwas ganz und gar nicht nach Plan, schlimmer noch, die Welt scheint aus den Fugen zu geraten oder gar unterzugehen. **Und dann, ein paar Wochen oder Monate später, ist genau dieser scheinbare Weltuntergang plötzlich das Beste, was einem passieren konnte.**

Wie oft habe ich mich schon sagen hören, dass die Scheidung von meinem ersten Ehemann und Vater meiner Kinder einer der traurigsten und schwierigsten Momente in meinem Leben war! Und wie oft habe ich genau diese Aussage mit dem

Satz ergänzt, dass sie gleichzeitig auch genau richtig und wichtig war! Manchmal braucht man genau das, was man um jeden Preis zu verhindern versucht, um im Leben weiterzukommen. Ein Schicksalsschlag zerstört alte Lebenssicherheiten – und eröffnet damit den Weg, um etwas Neues anzufangen. Ein großer Fehler löst den Entschluss aus, es in Zukunft besser zu machen. Schmerz und Verzweiflung liefern die nötige Energie, um eine große Veränderung anzupacken.

Als Katharina im 3. Semester durch die Prüfungen fiel, brach für sie eine Welt zusammen. Sie nahm sich eine Auszeit vom Studium, arbeitete als Praktikantin in einem Jugendheim und fand dort ihre Berufung. Anstatt wie ursprünglich geplant Jura zu studieren, absolvierte sie anschließend ein Studium zur Sozialpädagogin. Sie weiß heute: Diesen Absturz hat sie gebraucht, um auf den richtigen Weg zu kommen.

Fabio bezeichnet sich selbst als »Ex-Taugenichts«. Immer wieder hatte er mit Drogen zu tun, immer wieder mit der Polizei. Irgendwann kam er vor Gericht und wurde gezwungen, 67 000 Franken Schulden abzubezahlen. »Das war das Beste, was mir passieren konnte«, erzählt er noch heute. Fabio suchte sich eine seriöse Anstellung, bezahlte seine Schulden ab und fing ein neues Leben an. »Klar wäre ohne Schulden das Leben leichter gewesen, aber ich weiß nicht, ob ich es dann so ernst genommen hätte – ich glaube eher, ich wäre auf der schiefen Bahn geblieben.«

Warum bloß sind im Leben manchmal Enttäuschungen, Niederlagen und Misserfolge nötig, um weiterzukommen? Es könnte doch auch alles einfach nur rundlaufen. Auch so kommt man doch vorwärts. Stimmt, aber nicht immer. Es gibt so manches im Leben, das lernt man erst durch negative Erfahrungen.

Natürlich hat mir meine Mutter gesagt, dass ich einen elektrischen Schlag bekomme, wenn ich den Weidezaun anfasse, aber erst die eigene Erfahrung hat mich gelehrt, dies tunlichst zu vermeiden. Feuer meidest du erst, wenn du mal hineingefasst hast, und auch die Erfahrung, dass meist ein Teil der Milch verschüttet wird, wenn man sie direkt aus der Tüte trinkt, muss man selbst machen.

Was für diese kleinen Dinge gilt, gilt erst recht für das Entscheidende im Leben: Der Mensch lernt dann, wenn ihm Dinge nicht leichtfallen. Unangenehme Konsequenzen und negative Erfahrungen schmerzen, darin liegt ihr Nutzen. Schmerz bewirkt vieles. Er rüttelt wach, fordert zum Umdenken, setzt Grenzen, schreit nach Veränderung, verändert das Bewusstsein. Insofern bringen Schattenseiten auch Licht ins Leben.

Lieben wirst du deine Schattenseiten und den Schmerz trotzdem nicht. Du wirst immer versuchen, ihm auszuweichen – selbst dann, wenn dir längst bewusst geworden ist, dass du dadurch auch die eine oder andere Lernchance verpasst. Schade zwar, aber durchaus verständlich. Schmerz ist nichts, was man gerne auf sich nimmt. Verzweiflung, Trauer, Scham, Demütigung, Selbstzweifel, Wut und all die anderen Emotionen, die in dir auftauchen, wenn du gerade gescheitert bist oder einen Fehler gemacht hast, ebenso wenig. Da gibt es nichts schönzureden. Keiner sehnt sich nach negativen Erfahrungen, logisch.

Deswegen ist es manchmal so schwierig, ein hochgestecktes Ziel in Angriff zu nehmen. Dich bremst die Angst vor dem Schmerz, der durch ein Scheitern ausgelöst werden könnte. »Will ich wirklich riskieren, dass es danebengeht?« »Ja, wenn ich sicher wäre, dass ich Erfolg hätte …« Nur, das wirst du nie sein. Erfolg und Misserfolg gehören nun mal zusammen wie Schatten und Licht. Erfolg anzustreben bedeutet, Scheitern zu riskieren. Denn alles, was du anpackst, kann immer auch anders kommen, als du es dir vorgestellt hast.

Den Weg aus der Schmerzvermeidungsfalle findest du, indem du dir jedes Mal, wenn du ein Ziel vor Augen hast, sagst:

»Entweder ich habe Erfolg – oder ich bekomme eine tolle Lern-chance!« So schaffst du es, die Sache trotz aller Zweifel anzuge-hen. Und für den Fall, dass du mal wieder eine Lernchance in Form einer negativen Erfahrung zugespielt bekommst, ist es wichtig, positiv damit umzugehen. **Erst wenn du gelernt hast, zu verlieren, bist du ein erträglicher Gewinner.** Damit meine ich kein oberflächliches »Sieh's doch mal positiv!«. Das funktio-niert nicht. Nie. Nein, positiver Umgang mit negativen Erfah-rungen ist komplexer und anspruchsvoller. Aber er ist möglich.

Wenn's wehtut, tut's weh!

Andi kämpft mit den Tränen. Wieder hat er verloren. Wieder ist er beim 300-Meter-Schwimmen Letzter geworden.

»Komm schon, Andi, dafür bist du in Mathe immer Klassen-bester«, versucht ihn Rico zu beruhigen.

»Mathe interessiert mich aber nicht! Ich will in Sport gut sein, nicht in Mathe!«

»Ja, aber im Skifahren gehörst du auch zu den Besten«, meldet sich nun Lukas zu Wort. »Ich wäre froh, ich wäre darin so gut.«

Jetzt wird Andi allmählich wütend: »Im Moment interessiert mich weder Skifahren noch Mathe, jetzt geht es ums Schwimmen und um gar nichts anderes, und ich will gut schwimmen können, ob ihr das nun versteht oder nicht!«

Wenn du gerade eine Niederlage zu verarbeiten hast, dann tröstet es dich wenig, zu wissen, dass du in anderen Bereichen Stärken hast. Im Moment geht es nur um diese Niederlage und um nichts anderes. Dort, wo's wehtut, tut's weh. Alles andere wird unwichtig, solange der Schmerz anhält.

Hattest du schon einmal so richtig Zahnschmerzen? Eine Nagelbettentzündung am Finger oder eine Blase am Fuß, dort, wo der Schuh ständig reibt? Weniger als ein Tausendstel deines Körpers ist betroffen, aber dieses eine Tausendstel macht dir das

Leben zur Hölle. Auf jeden Fall in jenem Moment. Soll ich da vielleicht sagen: »Ist alles halb so schlimm, denk doch an die neunhundertneunundneunzig Tausendstel, die dir nicht wehtun«? Ich könnte zwar, aber es wird nicht funktionieren. Und warum nicht? Weil wir den Schmerz brauchen.

Alles, was schmerzt, also auch negative Gefühle, hat primär die Absicht, dich aufzurütteln. Schmerz will, dass du hinschaust, etwas veränderst, handelst; er will dafür sorgen, dass es dir besser geht. Daher wird deine ganze Energie, wie von einem Magneten, dorthin gezogen, wo's wehtut. **Schmerz ist einzig und allein ein Alarmsignal.** Er ist weder rachsüchtig noch grausam, aber er kann uns manchmal auf grausame Art bewusst machen, wie falsch wir gerade unterwegs sind.

Sich bei Schmerz, egal ob körperlicher oder emotionaler Art, auf das Positive zu konzentrieren, macht den Schmerz zwar mit Sicherheit erträglicher, aber es löst das Problem nicht. Wenn du ein Meister im positiven Denken bist, schaffst du es vielleicht sogar, den Schmerz ganz auszublenden. Eine tolle Sache? Nein, im Gegenteil. Das ist hochgefährlich. Ich habe mal einen Holzsplitter so lange erfolgreich ignoriert, bis ich eine Blutvergiftung bekommen habe.

Für negative Gefühle gilt das Gleiche wie für körperliche Schmerzen: sie zu ignorieren oder zu unterdrücken, ist gefährlich. Es wäre so einfach, zu sagen: Die unerträglichen negativen Gefühle, die uns im Zusammenhang mit Rückschlägen, Fehlern, Niederlagen, Schicksalsschlägen oder Schwächen plagen, sind das Hauptproblem, nicht die negativen Erfahrungen als solche. Ohne dieses quälende Gefühl, versagt zu haben, ohne diesen Schmerz, wäre alles nur halb so schlimm. Jetzt geht es nur noch um die Frage: »Wie werde ich diese Gefühle wieder los?« Doch ist das wirklich das Ziel? Sie einfach auf die Schnelle wieder loszuwerden, ohne dass man verstanden hat, worum es geht?

Das wäre nichts anderes, als Schmerztabletten zu schlucken, um Zahnschmerzen loszuwerden. Betäubung, keine Abhilfe.
Deine negativen Gefühle sind eine Art Alarm, der ausgelöst wird, wenn's irgendwo in deinem Leben brennt oder wenn etwas gerade nicht so läuft, wie es laufen sollte. Deswegen geht es nicht primär um die Frage: »Wie werde ich meine negativen Gefühle los?«, sondern um Fragen wie: »Wo brennt's? Weshalb? Und was kann ich dagegen tun?« Den Schmerz betäuben, ignorieren, wegdrücken solltest du erst, wenn du alles in deiner Macht Stehende getan hast, um seine Ursache loszuwerden. Wenn die Lösung schon absehbar ist und du nur die Zeit überbrücken musst, bis sie da ist – oder wenn klar ist, dass keine Lösung möglich ist. Dann kannst du lernen, mit dem Schmerz zu leben. Vorher nicht.

Um adäquat auf negative Erfahrungen reagieren zu können, ist es zunächst wichtig, zu verstehen, worum es in dieser Situation überhaupt geht. Das Leben hält verschiedene Kategorien von Herausforderungen für uns bereit. Erst wenn du weißt, welche davon dich gerade getroffen hat, kannst du angemessen reagieren. Fehler verlangen eine andere Reaktion als Schicksalsschläge, Niederlagen eine andere als Schwächen.

Wie aber unterscheiden sich die verschiedenen Herausforderungen, die uns das Leben so schwer machen können, voneinander? Hier vorerst ein kurzer Überblick:

- *Schicksal* = Es gibt Ereignisse im Leben, auch negative, die passieren, ohne dass du selbst etwas aktiv dazu beigetragen hast.
- *Misserfolg, persönliche Niederlagen, Scheitern* = Du hast dir ein Ziel gesetzt und dieses Ziel nicht erreicht.
- *Fehler* = Durch einen von dir verursachten Fehler bist du jetzt in einer unangenehmen Situation; dieser Fehler verhindert gegebenenfalls auch deinen Erfolg.

- *Schwäche* = Eine persönliche Schwäche oder ein Handicap ist dafür verantwortlich, dass du bestimmte Ziele nicht erreichen kannst.

Wenn du die vier oben beschriebenen Hauptkategorien etwas genauer unter die Lupe nimmst, wird dir sofort klar: Eine Pauschallösung für alles kann nicht funktionieren – für jede Kategorie muss es eine eigene Herangehensweise geben.

Schicksal: In Trauer gefangen

Ich sitze in einem Saal mit ca. 60 weiteren Therapeuten. Wochenthema ist unter anderem die Traumaverarbeitung. Simeon schläft bei mir im Tragetuch. Er ist mit seinen fünf Wochen immer noch ein Winzling, kaum einer bemerkt das Baby.

Neben mir sitzt eine Frau, die ich nicht kenne. Laut ihrem Namensschild heißt sie Lea. Immer wieder blickt Lea zu uns herüber. Auf einmal sehe ich, wie ihr Tränen über die Wangen kullern.

»Was ist denn los?«, frage ich sie.

»Ich kann keine Babys ansehen, berühren schon gar nicht«, erzählt sie mir mit belegter Stimme. »Mein Kind ist kurz nach der Geburt gestorben. Timos Lungen haben nicht richtig gearbeitet, dann hatte er auch noch eine Hirnblutung. 10 Tage hat er im Koma gelegen, und dann …« Lea bricht ab. Weint.

»15 Jahre haben wir auf dieses Kind gewartet. Dann das Wunder. Dann der Tod. Das ist jetzt zwei Jahre her. Jetzt bin ich 41, zu alt für ein Kind. Mein Mann will noch mal einen Versuch machen. Aber ich hab solche Angst davor, noch mal so einen Schmerz zu erleben. Sex kommt für mich gar nicht mehr infrage. Mit dem Tod meines Kindes ist auch mein Kinderwunsch gestorben …«

Ich weine mit Lea. Ich kann sie so gut verstehen, weiß, wie es sich anfühlt, stundenlang am Inkubator zu sitzen und auf ein Lebenszeichen zu warten, weiß, was es bedeutet, sich so hilflos und ausgeliefert zu fühlen, auch wenn mein Kind überlebt hat.

*»Du bist der erste Mensch, der mich in meiner Trauer versteht«,
erklärt mir Lea nach zwei Tagen Sitznachbarschaft. »Als du dich
neben mich gesetzt hast, hat mich fast der Schlag getroffen. Ich
habe dich dafür gehasst, dass du mich an meine Trauer erinnerst.
Ich konnte dein Baby nicht ertragen, ja nicht einmal ansehen
konnte ich es, aber jetzt hat sich das geändert.«*

*Ich nehme Simeon aus dem Tragetuch, lege ihn ihr in den Arm
und verschwinde: »Da, halt mal, ich muss dringend zur Toilette!«
Und weg bin ich, bevor Lea reagieren kann.*

*Als ich zurückkomme, wirkt Lea ganz verändert. Viel entspann-
ter. Sie wiegt Simeon in ihren Armen, weint, drückt ihn an sich,
küsst ihn auf die Stirn und ist so vertieft, dass sie gar nicht merkt,
dass ich wieder da bin.*

Drei Monate nach unserer Begegnung kommt ein Brief von Lea:
*»Ich bin schwanger! Es ist ein Wunder, aber dieses Wunder war
nur möglich dank Simeon …«*

*Dann die Geburtsanzeige: Ein gesunder Junge hat das Licht
der Welt erblickt … bei der Anzeige liegt eine Dankeskarte. An
Simeon.*

Damals erkannte ich wenigstens im Ansatz einen Sinn in Simeons Schicksal und seinem schweren Start ins Leben. Auch er
hatte zwei Hirnblutungen, auch er lag im Koma, auch sein Leben
hing an einem seidenen Faden. Ich konnte wenigstens ansatzweise mit Lea mitfühlen und das hat ihr geholfen. Simeon hat
überlebt und dadurch Leas Herz berührt. Mir war, als hätte alles
genau so sein müssen.

Wer sich mit dem Schicksal versöhnt, dem kann es Kraft geben.
Gottvertrauen und Zuversicht werden zurückkehren. Vorbei ist
die Zeit der Gefangenschaft in der Verzweiflung.

Mit »versöhnen« meine ich nicht unbedingt gut finden, was

passiert ist, oder annehmen, dass es bestimmt irgendwas Gutes hatte. **Nicht hinter jedem Schicksal lässt sich ein Sinn erkennen, und verzweifelte Fragen nach dem Warum bleiben oft unbeantwortet.** In Augenblicken der Hoffnungslosigkeit und der Trauer, wenn du dein Schicksal einfach nur als grausam empfindest, kannst du es bestimmt nicht brauchen, wenn jemand dich mit Worten zu trösten versucht wie:

»Gott wird wissen, warum …«

»Wer weiß, wofür es gut ist.«

»Vielleicht war es so das Beste.«

Im Gegenteil: Solche Sätze, so gut gemeint sie auch sind, erscheinen wie Hohn. Sie verschärfen den Schmerz, statt ihn zu lindern. Das Einzige, was da ist, wenn das Schicksal erbarmungslos zugeschlagen hat, sind Verzweiflung, Trauer, Wut. Dann brauchst du wirklich nicht krampfhaft positiv zu denken – das wäre nur ein müder Versuch, Gefühle und das innere Erleben aus dem Leben zu katapultieren. Es kommt darauf an, diese Gefühle zu akzeptieren. Und zu akzeptieren, was passiert ist. Damit dich Verzweiflung, Trauer und Wut nicht erdrücken. Damit du weiterleben kannst. Wie aber schaffst du das? Wie kannst du dich mit dem Schicksal versöhnen?

Dafür gibt es nicht die eine richtige Lösung. Aber eine Methode, die sich bewährt hat, möchte ich dir an dieser Stelle näherbringen.

Versöhnung mit dem Schicksal: die Trauerinsel

Wenn Verzweiflung, Trauer, Wut und Hoffnungslosigkeit dein Leben bestimmen und kein normaler Gedanke mehr möglich ist, ist es wichtig, diesen erdrückenden Gefühlen ihren Raum, ihre Zeit und ihre Berechtigung zu geben. Sonst fangen sie an, dich und dein Leben zu beherrschen. Die Trauerinsel hilft dir dabei, trotz dieser belastenden Gefühle dein Leben zu meistern.

Die Trauerinsel ist mehr als nur ein Ort. Die Trauerinsel steht für den Gedanken: **Es gibt eine Zeit der Trauer und eine Zeit des Tuns und klaren Denkens.** Am besten ist es, du suchst dir auch einen besonderen Ort für die Trauer, einen Ort, an dem du Ruhe hast und für dich alleine bist. Die Trauerinsel kann überall sein. Zu Hause, im Garten, im Wald, dort, wo du sie gerade brauchst.

Bevor Trauer und Verzweiflung dich zu verschlingen drohen, zieh dich auf deine Trauerinsel zurück und gib dich deinem Schmerz, deiner Trauer und deiner Verzweiflung für eine Weile ganz bewusst hin. Versuch nicht, dich abzulenken, etwa mit fröhlicher Musik oder zwanghafter Tätigkeit. Bleib einfach ruhig sitzen oder geh spazieren, mit all deinen Gefühlen. Lass den Schmerz zu, lass die Wut zu und lass die Tränen zu, denn sie haben eine heilende Wirkung. Wichtig ist dabei allerdings, nicht in der Trauer zu versinken. Beschränke dich zeitlich, beispielsweise auf eine halbe Stunde. Dann kommst du zurück von der Trauerinsel in den Alltag. So verlieren deine Gefühle die Macht über dich. Vielleicht hilft dir ein Gebet zurückzukommen oder auch nur ein paar Worte an Gott: »Gott, gib mir die Kraft, in den nächsten drei Stunden ganz für meine Kinder da zu sein, mich dem Alltag zu stellen, meine Pflichten zu erfüllen.« Nur für drei Stunden, nicht für den Rest des Lebens …

Darum geht es jetzt, ein paar Stunden wieder zur Normalität zurückzukehren, da zu sein, dich wieder zu spüren und auch zu spüren, dass du noch fähig bist, etwas zu tun. So kannst du die eigene Stärke, die sich durch dieses schwere Schicksal in Luft aufgelöst zu haben scheint, wenigstens ansatzweise wieder spüren.

Dann, nach ein paar Stunden, wenn du das Funktionieren nicht mehr aushältst, gehst du wieder für eine Weile auf deine Trauerinsel. Mit der Zeit werden deine Besuche auf der

Trauerinsel immer seltener und immer kürzer. Irgendwann brauchst du sie vielleicht gar nicht mehr.

Wichtig ist, bewusst auf die Insel zu gehen und sie auch bewusst wieder zu verlassen, damit du nicht in der Trauer hängen bleibst.

Eine Freundin von mir hat sich einmal, nachdem sie lange geweint hatte, aufgerichtet und gesagt: »So, und jetzt gehen wir zusammen Schwarzwälder Kirschtorte essen!« Sie war gerade von ihrer Trauerinsel zurückgekommen. Zurück ins Leben.

Niederlagen: Ich hätte dazu fähig sein sollen ...

»Klar, es ist nicht das erste Mal, dass ich einen Wettkampf nicht gewonnen habe, darum geht's mir auch gar nicht. Es geht darum, wie ich mich nach dem Wettkampf gefühlt habe: am Boden zerstört. Mir war, als hätte ich mein Gesicht verloren.« Severin erzählt völlig aufgebracht. *»Ich kann mir einfach nicht erklären, was falsch gelaufen ist. Ich hatte das Gefühl, echt gut drauf zu sein. Ich fühlte mich wirklich in Hochform, und ich war überzeugt, dass ich als Sieger auf dem Podest stehen würde. Und nun bin ich geschlagen worden, und das von Gegnern, die noch nie eine Chance gegen mich hatten. Das Schlimmste ist, ich kann mich und meine Fähigkeiten offensichtlich gar nicht mehr richtig einschätzen ...«*

Den Superstar nicht zu besiegen, damit lässt sich's leben, aber von einem klar schwächeren Gegner besiegt zu werden, das tut weh. Denn das bedeutet: Man ist unterlegen, hat aber nicht damit gerechnet. Enttäuschung macht sich breit.

So betrachtet ist eine persönliche Niederlage auch das Ende einer Täuschung über die eigenen Fähigkeiten. Egal, ob man im Wettkampf einen Gegner nicht besiegt hat, obwohl man das Gefühl hatte, dass man es hätte schaffen müssen, oder ob man ein persönliches Ziel nicht erreicht hat: Es ist anders gekommen als erwartet. Schlechter. Die Erwartung wurde nicht erfüllt. Erfüllt man eine Erwartung an sich selbst nicht, empfindet man das als persönliche Niederlage. »Ich hätte doch dazu fähig sein sollen …! – Wie konnte das passieren?«

Die Erkenntnis, sich nicht richtig einschätzen zu können, verunsichert.

Grundsätzlich kannst du Niederlagen leicht vermeiden. Stecke einfach deine Ziele immer niedrig genug, so niedrig, dass es gar nicht möglich ist, sie nicht zu erreichen. So bleiben dir die Niederlage und die damit verbundene Enttäuschung erspart.

Natürlich meine ich das nicht ganz ernst. Diese Strategie schützt dich zwar tatsächlich vor Enttäuschung, verhindert aber gleichzeitig das Vorwärtskommen. Auf der anderen Seite: Je höher du ein Ziel setzt – solange es für dich machbar ist –, desto schneller wirst du vorankommen. Aber die Wahrscheinlichkeit zu scheitern wächst natürlich mit.

Den Schmerz einer Niederlage vermeidest du nicht, indem du jede Möglichkeit einer Niederlage ausschließt. Sondern indem du dich darauf vorbereitest. Was an der Niederlage so wehtut, ist ja, dass sie unerwartet kommt. Dass man sich in sich selbst so getäuscht hat. Also lautet die Lösung: nicht ausschließen, dass ein Scheitern möglich ist, und zugleich die Chancen von Erfolg und Niederlage realistisch einschätzen – und dann hohe Ziele in Angriff nehmen. Du weißt längst, es gibt keine 100-prozentige Sicherheit. Selbst wenn du nur 0,01 Prozent Wahrscheinlichkeit für ein Scheitern oder eine Niederlage zulässt, akzeptierst du, dass du kein Übermensch bist. Und treffen irgendwann mal ausgerechnet diese 0,01 Prozent ein, kannst du immerhin sagen: Ich habe es versucht. Und du kannst Wege finden, den Schmerz klein zu halten.

Zwei Schritte helfen dir dabei.

1. Schritt: Worst-Case-Szenario

Setze dich immer, wenn du ein Ziel in Angriff nimmst, auch mit der Möglichkeit des Scheiterns auseinander. Damit meine ich nicht, stundenlang darüber nachzudenken oder sich gar darauf zu fokussieren. Es ist vielmehr ein kurzer Blick auf eine Möglichkeit. Drei Fragen helfen dir dabei:

- *Ab wann empfinde ich etwas, das nicht nach meinen Plänen läuft, oder ein Ziel, das ich nicht erreiche, als Niederlage?*
- *Was sind die Konsequenzen, wenn ich mein Ziel nicht erreiche?*
- *Bin ich bereit, diese Konsequenzen im Notfall zu tragen?*

Antworten auf die erste Frage könnten zum Beispiel sein: Wenn ich bei der Semesterprüfung durchfalle. Wenn ich die Renovierungsarbeiten am Haus bis November nicht abgeschlossen habe. Wenn ich den Marathon nicht unter dreieinhalb Stunden schaffe. Wenn ich bei dieser Bewerbung eine Absage bekomme.

Antworten auf die zweite Frage wären dann: Ich muss die Prüfung in einem Jahr noch einmal wiederholen, das bedeutet zusätzlichen Zeit- und Kostenaufwand. Wir werden in einem Provisorium wohnen müssen, wie soll ich das meiner Frau beibringen? Ich bin enttäuscht über meine Leistung und stelle infrage, ob es überhaupt Sinn hat, Marathon zu laufen. Ich muss weitere Bewerbungen schreiben, möglicherweise bekommt mein Selbstbewusstsein einen kleinen Knacks.

Wenn du bei der dritten Frage feststellst: »Die Konsequenzen einer Niederlage wären zwar unangenehm, aber ich kann sie verkraften«, dann brauchst du dich vor einer Niederlage nicht mehr zu fürchten und kannst sofort dein Ziel in Angriff nehmen. Wenn du feststellst: »Ich kann dabei mehr verlieren, als ich riskieren will«, dann ist es nicht das richtige Ziel für dich. Dann lass es einfach bleiben, und suche dir ein anderes Ziel, das sich wirklich lohnt.

2. Schritt: Trostpreis

Von einem ganz besonderen Umgang mit Niederlagen hat mir eine Klientin erzählt. Ich nenne sie hier Anna.

Anna ist seit Längerem auf der Suche nach einem neuen Job. Siebzehn Absagen hatte sie bereits erhalten, und das, obwohl sie eine gute Ausbildung hat und viele wertvolle Qualitäten mitbringt. Bewerbungen waren für Anna nur noch ein sinnloses Unterfangen. Sie erzählte:»Mir war, als würde ich meine Angelrute in einem See auswerfen, in dem es gar keine Fische gibt.« Trotzdem wollte sie nicht aufgeben – es könnte ja sein, dass sich irgendwo unter einem Stein doch noch ein Fisch verbarg, der plötzlich hervorschwimmen würde. Gleichzeitig sagte sich Anna, sie müsste ja auch etwas zu essen bekommen, selbst wenn sie keinen Fisch fing.

Der Vergleich zwischen Angeln und Stellensuche brachte Anna auf eine Idee: Sie beschloss, dass sie künftig für den Fall, dass sie wieder leer ausging, wenigstens in einem feinen Restaurant Fisch essen gehen würde.

Anna erzählte ihren Freunden vom Plan, ab sofort bei jeder Absage in einem guten Restaurant essen zu gehen. Das wäre dann sozusagen ihr Trostpreis. Annas Freunde, die um ihre Not wussten, beschlossen daraufhin sie zu unterstützen. Sie bastelten für sie ein Gutscheinheft. Bei jeder Absage konnte Anna einen Gutschein bei einem ihrer Freunde einlösen. Ein Skitag in den Alpen, ein Theaterbesuch, eine Massage, ein Wellness-Nachmittag, eine Bergwanderung … Darunter gab es Events, die so besonders waren, dass Anna sogar ein bisschen mit einer Absage liebäugelte.

Sich einen Trostpreis in Aussicht zu stellen, hilft die Angst vor Niederlagen zu überwinden. Doch aufgepasst: Man sollte nicht primär den Trostpreis anpeilen, Hauptziel ist immer noch das, was man sich ursprünglich vorgenommen hat. Der Trostpreis ist eben nur der Trostpreis – dritte oder vierte Wahl, aber immer noch eine Wahl und eine kleine Entschädigung dafür, dass du den Mut hattest, Erfolg zu riskieren.

Mit diesen beiden Strategien – den Schaden einer möglichen Niederlage von vornherein zu berücksichtigen und sich einen Trostpreis in Aussicht zu stellen – schaffst du es, den Schmerz nach einer Niederlage klein zu halten. Du kannst damit besser umgehen. Dadurch brauchst du Niederlagen nicht mehr so sehr zu fürchten und kannst deine Ziele beherzt angehen. Auch nach einem Scheitern gibst du nicht einfach auf, sondern versuchst es noch einmal oder peilst neue Ziele an. Nach dem Motto: Fallen ist keine Schande, aber liegen bleiben!

Fehler: Wie konnte mir das passieren?

»Wolkenkratzer ohne Aufzug: Der Treppenwitz von Benidorm«, diese Nachricht war in Spiegel Online zu lesen. Da hatte doch tatsächlich der Architekt bei der Planung eines Wolkenkratzers nicht an den Liftschacht gedacht.

Und wenn wir schon bei den Wolkenkratzern sind: Die scheinen es ja in sich zu haben. Ich habe zum Thema Pannen beim Bau gleich noch zwei weitere Pressemitteilungen gefunden:

»Wolkenkratzer bringt Jaguar zum Schmelzen« und »Pannen-Architekt baute schon einmal ein Grill-Gebäude«. Das bedeutet nichts anderes, als dass derselbe Fehler bereits zweimal passiert ist. Demselben Architekten. In London schmolz ein Jaguar dahin, in Las Vegas waren es Liegestühle am Pool. Besagter Architekt schien noch nie etwas von der Brennglaswirkung gehört zu haben. Auf jeden Fall entwarf er mit Vorliebe Fassaden mit gewölbten Glasverkleidungen, die das Sonnenlicht so bündelten, dass alles dahinschmolz, was im Fokus dieses gebündelten Lichts stand.

Die Brennglasgeschichte löst gleich zweimal den »Das gibt's doch nicht«-Effekt aus: das erste Mal, weil der Architekt den gleichen Fehler, der massiven Schaden anrichtete, kurz darauf wiederholte. Das zweite Mal durch die Art und Weise, wie er sich aus der Verantwortung zog: Er gab kurzerhand dem Klimawandel die Schuld.

Fehler passieren. Jedem. Sie gehören zum Menschsein. Durch Fehler lernen wir, vom ersten Atemzug bis hin zum Tod. Und obwohl es ein ganzes Leben lang darum geht, Fehler nach Möglichkeit zu vermeiden, brauchen wir sie, um uns weiterzuentwickeln. **Nicht die Tatsache, dass Fehler passieren, ist tragisch, sondern wenn wir nichts daraus lernen oder leichtfertig mit ihnen umgehen.**

Ein Dreijähriger lernt schnell. Schon nach dem ersten oder zweiten Fehlversuch weiß er: Wenn er die Holzklötze schräg aufeinanderstapelt, wird der Turm nicht sehr hoch, bevor er fällt. Ein Fünfjähriger kapiert bald: Er kann mit seinem Rad nicht schräg über den Rand auf den Gehsteig fahren, und seinen Drachen lässt er besser nicht zwischen Bäumen steigen. Erwachsene? Die machen nicht nur immer wieder den gleichen Fehler, sondern behaupten auch noch, es sei gar keiner gewesen. Wenn ich Kinder mit Erwachsenen vergleiche, werde ich den Verdacht nicht los, dass die Bereitschaft, aus Fehlern zu lernen, im Laufe des Lebens abnimmt.

Warum macht ein Architekt zweimal den gleichen Fehler, einen so enorm teuren noch dazu? Warum verliere ich immer wieder Dateien auf meinem Laptop, die ich offensichtlich nicht ordentlich abgespeichert hatte, obwohl ich weiß, wie wichtig dieses Abspeichern ist? Einen ganzen Nachmittag habe ich neulich an einem Dokument gearbeitet. Grundsätzlich speichert das Programm alle paar Minuten automatisch ab. Doch dann, als ich die Datei schließen wollte, hat der Mac mich gefragt: »Wollen Sie die Änderungen in ... speichern?« In diesem Moment klingelte mein Telefon, zum x-ten Mal. Ich dachte nur: »Nein, nicht schon wieder!« Und drückte Nein! – nicht am Telefon, sondern am Laptop. Was so viel bedeutet wie: »Nicht speichern«. Und alles war weg. Selbst das, was mein gescheiter Mac den ganzen Nachmittag über abgespeichert hatte. Aber er hat mich ja gefragt – und es ist auch nicht das erste Mal, dass mir das passiert. Nur, warum passiert es immer wieder? Und warum immer mir? Klar, weil ich immer noch lernen muss! Aber warum tut man sich mit einigen Dingen, die es zu lernen gilt, so schwer?

Fehler passieren, manchmal lernen wir daraus und manchmal eben auch nicht. Warum das so ist, darüber könnte man wohl stundenlang philosophieren, ohne auf eine Antwort zu stoßen. Also lassen wir das Philosophieren und konzentrieren wir uns stattdessen auf die Frage: »Wie geht man konstruktiv mit Fehlern um?«

Hinter jedem Fehler verbergen sich Lernchancen. Die kannst du nutzen, indem du dir zwei Fragen stellst:

- *Was genau habe ich falsch gemacht?*
- *Was kann ich in Zukunft anders machen, damit mir dieser Fehler nicht mehr passiert?*

Doch die Lernchancen sind nur die halbe Geschichte. Sie helfen dir, dich in Zukunft sinnvoller zu verhalten. Es gibt aber noch etwas Wichtiges, einen weiteren Aspekt, der bei Fehlern eine bedeutende Rolle spielt und den man nicht einfach ignorieren sollte. Dabei geht es um die Frage deiner inneren Einstellung, darum, wie du mit deinen Fehlern umgehst.

Kurz gesagt: **ob du die Verantwortung dafür übernimmst.** Das ist selbst dann wichtig, wenn du der einzige Geschädigte deiner Fehler bist. Nur wenn du die Verantwortung für deine Fehler übernimmst, übernimmst du auch die Verantwortung für dein Leben. Und nur dann bist du unabhängig.

Noch viel wichtiger ist es, dann Verantwortung zu übernehmen, wenn jemand durch ein Fehlverhalten anderen Menschen

Schaden zugefügt hat. Sei es, dass ihr Eigentum Schaden genommen hat, dass sie Geld oder Zeit verloren oder eine gute Gelegenheit verpasst haben, dass sie ein unangenehmes Erlebnis hatten oder sogar körperlich verletzt wurden. Solche Fehler sind an sich schon schlimm genug – der falsche Umgang damit kann fatale Auswirkungen haben. Nicht immer ist es damit getan zu sagen: »Ups, tut mir leid, hab' ich nicht gewollt!«

Man hört und liest immer wieder davon, dass Opfer von Verbrechen den Tätern nicht vergeben können, weil diese nicht bereit sind, die volle Verantwortung für ihr Fehlverhalten zu übernehmen.

Die Verantwortung für Fehler übernehmen, wie geht das? Indem du dich bewusst für die beiden folgenden Verhaltensweisen entscheidest:

1. Steh zu deinen Fehlern. Das heißt: Gib zu, dass es dein Fehler war, der den Schaden verursacht hat, und nicht irgendein zufälliges Missgeschick oder jemand anderes.

2. Versuche, soweit das möglich ist, den Fehler wiedergutzumachen.

Die Wiedergutmachung eines Fehlers ist ein Grundbedürfnis der meisten Menschen. Kindern ist sie ein besonderes Anliegen. Das finde ich toll, denn es zeigt Verantwortungsbewusstsein. Deswegen ist es wichtig, solche Wiedergutmachungs-Angebote von Kindern anzunehmen, damit sie sich diese Haltung nicht abgewöhnen.

Meine kleine Tochter Sabrina steht oben an der Treppe, als ich aus dem Stall zurückkomme. Sie empfängt mich mit ein paar Blumen, die sie von unserer Terrasse gepflückt hat, und meint mit Tränen in den Augen: »Bitte, Mami, nicht böse sein, ich hab's nicht mit Absicht gemacht!«

Ich frage nach und finde heraus, was sie meint: die Blumenvase, die in die Brüche ging, weil Sabrina den Gummiball im

Wohnzimmer herumspringen ließ. Meine Tochter hat bereits alle Scherben aufgewischt, aber überall liegen noch Blütenblätter herum. Blumenstrauß und Vase sind nicht zu retten. Sabrina wollte ihren Fehler gutmachen, bevor ich ihn überhaupt entdeckt habe. Hätte ich ihr da noch böse sein können?

Die meisten Eltern kennen den Satz ihres Sprösslings: »Jetzt ist es wieder gut, oder?« Sie bekommen ihn zu hören, wenn ihr Kind eine Strafe für ein Fehlverhalten erhielt und abgegolten hat. Das Bedürfnis, mit der Wiedergutmachung auch Schuldgefühle, Zorn und schlechte Laune loswerden und den Konflikt beilegen zu können, teilen wohl Kinder und Eltern.

Schön, wenn das auch im Erwachsenenalter noch problemlos geht. Wenn man etwas, das man ausgeliehen hat, kaputt macht, kommt man selbstverständlich für die Reparatur auf. Trägt man Schuld am Leid oder Schaden eines Mitmenschen, gehört es sich, die Verantwortung für das Fehlverhalten zu übernehmen und alles dafür zu tun, dass es wieder in Ordnung kommt.

Leider gibt es nicht für jeden Fehler eine entsprechende Wiedergutmachung. Wenn Menschen verletzt werden oder sogar ums Leben kommen, kann eine Wiedergutmachung unmöglich sein. Sich für ein tragisches Schicksal eines Mitmenschen verantwortlich zu fühlen oder es zu sein, ist mitunter das Schwerste, das einem widerfahren kann. »Lieber wäre ich selbst gestorben« – solche Sätze sind von Menschen, die an etwas Schlimmem mitschuldig sind oder sich schuldig fühlen, immer wieder zu hören.

Gutes zu tun, um es wiedergutzumachen, reicht nicht immer. Da ist das Einzige, was bleibt, mit tief empfundener Reue diese Bürde der Verantwortung für einen begangenen Fehler zu tragen. Ich weiß von einem Arzt, der sich am Tod eines Kindes schuldig fühlte und daher fortan in Entwicklungsländern die ärmsten aller Armen kostenlos behandelte. Das war seine Art der Sühne. »Nur so war es mir möglich, mein Leben in Würde weiterzuleben«, berichtete er in einem Interview.

Zu seinen Fehlern zu stehen und Wiedergutmachung zu leisten, beides entlastet und bringt mit Sicherheit mehr, als sich von Schuldgefühlen erdrücken zu lassen. Keinem ist gedient, wenn du leidest, weil du dich schuldig fühlst. Diese Energie kannst du sinnvoller einsetzen.

Menschen mit einem starken Glauben an Gott haben es einfacher, sie vertrauen darauf, dass ihnen bei aufrichtiger Reue, vergeben wird. Auch dann, wenn es nach menschlichem Ermessen eigentlich unmöglich ist, von der Schuld frei zu werden.

Es gibt aber noch eine weitere Form von Fehlern. Es sind jene, die nichts mit Schuld zu tun haben – sondern schlicht mit der Unfähigkeit, es besser zu machen. Bekam ich früher in der Schule mein Deutschheft zurück und sah die vielen roten »f«, die für »Fehler« standen, kam mir oft nur ein einziger Gedanke: »Ich mach' das doch nicht extra!« Die viele tiefrote Farbe habe ich als Vorwurf empfunden und mir tausendmal gewünscht, dass mir signalisiert wird: Du kannst nichts dafür, das ist nicht so schlimm! Aber für den Lehrer war ein Fehler eben ein Fehler – und wenn es nur ein Rechtschreibfehler war.

Schwächen können verantwortlich sein für Fehler und einem so das Leben zur Hölle machen. Der richtige Umgang mit ihnen ist das Thema, um das es als Nächstes geht.

Schwächen: Mensch sein

»Pervekt schreibt man mit f«, meldet sich Cindy. Ich bedanke mich. Gedanklich befasse ich mich mit der nächsten Rechtschreibfrage. »Diskusion«. Ich weiß, irgendwo hat es zwei s. Sind die vorne oder hinten? Mit »Kuss« ist dieses Wort nicht verwandt, also

müssten diese beiden s vorne im Wort stehen. Tun sie aber nicht, jetzt fällt's mir wieder ein. Diskussion, dieses Wort hat doch etwas mit »Kuss« zu tun. Jedenfalls ist das meine Eselsbrücke: Nach einer guten Diskussion gibt's einen Kuss! Ich schreib's auf die Tafel, keiner interveniert.

Cindy meldet sich erneut zu Wort. Diesmal geht es um das eigentliche Thema, »Teamwork«. Die Teilnehmer des Workshops sind heute bewundernswert kreativ.

In der Pause kommt Belinda auf mich zu: »Ob du's glaubst oder nicht, Cindy hat noch nie freiwillig bei einem Workshop etwas gesagt. Im Gegenteil. Normalerweise hängt sie total gelangweilt im Stuhl und gibt dem Coach zu verstehen, dass sie all das, was der da vorne labert, eh nicht interessiert. Es ist gerade so, als hättest du sie verhext.«

Natürlich lernte ich im Laufe meines Lebens, dass es weit Schlimmeres gibt, als Legastheniker zu sein. Irgendwann habe ich akzeptiert, dass ich trainieren konnte, solange ich wollte – ich lernte zwar die Wörter, mit denen ich besondere Schwierigkeiten hatte, fehlerfrei zu schreiben, aber den »Buchwechselverstabler« und das Vergessen von Buchstaben habe ich heute noch nicht im Griff. **Schwächen kann man nicht einfach ausradieren. Aber man kann lernen, konstruktiv mit ihnen umzugehen.**

Übrigens, ich hatte Cindy nicht verhext. Aber ich habe sie herausgefordert. Nicht absichtlich, aber trotzdem. Zu Beginn des Workshops habe ich nämlich die Teilnehmer wissen lassen, dass ich Legasthenikerin bin und daher mit Sicherheit mit Rechtschreibfehlern nicht sparsam umgehen würde. Und ich habe sie um ihre Unterstützung beim Schreiben der Texte auf dem Flipchart gebeten.

Dadurch, dass ich vor dem ganzen Team zugab, dass ich mit der Rechtschreibung ein echtes Problem habe, gewann ich

Cindys Akzeptanz. Ich war keine Autoritätsperson mehr, gegen die sie rebellieren musste, sondern ein normaler Mensch. Jetzt konnte sie ihr umfangreiches Wissen, nicht nur was die Rechtschreibung betraf, unter Beweis stellen.

Lange habe ich versucht, bei Vorträgen und Workshops meine Rechtschreibschwäche zu vertuschen. So habe ich immer vorher versucht, mir einzuprägen, wie man knifflige Begriffe, die auftauchen könnten, schreibt. War ich dann doch unsicher, habe ich verzweifelt nach einem Ersatzwort gesucht. Eines kann ich dir sagen, da wird man echt kreativ. Nur hätte ich die Kreativität eigentlich lieber anders eingesetzt.

Und wehe, wenn dann ein Wort aus der Runde kam, mit dem ich nicht gerechnet hatte – war das ein Stress! Und wie sollte ich unter diesem Stress noch frei reden können? Nein, auf die Dauer war mir das einfach zu anstrengend. Flucht nach vorn, lautete meine Devise. Ich fasste folgenden Entschluss: »Von nun an stehe ich zu meiner Schwäche, und sei es nur, um mich von der Angst vor Rechtschreibfehlern zu befreien.« Ich redete mir selbst gut zu: **Nur wer auch seine Schwächen zulassen kann, besitzt wahre Stärke.** Mit diesem Satz habe ich versucht, mir Mut zu machen.

Wer seine Schwäche offen eingesteht, braucht sich nicht mehr für jeden einzelnen Fehler, der daraus entsteht, schämen. Manchmal kann er sogar die eigene Schwäche nutzen, um etwas Positives zu erreichen. Es hängt jeweils von der Situation und natürlich von der Art der Schwäche ab. Bei mir war es die lebhafte und entspannte Beteiligung der Seminarteilnehmer.

An die soziale Komponente, an das, was es für die Mitmenschen bedeutet, wenn man zu einer Schwäche steht, habe ich zunächst überhaupt nicht gedacht. So sozial bin ich nun auch wieder nicht. Das habe ich erst dank Cindys Reaktion erkannt: Ich habe ihr damit Mut gemacht.

Um es auf den Punkt zu bringen: Solange ich versuchte, meine Schwäche zu vertuschen, hatte ich Stress. Als ich dazu stand, lieferte sie mir wertvolle Dienste. Und ich bin mir sicher, bei dir wird das nicht viel anders sein.

Allzu leichtfertig sollte man allerdings mit seinen Schwächen auch wieder nicht umgehen. »Ich bin jetzt halt so, ich kann halt nicht anders …« ist zwar bequem, aber billig.

Willst du dich ernsthaft um deine Schwächen kümmern, dann unterteilst du sie vorerst in zwei Kategorien:

1. Kategorie: »Ich kann nicht anders.«
2. Kategorie: »Ich will nicht anders.«

Zwischen diesen beiden Kategorien liegen Welten.

»Ich kann nicht anders«

Die echte, die »Ich kann nicht anders«-Schwäche lässt sich trotz aller Bemühungen kaum auflösen. Sie ist so etwas wie ein Handicap. Da bleibt dir vielleicht tatsächlich nur die Flucht nach vorn: lernen, mit dieser Schwäche gut umzugehen, sie akzeptieren, zu ihr stehen und sie als Teil deiner Persönlichkeit integrieren.

Du hast immer zwei Möglichkeiten, mit deiner Schwäche umzugehen: dich einschränken, um nicht an deiner Schwäche zu scheitern, oder das Unmögliche wagen. Als Legasthenikerin kann ich mich entscheiden, das Schreiben möglichst zu vermeiden, oder ich kann mich entscheiden, ein Buch zu schreiben.

Ich weiß sogar von einem Blinden, der mit seinem Gleitschirm vom Mont Blanc geflogen ist. **Wenn man etwas wirklich will, ist mehr möglich, als man glaubt.**

Das heißt aber nicht, dass du mit allen Schwächen unbedingt offensiv umgehen musst, nach dem Motto: Jetzt erst recht!

Wenn du eine bestimmte Sache einfach nicht so gut kannst und auch nicht unbedingt brauchst, um vorwärtszukommen, dann ist es viel sinnvoller, diese Tätigkeit jemand anderem zu überlassen. Jemandem, der sie gut und mit Leichtigkeit macht. Du selbst konzentrierst dich stattdessen auf deine Stärken. Besonders bei Teamarbeit, wenn alle ein gemeinsames Ziel anstreben, ist eine Aufgabenverteilung nach Stärken das Allerbeste.

Es hat einfach wenig Sinn, wenn ausgerechnet ich bei einer Veranstaltung eine Ansprache auf Englisch halte. Da übernehme ich doch besser den Part mit der Fotodokumentation oder die Organisation im Hintergrund. Es sei denn, alle anderen sprechen noch schlechter Englisch als ich … Wirklich gutes Teamwork ist dann möglich, wenn jeder seine Stärken und Schwächen offen auf den Tisch legt.

Der gesunde Umgang mit einer persönlichen Schwäche entschärft sie. Ignorieren ist falsch, Überbewerten ebenso. Wichtig ist, dass man seine Schwächen nicht missbraucht, um bestimmte Dinge nicht tun zu müssen. »Ich kann keinen Sport treiben, weil ich ein Rückenproblem habe.« Und, bitte schön, was ist mit all den Sportlern, die ein Handicap haben und trotzdem erfolgreich Sport betreiben? Du wirst bestimmt eine Sportart finden, die deinen Rücken stärkt, statt ihn zusätzlich zu belasten. Schwimmen zum Beispiel.

Für den Umgang mit echten Schwächen gilt: meiden, wenn die Tätigkeit unwichtig ist und jemand anderes das besser kann; kompensieren oder umgehen, wenn das Ergebnis dieser Tätigkeit für dich wichtig ist; und daran arbeiten, wenn es für deine persönliche Entwicklung zentral ist, dass du genau diese Tätigkeit lernst.

»Ich will nicht anders«

Außer den echten »Ich kann nicht«-Schwächen gibt es aber auch noch die »Ich will nicht«-Schwächen, die übersetzt nichts anderes bedeuten als: »Ich habe keine Lust, mir Mühe zu geben.«

Unzuverlässigkeit, Unordentlichkeit, Unpünktlichkeit, Disziplinlosigkeit, Launenhaftigkeit … Mal ehrlich, diese Schwächen lassen sich meist beheben, wenn man will! Aber das würde eben einmal mehr bedeuten, die Komfortzone zu verlassen.

Auch der vergesslichste Mensch kann zuverlässig werden, heute mehr denn je, denn er kann ja alles in seinem Handy abspeichern und 100 Alarme setzen, die ihn an das erinnern, was er nicht vergessen soll. Der unpünktlichste Mensch kann lernen, pünktlich zu sein. Wenn er sich immer um eine halbe Stunde verspätet, muss er halt künftig eine halbe Stunde früher in Richtung Ziel aufbrechen.

Ich sage nicht, dass man sich zum Perfektionisten wandeln muss. Es ist in Ordnung, Schwächen zu haben, auch solche, die man durchaus ablegen könnte. In Wirklichkeit ist es gar nicht so erstrebenswert, ein perfekter Mensch zu sein, insbesondere dann nicht, wenn vor lauter Perfektionismus die Menschlichkeit verloren geht.

Aus dieser Warte betrachtet ist es sogar in Ordnung, zu sagen: »Ich bin jetzt halt unordentlich« oder »Ich bin ab und zu launisch«. Ja doch – aber dann solltest du auch einfach offen zugeben: »Die Sache ist mir nicht wichtig genug, um mir darin besondere Mühe zu geben. Ich will nicht anders.« Zu behaupten: »Ich kann nicht anders«, ist eine Ausrede. Das zeugt von Schwäche.

Es gibt einen provokativen, aber passenden Überbegriff für diese Art von Schwäche: Charakterschwäche. Dieses Wort hört keiner gerne in Bezug auf seine eigene Persönlichkeit. Doch genau das ist es.

Mensch bleiben

Schwächen, Fehler, Niederlagen gehören zum Menschsein. Sie prägen uns, sie prägen unsere Biografie, sie machen uns zu dem, was wir sind. Der Umgang mit ihnen entscheidet, wie wir im Leben stehen und, vor allem auch, wie wir im Leben vorwärtskommen. Lernen, mit den Schattenseiten umzugehen, bedeutet, aus dem Schatten hervorzutreten, um in die Sonne zu blicken.

Ein schattenfreies Leben ist nicht eines, in dem du keine unangenehmen Erfahrungen machst. Ein Leben ohne Fehler, Schicksalsschläge, Scheitern? Unmöglich! Selbst der am meisten vom Glück Begünstigte erreicht nicht alles, was er will. Er macht Fehler, kann einen geliebten Menschen verlieren, auf die Nase fallen oder eins aufs Dach kriegen.

Das ist unvermeidbar.

Entscheidend ist, ob du diesen Erfahrungen erlaubst, einen Schatten auf dein weiteres Leben zu werfen, ob du dich für den Rest deines Lebens von Trauer, Wut oder Selbstvorwürfen beherrschen lässt – oder ob du solche Erfahrungen nutzt, um dich persönlich weiterzuentwickeln. Schattenfrei zu sein bedeutet, sich mit den eigenen Schwächen, Fehlern, Niederlagen und Schicksalsschlägen zu versöhnen.

9 | *Leuchtkraft*
Was das Leben erst vollkommen macht

Ziel erreicht – und trotzdem nicht glücklich? Alles in deinem Leben ist eigentlich perfekt – und du kannst dich nicht richtig drüber freuen? Woran das liegen kann und wie es dir gelingt, die Sonnenseiten deines Lebens zu genießen und mit Dankbarkeit und Stolz zu betrachten, davon handelt dieses Kapitel.

»Mami, Mami, was hat der Mann, der gerade weggefahren ist, für ein Problem?«, bestürmen mich meine Jungs, als ich aus der Praxis komme.

»Ihr wisst genau, ich rede nicht über meine Klienten – und überhaupt, was starrt ihr ihm aus dem Fenster hinterher?«, entgegne ich tadelnd.

»Aber, Mami, hast du das Auto nicht gesehen? Das Auto von dem Mann kostet mindestens eine halbe Million! Wir mussten einfach aus dem Fenster schauen, wer da kommt! Also, was hat einer für ein Problem, der sich ein Auto für eine halbe Million leisten kann?«

Ich denke an den Klienten zurück, der gerade in seinem tollen Wagen weggefahren ist. Ich nenne ihn hier mal Hubert.

Designerklamotten, eine mit Diamanten besetzte Uhr und handgefertigte Schuhe von Manolo Blahnik. Er ist erfolgreich und hat alles, was er braucht: eine Villa am See, ein Penthaus in L.A., eine florierende Firma und eine wunderbare Frau. Er hat alle seine Ziele erreicht und wird von allen bewundert und verehrt; aber glücklich, nein, glücklich ist er nicht.

»Eigentlich bin ich auf Geheiß meiner Großmutter hier«, ließ mich Hubert wissen. Ich stutzte. Er sah ganz und gar nicht so aus, als würde er sich von seiner Großmutter, ja, als ließe er sich überhaupt von irgendjemandem etwas sagen. Aber er erzählt, dass seine Großmutter ihn neulich scharf angesehen und gefragt habe, was ihm fehlt.

»Im Kopf bist du glücklich, das mag ja sein, aber im Herzen, nein, Hubert, du kannst mir nichts vormachen«, habe sie gesagt. Und er habe sofort erkannt, dass seine Großmutter recht hatte. Alles, was er hatte, brachte ihm nicht das, was er sich davon erhoffte. Es erfüllte ihn nicht.

1-Million-Dollar-Traum

Endlich hast du dein lang ersehntes Ziel erreicht, aber das Hochgefühl, das du dir erhofft hast, stellt sich nicht ein. Endlich hast du dir den Traum vom eigenen Haus erfüllt, aber Erfüllung nimmst du nicht wahr. Endlich ist auch dein Bankkonto so voll, dass du dir keine finanziellen Sorgen mehr machen musst, aber reich fühlst du dich trotzdem nicht.

Das Tragische ist: Wenn sich die Erfüllung, die man sich erhofft hat, nicht einstellt, sucht man immer weiter, strebt immer neue Ziele an und orientiert sich an immer noch teureren Konsumgütern. Irgendetwas muss doch glücklich machen! Ja, aber was? Man fühlt sich unsicher, zweifelt, sucht weiter, wird immer unzufriedener und versucht sich einzureden, dass man doch eigentlich glücklich sein müsste, weil man alles hat.

Woran liegt es, wenn du trotz dem Erreichen deiner Ziele nicht glücklich wirst?

Zwei Grundvoraussetzungen müssen erfüllt sein, damit dir der Erfolg auch innere Zufriedenheit bringt.

Erstens ist es wichtig, dass deine Ziele wirklich *deinen* Bedürfnissen und *deinen* Lebenswerten entsprechen. Nicht denen deiner Frau, deines Umfelds oder deiner Eltern. Ziele, die nicht zu dir passen, und Bedürfnisse, die dir nicht entsprechen, sorgen in deinem Leben nicht für Erfüllung.

»Toll, jetzt hab' ich den Doktortitel in der Tasche. Aber eigentlich würde ich lieber als Lehrer arbeiten. Arzt bin ich nur geworden, um mit meiner Schwester gleichzuziehen.«

»Super, im Frühjahr ist unser neues Haus auf dem Land fertig, doch wenn ich ehrlich bin, würde ich immer noch lieber in der Stadt leben.«

Ein Ziel, das du zwar erreicht hast, das aber nicht wirklich deinen Vorstellungen entspricht, macht dich nicht glücklich.

Zweitens musst du aus dem, was du hast, und aus dem, was du erreicht hast, einen Nutzen ziehen. Was bringen dir Erdbeeren, wenn du sie im Kühlschrank stehen lässt, die tolle Musik-CD, wenn du sie nicht anhörst, das beste Buch, wenn du nicht darin liest?

Zur Dinozeit, das war die Zeit, in der die Dinosaurier bei meinen Kindern so richtig hoch im Kurs standen, gab's in den Läden Spielzeugdinosaurier, die mit Batterieantrieb vor sich hin tappen konnten. Ich kaufte keinen, weil ich gegen batteriebetriebenes Spielzeug war. Die Kinder fanden das unfair. Aber immerhin hatte Sabrinas Kindergartenfreund Martin einen solchen Dinosaurier. In den Ferien überredete sie ihn, dass er ihr den Dino für einen Abend auslieh.

»Aber du darfst ihn nicht laufen lassen, sonst sind die Batterien so schnell alle«, schränkte Martin ein.

»Ja, aber dann hab' ich ja gar nichts davon!«

»Stimmt, also gut, du darfst ihn laufen lassen.« Mit dieser Zusage war Sabrina glücklich und ließ den Plastikdino den halben Abend lang durch unser Wohnzimmer spazieren. Am nächsten Tag gab sie Martin den Dino mit neuen Batterien zurück.

Etwas zu haben und doch nichts davon zu haben, macht nicht glücklich. **Erst im Nutzen liegt der Wert.**

Du erinnerst dich: Einen Nutzen hast du dann, wenn ein Ziel oder etwas, das du hast oder tust, mit deinen Wertvorstellungen und deinen Bedürfnissen übereinstimmt.

Aber um den Nutzen auch wirklich zu spüren, musst du lernen, zu genießen. Interessanterweise kommt der Begriff »genießen« ursprünglich von »etwas nutzen« oder »etwas benutzen«. Genießen kannst du nur etwas, das du nutzt – und es nützt dir nur etwas, wenn du es genießt.

Die gute Nachricht: Genießen ist lernbar.

Noch einmal auf den Gipfel

»Heute war ich ziemlich gut drauf, in Rekordzeit auf den Gipfel, nicht schlecht«, geht es mir durch den Kopf, als ich bereits wieder beim Abstieg bin. Dann meldet sich meine innere Stimme: »Und? Was hast du davon? Hetzt da hoch, genießt nicht mal die Aussicht und spurtest zurück ins Tal.« Ich bleibe stehen. Beginne bewusst über die Gedanken nachzudenken, die Sekunden zuvor durch meinen Kopf schwirrten. »Stimmt, das kann es nicht sein!«, beschließe ich und mache kehrt. Steige noch einmal hoch zum Gipfel, diesmal in aller Ruhe. Oben atme ich erst einmal tief durch. Dann nehme ich die wunderbare Aussicht der Berggipfel um mich herum wahr. Das Panorama ist gigantisch. Piz Palü, Bellavista, Bernina, Piz Roseg, links davon Piz Kesch, die Silvrettagruppe mit dem Piz Buin, das Rätikon und schließlich mein Hausberg, der Falknis, und die geliebten Churfirsten. Mein Gott, ist die Welt schön.

Ich setze mich auf eine große Steinplatte, atme die reine Bergluft ein und blinzle in die Sonne. Tränen verschleiern meinen Blick – das macht die Sonne, sie blendet. Nein, das liegt nicht an der Sonne, es sind Tränen der Überwältigung und Tränen des Glücks. Ich lege mich hin, blicke zum Himmel. Über mir zieht ein Adler seine Kreise. Einssein mit Gott und der Welt, so fühlt es sich an. Ich genieße, genieße, genieße ...

Ich war also an diesem Tag zweimal auf dem Gipfel. Einmal rein physisch und einmal mit dem Herzen. Dazwischen lagen Welten.

Der erste Gipfelbesuch bestätigte mir: »Du warst schnell, warst gut unterwegs, bist konditionell stark.« Natürlich tut es gut, zu wissen, dass man in Form ist. Es ist in Ordnung, stolz auf eine Leistung zu sein, insbesondere dann, wenn ein Ziel einiges von einem abverlangt hat und man alles gegeben hat. Doch erst bei meinem zweiten Gipfelerlebnis, erst als ich mit allen Sinnen die Welt um mich herum wahrnahm und mich richtig spürte, gelang es mir, meine Leistung und meinen Erfolg so richtig zu genießen. **Das Wissen um eine Stärke oder um eine erbrachte Leistung ist gut, aber die wahre Qualität liegt im Fühlen, und Fühlen kommt über den Genuss.**

Glückströpfchen
Nicht viel, nur ein paar Tropfen dieses süßen Glücks lasse ich in meinen Mund tröpfeln, dann schraube ich den Deckel wieder auf die Tube, lege mich ins Gras zurück und blicke in die Sonne. »Mhm ... gibt es etwas Besseres?«

Nach einer langen Weile ist dieses herrliche Aroma nur noch Erinnerung. Zeit, sie aufzufrischen. Ich setze mich auf, drehe den Deckel meiner Tube auf, lasse mich auf eine neue Gaumenfreude ein, lege mich erneut hin und genieße. Süße, Sonne, Vogelgezwitscher, schulfrei ...

Erst der tröpfchenweise Genuss gibt diesem besonderen Ge-
burtstagsgeschenk seinen ganzen Wert. Ich habe es mir so sehr ge-
wünscht: eine ganze Tube für mich allein. Eine ganze Tube ge-
zuckerte Kondensmilch.

Erinnerst du dich an deine Kindheit zurück, an etwas, das du in
vollen Zügen genießen konntest?

Das Problem liegt nicht darin, dass Erwachsene das Genießen
verlernt hätten, sondern darin, dass wir uns oft die Zeit dazu
nicht mehr nehmen. Nur noch schnell einen Espresso – Knopfdruck, 9 Sekunden warten und dann im Stehen hinunterkippen.

Es geht auch anders. Man kann Espressotrinken auch zele-
brieren. Die edlen Bohnen frisch mahlen, das Pulver in den Kol-
ben pressen. Doch dieses Vorgehen dauert mindestens 30 Sekunden – dreimal so lang wie die vollautomatische Maschine.

Und dann erst die Zubereitung des Espresso mit dem kleinen,
legendären italienischen Kännchen – da wartest du fast 10 Minuten. Ob man sich das heute noch leisten kann?

Ja, man kann. Du kannst. Die Zeit fürs Genießen ist da, du
musst sie dir nur nehmen. Wenn du die Fähigkeit schulst, bewusst und mit allen Sinnen das Leben zu erleben, hilft dir das,
deine positiven Gefühle intensiver wahrzunehmen.

**Das Wichtigste, was du brauchst, um Genuss zu lernen,
sind deine Sinne.** Allein aus diesem Grund lohnt es sich, deine
Sinne zu sensibilisieren. Du wirst sehen, es ist ganz einfach. Die
folgende Übung hilft dir dabei:

Wenn ich dich frage: »Was bedeutet schönes Wetter?«, dann
hast du die Antwort wahrscheinlich innerhalb einer Zehntel-
sekunde auf der Zunge: »Blauer Himmel, Sonnenschein.«

Jetzt frage ich dich aber: »Wie fühlt sich schönes Wetter an?«
Nein, du brauchst nicht anfangen zu beschreiben. Ich möchte,
dass du schönes Wetter fühlst, mit allen Sinnen. Diese Übung

hilft dir, deine Sinne wieder einmal bewusst aufzuwecken. Du kannst die Übung gedanklich durchspielen, oder noch besser: Du gehst gleich ins Freie. Egal wie das Wetter gerade ist, draußen fühlt es sich auf jeden Fall anders an als bei einem Blick aus dem Fenster. Nehmen wir an, das Wetter ist tatsächlich schön und du bist draußen:

Was *siehst* du? – Den blauen Himmel, die Sonne, den herrlichen Garten …?

Was *hörst* du? – Das Zwitschern der Vögel, das Rauschen des Meeres, die lachenden Kinder auf dem Spielplatz, den Musiker an der Straßenecke?

Was *riechst* du? – Den Duft von Rosen, Lavendel oder frischem Heu, den Geruch der ersten schweren Regentropfen, die ein Sommergewitter ankündigen?

Was *schmeckst* du? – Ein fruchtiges Eis am Stiel, frische Erdbeeren, den Espresso im Straßencafé …?

Was *fühlst* du? Was nimmst du über den Tastsinn wahr? – Die wärmende Sonne auf der Haut, den Wind in den Haaren, das Piksen des Grases, auf dem du liegst …?

Wenn du so trainierst, das Schöne um dich herum mit allen Sinnen wahrzunehmen, dann kannst du bald wieder die Sonnenseiten deines Lebens vollauf genießen.

Einspruch

»Hat Genießen nicht einen ziemlich negativen Touch? Werden nicht durch Genuss Begierden geweckt, auf die man auch verzichten könnte? Das Bedürfnis nach Konsum, nach Süßigkeiten, nach Alkohol, nach Luxus? Wäre es nicht sinnvoller, sich in Bescheidenheit zu üben?«

Stimmt. Bescheidenheit als Fähigkeit ist eine wunderbare Tugend. Sie bedeutet: »Ich kann, wenn es nötig ist«, »Ich kann, wenn ich will«. Aber nicht: »Ich übe jederzeit und überall

Bescheidenheit.« Sonst wäre Bescheidenheit keine Fähigkeit, sondern eine Zwangsneurose.

Kurz vor der Geburt unseres ersten Kindes ziehen wir in das reizende, kleine, alte Häuschen meiner Schwiegermutter ein. Der Brunnen plätschert vor dem Haus, im Garten stehen ein paar alte Obstbäume und die morschen Holzbalken im Stübchen erzählen mir die Geschichten noch einmal, die mir meine Schwiegermutter aus ihrer Kindheit erzählt hat. Romantik pur. Wirklich.

Zwar gibt's weder fließendes warmes Wasser noch eine Zentralheizung, aber was soll's, der wunderbare Kachelofen tut's auch. Ach ja, es gibt auch kein Telefon und keine automatische Waschmaschine. Jedes Mal, wenn ich die Küche betrete, muss ich vorher anklopfen, damit die Mäuse sich über die Hintertreppe in den Keller zurückziehen und nicht durch die Küchentür abhauen, um sich im Rest des Hauses anzusiedeln.

Die Waschmaschine muss von Hand betrieben werden. Dazu gehört, dass man das Wasser mit einem Schlauch einfüllen und manuell wieder ablassen muss. Für jeden Spülgang braucht's neues Wasser. Dass man Wäsche auch schleudern kann, davon hat diese Antiquität offensichtlich noch nie etwas gehört. Nur zwei Dinge kann das Wunderding: sich hin- und herbewegen und sich automatisch aufheizen. Aber wehe, man steht nicht daneben und schaltet rechtzeitig aus!

Vielleicht sollte ich doch eher von Stoffwindeln auf Wegwerfwindeln umstellen. Andererseits, ist es nicht romantisch, die Stoffwindeln am Wäscheseil zwischen den Obstbäumen im Wind wehen zu sehen?

Wie hab ich es nach dieser Zeit ohne Luxus genossen, die Wäsche einfach nur in die Maschine zu füllen und auf Start zu drücken! Und wie herrlich war es, nicht für jedes Telefonat zum Postbüro zu müssen. Das einfache Leben hatte ich lange genug geübt. Es hat gutgetan, klar doch, und es hat mir gezeigt: Wenn es sein muss, geht es auch ohne Luxus. Trotzdem war ich froh, als wir in unser neues Haus gezogen sind. Es ist 450 Jahre alt, aber gründlich saniert und der heutigen Zeit angepasst worden. Ich hatte im alten Haus der Vorfahren meines Mannes gelernt, Dinge zu schätzen, über die ich zuvor nicht einmal nachgedacht hatte. Dinge zu genießen, die für mich früher eine Selbstverständlichkeit waren. Nichts war mehr selbstverständlich, auch nicht das warme Wasser aus dem Hahn.

Natürlich stehe ich heute nicht bei jedem Waschgang in der Waschküche und genieße, dass meine Waschmaschine alles wie von Zauberhand erledigt, und ich danke auch nicht bei jedem Händewaschen den Erfindern für das fließende Warmwasser im Haus. Darum geht es auch gar nicht. Worum es geht, ist das bewusste Wahrnehmen dessen, was man hat. Und dieses bewusste Wahrnehmen kommt unter anderem über das Genießen. Bescheidenheit ist in der Tat eine wertvolle Tugend. Aber man kann auch bescheiden sein und trotzdem genießen. **Genießen ist eine Art von Dankbarkeit, aktive Dankbarkeit.** Und Dankbarkeit wiederum ist ebenso eine Tugend wie Bescheidenheit. Daher: Einspruch abgelehnt!

Stattdessen plädiere ich dafür, der Dankbarkeit mehr Beachtung zu schenken. Denn auch wenn Dankbarkeit normalerweise entsteht, wenn du das Gute um dich herum bewusst wahrnimmst und genießt: Du kannst den Spieß auch umdrehen. Du kannst Dankbarkeit üben, damit dir wieder bewusst wird, was du alles Gutes in deinem Leben hast.

Dankbarkeitsdefizitsyndrom

Wie oft sagst du täglich »Danke«? Fünfmal? Zehnmal? Fünfzehnmal? Kein Zweifel, du bist ein höflicher Mensch und hast gelernt dich zu bedanken. Deiner Kollegin dafür, dass sie dir einen Kaffee mitbringt, deiner Frau für das feine Essen, deinem Nachbarn dafür, dass er für dich ein Paket entgegengenommen hat, dem Fremden, der dir auf der Straße den Vortritt ließ, der Verkäuferin für das Wechselgeld ... Nein, vermutlich sind es weit über fünfzehn »Danke« täglich. Automatisierte »Danke«. Wie auf Kommando sagst du, was in einer solchen Situation zu sagen ist: »Danke!« »Danke sagen« ist eine Sache, »Danke fühlen« eine ganz andere.

Dankbarkeit fühlen – darum geht es jetzt.

Wenn du abends vor dem offenen Kamin sitzt und ein Glas Wein bewusst genießt, Schluck für Schluck, ihn im Gaumen spürst und sein volles Aroma erkundest, anstatt ihn nur hinunterzukippen, ist das eine Form der Wertschätzung den Trauben, dem Winzer oder auch dem Menschen gegenüber, der dir diese Flasche Wein geschenkt hat. Wertschätzung ist eine Form von Dankbarkeit. Warum nicht gleich noch das Sahnehäubchen aufsetzen und dich bewusst für diesen wertvollen Augenblick bedanken?

Bewusst wahrnehmen, was du gerade erlebst, was dir das Leben bietet, was dich glücklich macht und erfüllt, und bewusst dankbar dafür sein, gibt allem, was dir wichtig ist, noch mehr Wert. Das können zwar materielle Dinge sein, mit Betonung auf *können*, aber es gibt weit Wichtigeres.

Wer nach einer schweren Krankheit, endlich von Fieber und Schmerz befreit, das erste Mal wieder am offenen Fenster steht und die frische Morgenluft einatmet, wird kaum denken: »Mist, ich war krank!«, sondern viel eher die Dankbarkeit fühlen, die jetzt angebracht ist. Dankbarkeit für die Genesung.

Wer schon einmal bei der Geburt eines Kindes dabei war und die ersten Atemzüge eines neuen Erdenbürgers miterleben durfte, weiß, wie sich Dankbarkeit für ein neues Leben anfühlt.

Wenn für dich endlich die erlösende Nachricht eintrifft: »Prüfung bestanden!«, wirst du Dankbarkeit fühlen, automatisch.

Und auch die wiedergefundene Geldbörse, mit allen Ausweisen und Kreditkarten, löst ein »Danke« von Herzen aus.

Doch im Alltag, wenn gerade nichts Außerordentliches passiert, bleibt Dankbarkeit oft nur auf die Höflichkeitsformel beschränkt und kommt nicht aus dem Inneren. Ja, ich weiß, nicht immer ist einem nach Dankbarkeit zumute. Besonders dann nicht, wenn man wieder einmal auf die Schattenseite des Lebens zurückgeworfen wird. Wenn man allen Grund hat, sich zu ärgern, weil mal wieder alles schiefläuft, was schieflaufen kann. Da soll einer dann noch dankbar sein?

Staugeschichten

Ich steh im Stau und ärgere mich. Nebenbei höre ich »Glück kommt selten allein« von Eckart von Hirschhausen. Der kann gut reden, denke ich. Er steht ja nicht im Stau und hat nicht den Druck, rechtzeitig zu einem Termin zu kommen. Und dann redet er auch noch etwas von einem Glücks- und Dankbarkeitstagebuch! – dankbar sein, wenn man im Stau steht und zu einer wichtigen Verabredung muss, ist nicht gerade einfach.

Trotzdem beginne ich über seine Worte nachzudenken und überlege, wofür ich dankbar sein könnte. Innerhalb der nächsten Stunde bekomme ich die erste Gelegenheit dazu. Denn ich komme rechtzeitig zu meinem Termin. Danke!

Yvonne, der Geschäftsführerin der Firma, die ich heute berate, erzähle ich in der Pause vom Stau, meinem Ärger, von Hirschhausen und von meinem Vorsatz, das mit diesem Glücks- und Dankbarkeitstagebuch auszuprobieren. Und schon bekomme ich wieder eine Gelegenheit, dankbar zu sein. Yvonne schenkt mir ein leeres Tagebuch, zufälligerweise diese Woche bestellt und zufälligerweise heute geliefert ... Zufälle gibt's! Danke!

Auf jeden Fall schreibe ich seit drei Jahren täglich mindestens drei bis fünf positive Dinge, für die ich dankbar bin, in mein mittlerweile drittes Glückstagebuch. Ich muss sagen, es wirkt, oder auf jeden Fall tut es gut. Auch dann, wenn nicht alles so läuft, wie ich es gerne hätte.

Natürlich gibt es Tage, da geht vieles daneben. Wieder einmal geht etwas auf meinem PC verloren, natürlich ganz von selbst, die Konfitüre kocht auf dem Herd über, der Frost friert die Blüten unseres Zwetschgenbaumes ab oder eine schwarze Socke hat sich zu der weißen Wäsche in die Waschmaschine geschlichen – auch das ganz von selbst, versteht sich. Und jetzt sollte ich auch noch dankbar sein! »Danke« in mein Glückstagebuch schreiben?

Aber es geht tatsächlich. Da stehen dann in meinem Tagebuch beispielsweise folgende Einträge:

23. April
Fotos auf dem PC verloren – spurlos verschwunden, es war zum Verzweifeln. Aber Simeon hat alles wieder hingekriegt! Wie schön, wenn man Kinder hat, die einem aus dem Desaster heraushelfen … Danke!

29. Mai
Was für ein Tag: Alles Mögliche ging daneben. Staubsaugersack geplatzt, Rauch im ganzen Haus, weil der Holzofenrauchabzug nicht funktionierte, Huddelwetter und Einsamkeitsgefühle … wofür soll ich heute dankbar sein? Ich hab's! Für den allerbesten Ehemann auf Gottes Erden. Es ist ein Privileg, mit diesem wunderbaren Menschen das Leben teilen zu dürfen.

7. Juli

Heute habe ich erfahren, dass mein Knie operiert werden muss, und das schon in drei Tagen. Ausgerechnet jetzt, wo der Sommer ins Land zieht und sich ein Wetterhoch ankündigt, darf ich in die Klinik. Aber ich bin auch dankbar, dass es überhaupt die Möglichkeit gibt, meine Verletzung zu operieren. Und ich bin dankbar, dass ich einen Arzt gefunden habe, der ein wahrer Spezialist ist, was Gelenke betrifft … Danke!

12. Juli

OP ist ideal verlaufen, Schmerzen lassen sich gut aushalten. Danke! Aber vier Wochen Krücken, keinen Sport außer Radfahren, sechs Wochen keine Berge und kein Fliegen. Dafür Anruf von Röbi – »Wenn du's ohne Fliegen nicht aushältst, fliegst du einfach wieder mal mit mir mit, Tandemflug ist bestimmt erlaubt, oder?« … Danke!

17. September

Zwetschgenkonfitüre beim Einkochen übergelaufen. Zum Glück gibt's Induktionsherde – gegenüber früher ist das Aufputzen fast schon ein Vergnügen.

Aber sie schmeckt herrlich, die frische Konfitüre. Wie schön, einen eigenen Zwetschgenbaum im Garten zu haben … Danke!

Auch Negatives hat oft gute Aspekte. Klar, nicht immer. Aber oft wirst du, gerade wenn etwas schiefgeht, feststellen, wie viele Menschen hilfsbereit sind oder dass der Schaden weniger schlimm ist, als er sein könnte. Wenn dir gerade nichts einfällt, wofür du dankbar sein könntest, nenne ich dir gerne ein paar Beispiele:

- *Du warst beim Zahnarzt und hast kein Loch.*
- *Du hattest eine gute Nacht.*
- *Ein Freund hat dich angerufen.*
- *Du hast dir im Kino einen tollen Film angeschaut.*
- *Du kannst es dir leisten, deine Lieblingsschokolade zu kaufen.*
- *Deine Steuernachzahlung ist niedriger ausgefallen als erwartet.*
- *Du bist zwar gestürzt, hast dich aber nicht ernsthaft verletzt.*

Und wann hast du dich das letzte Mal für dein Zuhause bedankt? Für deinen Lebenspartner? Deine Freunde? Den Strom aus der Steckdose? Deine Arbeitsstelle? Dafür, dass du in einem Land leben darfst, in dem kein Krieg herrscht? Es gibt so viel, wofür man dankbar sein kann.

Ein Dankbarkeitstagebuch zu führen, macht natürlich zunächst einmal Arbeit. Aber mir geht es so, dass ich, seit ich dieses Glücks- und Dankbarkeitstagebuch schreibe, viel weniger schlechte Tage erlebe. Anfangs dachte ich noch: »Zufall«, aber nach drei Jahren – nein, jetzt weiß ich, da muss etwas dahinterstecken.

Natürlich hat sich durch das Tagebuch über mir keine goldene Wolke gebildet, die nur noch angenehme Ereignisse auf mich regnen lässt und alles Unangenehme abfängt. Vermutlich passiert in meinem Leben noch genauso viel Mist wie früher auch. Der Mechanismus, den das Glückstagebuch in Gang setzt, ist ein ganz anderer: Dadurch, dass man sich verpflichtet, täglich drei bis fünf Dinge aufzuschreiben, für die man dankbar ist, fokussiert man sich automatisch auf das Positive im Leben. Man hält richtig Ausschau danach. Wer sich auf Positives konzentriert, nimmt logischerweise Positives wahr. Und wer mehr Positives und Schönes wahrnimmt, dessen Leben wird automatisch positiver und schöner.

Natürlich gibt es auch weiter Dinge im Leben, zu denen du nur sagen kannst: »Shit happens.« Ereignisse, die rein gar nichts Erfreuliches an sich haben. Indem du dich aber auf das fokussierst, wofür du dankbar sein kannst, treten diese Ärgernisse in den Hintergrund.

Da liege ich also auf dieser Felsplatte, hoch über dem Tal, der Adler zieht noch immer seine Kreise, das Gipfelkreuz thront über mir. Und dann plötzlich steigt in mir dieses wunderbare Gefühl tief empfundener Dankbarkeit auf, und ich verstehe, warum es heißt, dass echte Dankbarkeit Macht über alle negativen Gefühle hat.

Aber stimmt das wirklich? Ich will es wissen. Ich suche nach belastenden, negativen Gefühlen, versuche Angst zu empfinden, Sorge, Wut, aber da ist nichts. Dabei weiß ich im Kopf, dass ich allen Grund habe, wütend zu sein auf diese Frau, die mich gestern so übel belogen hat. Aber ich schaffe es nicht, meine Wut hervorzuholen. Das Einzige, was ich fühlen kann, sind Glück und Dankbarkeit.

Eine halbe Stunde später schliddere ich über ein Schneefeld, hinunter zum kleinen Bergsee. Leuchtend blau spiegelt er den Himmel wider. Ein Jauchzer, ein Lachen, ein Danke.

Nein, nein, es war keine Erleuchtung oder so was Ähnliches, das ich da auf dem Gipfel erlebte. Es war ein ganz gewöhnlicher Augenblick, in dem ich fühlte, wie gut Dankbarkeit tut, wie viel Macht sie über negative Gefühle hat und wie viel sie bewirken kann.

Ich bin mir ziemlich sicher, dass du diese Form von Dankbarkeit ebenfalls kennst und schon oft wahrgenommen hast. Doch es schadet nicht, sich hin und wieder ganz bewusst darauf einzulassen, sie sogar einzuüben. Das geht auch ohne Dankbarkeitstagebuch. Einfach, indem du alles um dich herum bewusst wahrnimmst.

Wichtig bei dieser Übung ist, dass du dich mit dir eins fühlst, ganz bei dir bist und dich ganz auf deine Sinne einlässt. Dass du an einem Ort bist, an dem du dich so richtig wohlfühlst. Nimm dir ein paar Minuten Zeit. Nutze alle deine Sinne.

- *Nimm deinen Körper wahr, deine Füße, deine Hände ... kannst du sie spüren? Bewegen? Bist du dankbar für diese Fähigkeit?*
- *Schließe für einen Moment deine Augen, öffne sie wieder und schau dich um, kannst du deine Umgebung wahrnehmen? Bist du dankbar für das, was du wahrnimmst?*
- *Denk an die Menschen in deinem Leben, die dir etwas bedeuten, die du liebst. Sind sie eine Bereicherung für dich?*

Lass all das Schöne, das du um dich herum wahrnimmst, auf dich wirken. Die vielen großen und kleinen Wunder. Gelingt es dir, dafür dankbar zu sein?

Jetzt kommt der zweite, der faszinierende Teil der Übung: Versuche nun etwas Negatives zu fühlen. Denk an eine Angst, an einen Menschen, der dich verärgert hat, an die anstehende Prüfung, an einen ungelösten Konflikt. Was lösen diese Gedanken bei dir aus? Natürlich weißt du, dass du dich ärgern könntest, du weißt sogar, dass du allen Grund hast, wütend zu sein, und du weißt, wovor du dich fürchtest. Aber in Augenblicken tief empfundener Dankbarkeit haben negative Emotionen nur eine abgeschwächte Wirkung auf dich.

Schade zwar, dass es nicht möglich ist, dauernd in diesem Zustand der Dankbarkeit zu bleiben, doch ähnlich wie die Trauerinsel, von der ich gesprochen habe, kann auch die Insel der Dankbarkeit Kraft schenken. Wenn du dankbar für das Gute in deinem Leben bist, wenn du Gott dankbar für dein Leben bist, kannst du mit den täglichen Ärgernissen, mit Stress und Frust gelassener umgehen. Aber nicht nur das, Dankbarkeit fördert auch das Bewusstsein für das Wesentliche im Leben.

Und für das Unwichtige. Das, was du in Wirklichkeit gar nicht brauchst.

Konsumentwöhnungsprogramm

Nur weil ich für das Genießen und gegen falsche Bescheidenheit bin, bedeutet das noch lange nicht, dass ich ein Konsumfanatiker bin. Ich habe sogar ein Antikonsumprogramm entwickelt. Entstanden ist es rein zufällig.

Ich war einkaufen, besser gesagt, ich wollte einkaufen. Der wöchentliche Großeinkauf für einen Sieben-Personen-Haushalt, den ich damals zu versorgen hatte, stand auf dem Programm.

Ich schiebe also den Wagen vor mir her, und plötzlich wird mir bewusst, dass ich meine Kreditkarte zu Hause liegen gelassen habe. Ich schaue nach, wie viel Bargeld ich dabeihabe. Neununddreißig Franken. Na gut, denke ich, dann muss das halt reichen. Es ist ärgerlich, dass ich mich mit meinem Mann, der zwischenzeitlich auch etwas zu erledigen hat, erst in einer Stunde verabredet habe. Was tut man eine Stunde lang zwischen vollen Regalen mit leerem Geldbeutel?

Ich konzentriere mich vorerst auf das Notwendigste. Mehl, Butter, Gemüse, Hefe, Reis, Naturjoghurt. Milch und Kartoffeln bekommen wir vom Bauern, Eier von unseren Hühnern. Brauche ich also nicht. Ich peile über den Daumen, bin bei ca. siebenundzwanzig Franken. Also gut, noch WC-Papier, Schmierseife und Salz – ein Leben ohne Salz, undenkbar. Ich bin bei 35 Franken. Plötzlich fühle ich mich wie beim Survival-Training für eine Notsituation. Was brauchen wir noch unbedingt? Kerzen, für den Fall, dass plötzlich der Strom ausfällt? Habe ich noch einen großen Vorrat zu Hause. Aber Streichhölzer nicht mehr, also die noch.

Es ist kein Notfall, da kann man locker darüber nachdenken, was wäre, wenn, und was man dann alles bräuchte …

Eine halbe Stunde ist vergangen. Noch 30 Minuten Wartezeit. Ja, dann schaue ich halt, was wir alles nicht brauchen. 10 verschiedene Sorten Kartoffelchips, zwei Regale voll von Süßigkeiten, 12 verschiedene Marken von Waschmitteln, 7 unterschiedliche Weichspüler, 5 Sorten Wattestäbchen. 5 – was soll das? Wie unterscheiden die sich voneinander? Mir wird bewusst, dass ich 99,9 Prozent der Waren, die hier angeboten werden, nicht wirklich brauche. Irgendwie bin ich nach diesem Einkaufsbummel richtig zufrieden.

Alles, was du nicht brauchst, macht dich freier und unabhängiger. Deswegen kann ich dir nur raten, ab und zu mal diese Übung durchzuführen. Nimm für einen Großeinkauf nur total wenig Geld mit. Du wirst erstaunt sein, mit wie wenig Geld du zurechtkommst, wenn es sein muss. Du merkst: Ich brauche viel weniger, als ich annehme. Dafür kannst du wirklich dankbar sein.

Ein nettes Spiel für Reiche? Wenn ich nur zum Spaß eine Weile lang auf Luxus verzichte und dabei weiß, ich könnte mir alles Mögliche leisten – dann ist es einfach, dankbar zu sein für alles, was ich nicht brauche. Oder?

Ja, schon. Aber Dankbarkeit ist auch möglich, wenn der Verzicht eine bittere Notwendigkeit ist. Das zeigt Lenis Geschichte. Leni hat nur ein ganz kleines Einkommen. Sie ist alleinerziehende Mutter. Mich hat sie beeindruckt, als sie mir eines Tages Folgendes sagte: »Wenn ich mal wieder knapp bei Kasse bin, gehe ich an den vollen Regalen im Laden vorbei und schaue, was ich alles nicht brauche. Früher habe ich es nur aus der Warte des Verzichts betrachtet und fühlte mich arm, heute betrachte ich es als Geschenk und bin dankbar für alles, was ich nicht brauche.«

Dankbarkeit für alles, was das Leben und die Schöpfung bietet, leuchtet ein. Vielleicht auch Dankbarkeit für das, was du nicht brauchst.

Aber jenseits der Glücksgüter, die das Leben dir schenkt, gibt es auch noch vieles, was nicht einfach so zu dir gekommen ist. Das, was du dir hart erarbeitet hast: deine mit viel Einsatz erreichten Ziele. Deine Erfolge.

Kannst du dafür auch dankbar sein? Kannst du diese Dinge genauso unbefangen genießen wie ein Bergpanorama?

Und wie sieht es aus mit deinen Talenten oder deiner inneren Kraft? Schätzt du sie auch wirklich? Bist du dankbar dafür?

Nirgends zu kaufen

Sehr geehrte Dame, sehr geehrter Herr,

als Hilfsorganisation, die sich für Menschen in Not einsetzt, sind wir auf der Suche nach Personen, die bereit sind, in einem unserer Teams mitzuarbeiten. Besondere Talente oder Vorkenntnisse sind nicht nötig, gefordert ist aber viel innere Stärke. Die Missionen, die uns erwarten, sind große Herausforderungen. Wer dabei mitmacht, wird mit viel Leid konfrontiert und muss trotzdem entschlossen handeln und auf unerwartete Krisen flexibel reagieren können. Nur jemand mit einem starken Selbst wird den Aufgaben gewachsen sein …

Stell dir vor, du findest einen solchen Brief in deinem Briefkasten. Nein, es ist keine Einladung zu einer Werbefahrt ins Blaue, bei der du noch eine elektrische Wärmedecke, sechs frische Eier und einen Gutschein für die Besichtigung einer Porzellanfabrik erhältst. Nein, es ist ein Brief mit der Bitte um deine Unterstützung. Es wäre eine wahre Herausforderung, wenn du annehmen würdest.

»Ich doch nicht!«, denkst du vielleicht. »Was habe ich schon zu bieten?«

Warum nicht? Wie kommst du darauf, dass nicht auch du etwas Besonderes leisten kannst? Du musst kein Mozart sein und umwerfende Musik komponieren, kein Monet, um die Welt mit

Bildern zu bezaubern, kein da Vinci und auch kein Einstein. Das waren Menschen mit viel Talent, große Ausnahmeerscheinungen.

War Mutter Teresa ein Mensch mit viel Talent? Nein. Aber sie hatte ein beeindruckend großes Herz und unfassbar viel Liebe für die Ärmsten. Doch das allein hätte niemals ausgereicht, um zu bewirken, was sie bewirkt hat. Was sie wirklich brauchte und auch hatte, um so viel geben zu können, waren eine unbeschreibliche innere Stärke und ihr tiefer Glaube an Gott.

Keiner verlangt von dir, die Welt zu retten. Aber auch du bist etwas Besonderes, auch du hast etwas zu geben und auch du kannst dein Umfeld bereichern. Doch dazu brauchst du innere Stärke. Gefordert ist also ein starkes Selbst – aber das wächst nicht am Straßenrand und lässt sich auch an keinem Kiosk kaufen, das hat man nur, wenn man es sich selbst aufbaut.

In den vorhergehenden Kapiteln hast du erfahren, was du alles brauchst, um gut unterwegs zu sein. Vermutlich bist du längst auf Erfolgskurs. Du kennst deine Stärken und deine Schwächen, du hast gelernt, mit schwierigen Situationen umzugehen, und schlägst dich tapfer durchs Leben. Nein, unterkriegen lässt du dich nicht mehr. Diese Zeiten sind vorbei.

Aber fühlst du diese Stärke auch? Schätzt du sie?

»Stärke fühlen? Stärke schätzen? Moment mal, führt das nicht genau in die Richtung, die es um jeden Preis zu vermeiden gilt? Stolz, Eigenlob, nein danke, da sind wir dann doch genau bei diesen eingebildeten Typen, von denen mehr als genug auf der Welt herumstolzieren. Nein, dann wähle ich doch lieber die Bescheidenheit!«

Stopp, auch bei der Bescheidenheit waren wir schon. Bescheidenheit mag ja eine Tugend sein, aber falsche Bescheidenheit zeugt nicht von Reife. Wenn du auf das, was du erreicht hast, auf deine Talente, Stärken und innere Kraft nicht stolz bist, wirst du sie weniger oft gebrauchen. Damit lässt du Werkzeuge ungenutzt, mit denen du nicht nur dir selbst, sondern vor allem deinen Mitmenschen helfen könntest. Bescheidenheit am falschen Ort ist also keine gute Basis, sondern sie wirkt sich oft negativ aus.

Das Chaos ist perfekt. Überall weinende Kinder, vom Sturm zerfetzte Zelte, Gegenstände, die durch die Luft fliegen, und dann die sintflutartigen Regenfälle, Blitz und Donner. »Kommt, Kinder, hierher!« Laut und deutlich ist Carmens Stimme zu hören. »Alle an diesem Seil festhalten, so geht keiner verloren! Habt ihr gehört, festhalten! Keiner darf mehr loslassen. Jeder merkt sich, wen er vor sich hat. Jeder schreit Stopp, wenn einer loslässt.«

22 durchnässte Kinder kommen eine halbe Stunde später zu einem abgelegenen Bauernhof. Es ist längst dunkel geworden.

»Dürfen wir die Nacht in der Scheune verbringen?«, fragt Carmen, als die Bäuerin endlich nach langem Klopfen die Tür öffnet. »Wir sind Pfadfinderinnen und vom Gewitter überrascht worden.«

Das Besondere an diesem Vorfall: Carmen ist 14. Sie ist nicht etwa eine ausgebildete Leiterin, sondern einfach eines der Mädchen, die als Helferinnen mit ins Lagerwochenende gereist sind. Zelte aufstellen, Kochen, die 7- und 8-Jährigen betreuen und was sonst noch alles so dazugehört. Dass ausgerechnet sie beim Gewitter die Nerven behalten und die verwirrten und ängstlichen Kinder in Sicherheit bringen würde, hätte sie selbst im Voraus wohl kaum geahnt.

»Von Natur aus ist Carmen eher ruhig, sie wirkt fast ein bisschen scheu, nie hört man sie aus der Menge heraus. Ich würde sagen, sie ist ein unscheinbares Mauerblümchen«, erzählt später eine der Leiterinnen, die Carmen mit einem Geschenk für ihren mutigen und wohlüberlegten Einsatz danken. Mit anderen Worten: für ihre innere Stärke.

Innere Stärke aufzubauen lohnt sich, auch wenn du keinen humanitären Einsatz planst. Du brauchst sie immer wieder, um anderen zu helfen und um in den kleinen alltäglichen Krisen zurechtzukommen. Aber um deine innere Stärke aufzubauen, musst du die Masche mit der falschen Bescheidenheit aufgeben und deine Einstellung bezüglich Eigenlob revidieren. Eigenlob stimmt! Solange du nicht andere damit einlullst. Deswegen: Lerne ohne schlechtes Gewissen zu einer erbrachten Leistung zu stehen.

Schätze und würdige deine Erfolge, und genieße, was du erreicht hast! Sonst bildet sich eines Tages ein neuer negativer Glaubenssatz, der da lautet: »Anstrengung bringt keinen Nutzen.« Und du wirst dich nicht mehr anstrengen. Schade.

Einen Erfolg zu genießen bedeutet nicht, in die Welt hinauszuposaunen: »Schaut her, und seht, wie gut ich bin!« Diese überheblichen Typen, die ständig Bewunderung einfordern, haben keine wirkliche innere Stärke. Die trägt man in sich und stellt sie nicht zur Schau. Echte innere Stärke, seinen Erfolg genießen heißt, das, was man erreicht hat, selbst wertzuschätzen. Du bist nicht abhängig von der Bestätigung anderer, du weißt selbst, was du geleistet hast. Wie das geht, fragst du dich?

- *Bleib eine Weile länger an einem Ziel, das du erreicht hast, oder auf einem Berggipfel sitzen. Weck wieder einmal alle deine Sinne, und nimm wahr, wie gut dir dieses Erlebnis jetzt gerade tut, wie gut und stark sich dein Körper anfühlt.*
- *Du hast dein Prüfungsergebnis in der Hand. »Wow, dass ich so gut bin, hätte ich nicht gedacht!« Leg den Brief nicht einfach achtlos auf die Seite, setz dich ruhig mit dem Ergebnis in der Hand eine Weile hin und denk noch einmal über die letzten Wochen und Monate deines Einsatzes nach. Es hat sich doch gelohnt!*

- *Du hast etwas entwickelt, von dem viele Menschen profitieren können. Warum setzt du dich nicht hin und stößt mit dir selbst auf deinen Erfolg an?*

Doch nicht nur Meisterleistungen lassen sich genießen, auch die kleinen Einsätze und Erfolge im Alltag eignen sich dazu. Hast du heute einen Menschen zum Lachen gebracht? Ist es dir gelungen, ein verzweifeltes Kind zu trösten? Ist das Menü, das du heute gekocht hast, ein besonderer Gaumenschmaus? Freu dich darüber!

Diese Freude brauchst du. Diese Freude brauchen aber auch deine Mitmenschen.

»Was brauchen unsere Kinder?« Ich erinnere mich noch gut an die Frage unserer Pädagogiklehrerin. Und wir zählten auf: Liebe, Geborgenheit, Fürsorge … alles richtig, aber etwas schien zu fehlen, und Frau Prause gab nicht locker.

Irgendwann erbarmte sie sich und brachte die Lösung auf den Tisch: »Glückliche Erzieher! – Und glücklich kann nur sein, wer über ein starkes Selbst verfügt. Wer an sich zweifelt, kein Vertrauen in sich selbst hat, sich nicht wertvoll fühlt, unsicher durchs Leben geht, sich seiner Fähigkeiten nicht bewusst ist, kann nicht glücklich sein! Basta!« Sie war in der Ecke des Seminarraums angekommen, machte kehrt und erzählte dabei weiter:

»Und da ihr euch entschieden habt, Kinder auf ihrem Lebensweg zu begleiten, seid ihr dazu verpflichtet, für ein starkes Selbst zu sorgen. Nur so könnt ihr Kindern vermitteln, was es bedeutet, glücklich zu sein. Die erste und wichtigste Botschaft für eure Schützlinge soll lauten: Das Leben ist kostbar, wertvoll, lohnend. Aber das könnt ihr nicht predigen, das müsst ihr ihnen vorleben!«

Amen, dachte ich.

Um dieses Glück, dieses starke Selbst aufzubauen, brauchst

du vier Dinge: Selbstbewusstsein, Selbstvertrauen, Selbstsicherheit und Selbstwert.

- Selbstbewusstsein baust du auf, indem du dir deine Stärken bewusst machst. Dazu musst du lernen, sie wahrzunehmen und zu schätzen.
- Selbstvertrauen gewinnst du, indem du lernst, stolz auf deine Leistungen zu sein. Du nimmst wahr, was dir gelungen ist; so wird dein Vertrauen, es wieder und wieder zu schaffen, gestärkt.
- Selbstsicherheit gewinnst du, wenn du durch deine wachsende innere Stärke und deine Erfahrungen immer wieder etwas Neues wagst. Mit jedem Erfolg wächst auch deine Sicherheit.
- Selbstwert gibst du dir, indem du lernst zu genießen – und zwar mit folgendem Gedanken im Hintergrund: »Ich bin es mir wert, ich habe es verdient!«

Bei allen vier Punkten helfen dir die Übungen, die ich in diesem Kapitel geschildert habe.

Willst du auf Nummer sicher gehen, damit du niemals überheblich, eingebildet oder was auch immer wirst, fürchtest du dich vor falschem Stolz? Es gibt ein einfaches, aber wirkungsvolles Gegenmittel, das dich vor Arroganz und Überheblichkeit schützt. Du kennst es bereits: Es ist Dankbarkeit.

»Ich bin kein besonders gläubiger Mensch«, erzählt Albert, »aber jedes Mal, wenn ich aus der Lokomotive steige und meinen Dienst beende, bedanke ich mich dafür, dass ich diesen wunderbaren Beruf ausüben darf und dafür, dass ich Hunderte von Menschen unfallfrei zu ihrem Ziel fahren durfte.«

Jede Leistung, die du erbracht hast, jedes Ziel, das du erreicht hast, jede Tätigkeit, die dir besonders gut gelungen ist, verdient Dankbarkeit, sie verdient, dass du sie genießt und bewusst wahrnimmst.

Alles in allem

Genießen ist Dankbarkeit. – Dankbarkeit stärkt. – Stärke macht glücklich. – Wer glücklich ist, hat viel zu geben. – Wer viel gibt, steigert seinen Selbstwert. – Mit einem starken Selbstwert traut man sich, mit gutem Gewissen zu genießen. – Genießen ist Dankbarkeit … Ein ewiger Kreislauf, und alles steht in Wechselwirkung zueinander. Es scheint nur kompliziert, in Wirklichkeit ist es ganz einfach.

Genießen, Dankbarkeit und innere Stärke, sie gehören nun einmal untrennbar zusammen und führen dich auf die Sonnenseite deines Lebens – *ichwärts*.

10 | *Ichwärts*
Eines ist sicher ...

Du hast die Orientierung wiedergefunden und weißt, in welche Richtung sich dein Leben bewegen soll. Prima! Jetzt nur nicht vom Weg abbringen lassen, nur nichts mehr verändern! Oder? Das wäre genau die falsche Haltung. Es ist wie beim Schwimmen in einem Fluss: Wenn du dich nicht ständig bewegst, wirst du flussabwärts getrieben. Um dir selbst treu zu bleiben, ist es nötig, dass du dich weiterentwickelst und dabei trotzdem deinen Wesenskern bewahrst. Keine leichte Aufgabe – aber dieses Kapitel hilft dir dabei.

»Und das bist auch du?«, fragt mich eines der Kinder mit einer Mischung aus Erstaunen, Entsetzen und Mitleid. Wir blättern gemeinsam das Fotoalbum meiner Jugendzeit durch. »Mein Gott, und das hast du getragen? Furchtbar!«

»Das war damals der letzte Schrei – wer sich nicht so kleidete, war ausgeschlossen!«, widerspreche ich. Wir blättern ein paar Seiten zurück.

»Schau mal, da war ich mit Nani auf meiner ersten großen Bergtour, mit Seil und Pickel«, erzähle ich weiter. Unsere Ausrüstung

sieht aus wie aus dem Museum, und erst unsere Frisuren ... In-
nerlich schmunzle ich, dass wir uns trauten, so herumzulaufen ...
aber schließlich ist das lange her. Was einst modern war, wäre
heute wohl nur noch peinlich.

Noch ein paar Seiten weiter zurück steht »Weihnachten 1968«.
Wir hatten zwei Tage zuvor die neue Couchgarnitur erhalten –
damals supermodern. Damals. Aber heute? Niemals würde ich
mir ein solches Monsterding zulegen. Eines der Kinder meldet sich
zu Wort:

»Weißt du, Mami, würde ich Nani nicht kennen und wissen,
wie aufgeschlossen und modern sie ist, würde ich behaupten, ihr
hättet hinter dem Mond gelebt.«

Meine Mutter war tatsächlich ein Mensch, der die Nase im-
mer an vorderster Front hatte, was den Fortschritt betraf. Sie ge-
hört ohne Zweifel zu den aufgeschlossensten Menschen, denen ich
im Leben begegnet bin. Immer schon. Damals gehörten Frauen
noch hinter den Herd. Aber meine Mutter arbeitete an einem PC,
als wir noch nicht einmal wussten, dass es so etwas gibt. Sie fuhr
Vespa, spielte Tennis, gab Skiunterricht, war die erste Frau bei uns
im Alpenklub und hatte ihre eigene E-Mail-Adresse, auch wenn
sie sich anfangs mit kaum jemandem austauschen konnte, weil
keiner wusste, dass es diese Kommunikationsform überhaupt gibt.
Egal, Hauptsache immer auf dem neuesten Stand.

Die leeren Seiten im Fotoalbum

Wie kommt es, dass man beim Zurückblättern in einem Fotoalbum das Gefühl bekommt, auch meine Mutter sei gerade der
Steinzeit entschlüpft? Erst an diesen Bildern sehe ich, wie sehr
sie sich im Lauf der Zeit verändert hat. Aber eines ist gleich geblieben: ihre Bereitschaft, sich ständig auf Neues einzulassen.

Wie wichtig es ist, *dein* Leben zu leben, nach deinen Wertvorstellungen und Bedürfnissen, weißt du jetzt. Du hast erkannt,

dass du dich aus der Fremdbestimmung lösen musst, um ganz frei zu sein, das eigene Leben zu leben. Doch das wiederum ist nur möglich, wenn du ein starkes Selbst hast. Deine bisherigen Erfolge haben dein Selbst gestärkt. Du kannst es noch mehr fördern, und zwar indem du ganz du bist und bleibst, ganz dein Leben lebst, mehr, als du es je getan hast – und dich gleichzeitig weiterentwickelst.

»Ja, was denn jetzt? Ich bleiben oder weiterentwickeln?«
Sowohl als auch.

Bei meiner Geburt war ich ca. 50 cm groß. Ich bin eindeutig gewachsen. Ich kann mich sogar noch daran erinnern, dass am Türrahmen meines Kinderzimmers auf 115 cm Höhe ein Bleistiftstrich angebracht war, und auch bei 127, bei 135 und bei 142 cm. Aber ich war immer noch derselbe Mensch, in demselben Körper. Auch wenn sich dieser Körper verändert hatte. Hätte er das nicht, wäre etwas ziemlich falsch gelaufen.

So wie sich der Körper verändert, so verändern sich auch unser Denken, unser Handeln und unser Fühlen. Wer sich dagegen wehrt, wehrt sich gegen die Natur. Während die körperliche Entwicklung automatisch, fast ohne unser Zutun vor sich geht, ist es bei der Persönlichkeitsentwicklung anders. Du musst sie aktiv vorantreiben, damit etwas passiert. Klar, du kannst dich auch weigern, deine Persönlichkeit weiterzuentwickeln. Du kannst im Sandkasten sitzen bleiben und Sandburgen bauen. Oder ewig auf dem Stand eines pubertierenden Teenagers verharren. Wer allerdings mit dem Leben nicht mithält, bleibt zurück und muss sich nicht wundern, wenn er sich verirrt.

Zweifelsohne ist es verlockend, zu denken: »Ich hab's, ich habe mich endlich gefunden, jetzt nur keine falsche Bewegung, damit alles bleibt, wie es ist.« Trotzdem wird nicht alles bleiben, wie es ist. Der Rest der Welt entwickelt sich weiter – und lässt dich zurück.

Die Menschen um einen herum verändern sich. Das können wir nicht einfach ignorieren, denn es beeinflusst das eigene Leben und manchmal sogar die eigene Orientierungslosigkeit. Aus der Paartherapie: »*Meine Frau ist einfach nicht mehr dieselbe wie vor 20 Jahren, als ich sie geheiratet habe!*« Antwort: »*Ja, hoffentlich!*«

Wenn du endlich die Orientierung im Leben gefunden hast und denkst: »Ich hab's!«, ist das so, als würdest du einmal tief einatmen und denken: »So, jetzt habe ich genug Sauerstoff getankt ...« Orientierung zu finden, ist immer nur eine Momentaufnahme. Um sie nicht wieder zu verlieren, musst du permanent daran arbeiten. So ungewöhnlich das klingen mag, aber es gelingt dir nur dann, wenn du immer wieder loslässt: Lebenssituationen, Einstellungen, Eigenschaften, materielle Dinge, Menschen, ja sogar das, was du gerade eben erst gefunden hast. Morgen ist das Heute schon gestern.

Wandel und Weiterentwicklung sind nichts Beiläufiges, sondern ein Garant für das Überleben. Leben bedeutet Bewegung – idealerweise vorwärts. Der Blick zurück lässt uns zwar oft schmunzeln: »Was, so hab' ich mal ausgesehen? Und, mein Gott, die Einstellung, die ich früher hatte – über das Leben, den Glauben und über die Welt! Das darf ich heute keinem erzählen – schon gar nicht meinen Kindern!« In Wahrheit weiß ich aber: Ich war damals ich, genauso wie ich heute ich bin. Ich bin immer noch ich. Ich geblieben. Und darum geht es doch: **sich weiterentwickeln, aber den Wesenskern bewahren**.

Sich selbst treu bleiben und gleichzeitig loslassen, das ist nicht immer einfach, aber es ist nötig. Jeder Mensch ist einmalig, ein Unikat. Die Naturwissenschaft macht das beispielsweise am genetischen Code fest. Das ist die Basis, auf der das Leben sozusagen aufgebaut wird.

Du hattest schon damals deinen eigenen genetischen Code

und hast ihn auch heute noch. Damals warst du, wie du warst –
und heute bist du, wie du bist.

Aber: »Bist du auch, wie und was du sein willst?« Denk an die
leeren Seiten deines Fotoalbums, die noch darauf warten, gefüllt
zu werden. Was sind es für Bilder, auf die du beim Weiterblät-
tern stoßen möchtest? Wie soll dein Leben in Zukunft aussehen?

Du kannst sogar einen Sprung nach vorne wagen. Ich stelle
mir immer vor, wie es sein wird, wenn ich mit 95 in meinen Fo-
tobüchern blättere. Ich hoffe inständig, dann so viel Weisheit zu
besitzen, dass ich nicht mehr sage: »Was, so habe ich mal ausgesehen, und dann erst die Mode damals …«, sondern: »Wow,
das war *mein* Leben und es ist *mein* Leben – wenigstens von dem
Moment an, als ich *mich* entschied, *mein* Leben zu leben. Ein
einschneidender Moment damals.« Ich möchte auf mein Leben
zurückblicken – und zwar stolz und zufrieden! In ferner Zukunft dann, mit 95. So wünsche ich es mir.

Das, worauf du in 30, 50 oder 70 Jahren zurückblicken wirst,
sind die leeren Seiten, die du ab heute gestaltest. Und *du* entscheidest über das *Was* und das *Wie*. Doch das ist nur dann
möglich, wenn du ganz du bist und ganz du bleibst. Auch im
Wandel oder gerade im Wandel.

Wie soll denn dein Leben in Zukunft aussehen? Was wäre,
wenn du es wärst, der das bestimmen könnte? Was wäre alles
anders?

Kann sein, dass du jetzt denkst: »Das ist doch ein Wunsch-
traum!« Nicht ganz. Auf jeden Fall kannst du mehr mitbestim-
men und mitgestalten, als du dir bewusst bist. Auch wenn nicht
alles von heute auf morgen so wird, wie du es dir vorstellst: Es ist
mehr möglich, als du glaubst. Doch dazu musst *du* die Führung
in deinem Leben übernehmen. Du musst deinen Kurs bestimmen, die Segel setzen, Entscheidungen fällen.

Das ist nicht immer leicht.

Socken, Schubladen und das, was mich wirklich ausmacht

An einer Wäscheleine hängen ein paar Plastiktüten zum Trocknen, daneben Wollstränge und unzählige Schürzen. Auf dem Bergbauernhof, wo ich meine Sommerferien verbringe, ist offenbar eine sparsame Hausfrau zugange. Bald erfahre ich mehr darüber. Plastiktüten sind Luxusartikel und werden daher immer wieder ausgewaschen und wiederverwendet. Die Wollstränge kommen vom alten Pullover von Hans. Die Wolle ist für neue Handschuhe bestimmt, die Frieda demnächst stricken wird. Und all die unzähligen Schürzen: Alle weiblichen Wesen im Haus tragen Schürzen, um ihre Kleider zu schonen. Immer schon.

Okay, das mit der Wolle macht meine Mutter auch, Wolle ist schließlich nicht billig, das weiß ich. Und auch eine Schürze bei der Hausarbeit ist ganz nützlich, aber Plastiktüten ausspülen? Abfallverwertung in Ehren, aber immerhin schreiben wir das Jahr 1979. Ist diese Form der Sparsamkeit noch zeitgemäß?

»Mama ist unmöglich!«, erklärt mir Verena, die älteste Tochter des Hauses. »Wir haben kein Badezimmer. Die Küche reicht, behauptet Mama. Wir haben immer noch ein Plumpsklo. Mama sagt, das war früher gut genug, warum sollte es heute nicht gut genug sein? Und Toilettenpapier ist bei ihr ein Fremdwort. Zeitungen und alte Telefonbücher tun's auch, meint sie. Zahnbürsten gab's für uns früher nur die, die wir in der Schule bekommen haben. Ein Wunder, dass wir einen Fernseher haben und eine Nähmaschine. Das sind wohl die einzigen Gerätschaften, für die wir neben dem elektrischen Licht Strom brauchen. Muss denn alles immer gleich bleiben, nur weil es immer so war? Eines sage ich dir: Ich ziehe weg von hier, weg vom Berg, sobald ich nur kann!«

Und das hat Verena dann auch getan. Frieda, ihre Mutter, war noch keine 60, als sie starb – an Verbitterung. Das hat mir Verena Jahre später erzählt.

Frieda hatte sich gegen jede Veränderung gewehrt, dadurch ist ihr Inneres verkümmert. Anstatt an ihrem wahren Kern festzuhalten, versuchte sie, die Zeit anzuhalten. Die Zeit lässt sich aber nicht aufhalten, indem man die Uhr am Weiterlaufen hindert.

Loslassen tut weh, und Loslassen braucht Mut. Doch ich bin überzeugt: **An Altem festzuhalten, kann zwar Sicherheit geben, macht aber selten glücklich.** Klar, nicht jede Veränderung ist auch tatsächlich ein Fortschritt. Und nicht jeden Fortschritt nimmt man von Anfang an als Verbesserung wahr. Manches braucht seine Zeit, bis sich die positiven Auswirkungen zeigen. Worum es jedoch geht, ist, überhaupt bereit zu sein, Altes los- und Neues zuzulassen.

Das fängt schon bei alltäglichen Gewohnheiten an, die auf den ersten Blick nebensächlich aussehen, aber letztlich entscheiden, ob du deine Werte – zum Beispiel den respektvollen Umgang miteinander – entsprechend lebst oder nicht.

Doch selbst bei klaren Abmachungen mit sich selbst oder dem Umfeld sind alte Gewohnheiten nicht so einfach abzulegen. Vor allem dann nicht, wenn sie zur Routine geworden sind und du ihnen, ohne groß darüber nachzudenken, nachgehst.

Du funktionierst in bestimmten Situationen nach gelernten Mustern. Das bedeutet: Du bist sozusagen programmiert, was dein Handeln und dein Verhalten betrifft. Die automatischen Verhaltensweisen steuern dich. Das ist nicht grundsätzlich schlecht, in vielerlei Hinsicht erleichtert es dir das Leben sogar enorm.

Wenn es an der Haustür klingelt, öffnest du, und wenn dein Telefon klingelt, greifst du zum Hörer. Automatisch. Nur wenn du dich bewusst dagegen entscheidest, lässt du es bleiben. Auf jeden Fall musst du dir nicht erst überlegen: »Was ist es, was da klingelt? Und was muss ich jetzt tun?« Auch Autofahren wird zum Glück mit der Zeit zu einem Automatismus. Wie gut man diesbezüglich programmiert ist, merkt man erst, wenn man sich plötzlich mit einem rechtsgesteuerten Wagen im Linksverkehr durchschlagen muss. Auf einmal funktioniert das Programm nicht mehr und man muss sich wieder voll aufs Fahren konzentrieren.

Weil uns diese Programme so hartnäckig steuern, wenn auch mit der Absicht, uns das Leben zu vereinfachen, ist in einigen Situationen eine bewusste Entscheidung zur Umprogrammierung nötig, um im Leben vorwärtszukommen. **Unsere Verhaltensmuster sollen *uns* dienen und nicht wir den Mustern!** In diesem Sinne haben nur Muster, die dich unterstützen, einen Platz in deinem Leben verdient. Alle anderen lässt du besser los, auch wenn das nicht einfach ist.

Festgefahrene Muster zu durchbrechen fordert die eiserne Disziplin, das neue Verhalten so lange bewusst zu trainieren, bis es sich als neues Programm in unserem Leben verankert hat. Dranbleiben ist immer dann besonders schwierig, wenn etwas Außerplanmäßiges passiert. Dann ist man gefährdet, unverzüglich ins alte Muster zurückzufallen.

Sich an eine Diät zu halten, wenn man gerade keinen Hunger hat, ist einfach. In ruhigen Gewässern ein Schiff auf Kurs zu halten ebenfalls. Doch in jedem Leben gibt es auch stürmische Zeiten. Zeiten, die Kraft kosten. Dann auf Kurs zu bleiben, darin liegt die wahre Herausforderung. Da sind Disziplin und Durchhaltewille gefordert.

Und es ist tatsächlich oft ein bisschen wie bei einer Diät – ein paar Tage funktioniert es recht gut. Vielleicht gelingt es dir tatsächlich sogar ein paar Wochen lang, das Leben zu leben, das du dir wünschst. Aber dann passiert etwas, das deine Aufmerksamkeit und Kraft bindet. Und schwupp, fällst du ins alte Verhalten, in die alten Muster zurück.

Wenn du deine Socken jahrelang in der obersten Schublade aufbewahrt hast, und sie nun in die unterste Schublade legst, wirst du noch x-mal zuerst die oberste Schublade öffnen, einfach, weil du es dir so angewöhnt hast.

In deinem Leben geht es um mehr als nur um die Frage, in welcher Schublade deine Socken verstaut sein sollen. Wenn du bei den Socken ein bisschen länger brauchst, dich umzuprogrammieren, ist das nicht weiter tragisch. Schlimmer ist es, wenn jemand gute Vorsätze, seine Wertvorstellungen, nicht einhalten kann.

Bestimmt hast du schon einmal Aussagen gehört wie:

»Als die Kündigung ins Haus geflattert ist, habe ich wieder angefangen zu rauchen ...«

»Sechs Wochen habe ich es geschafft, Ordnung zu halten. Aber nach den Ferien war ich so aus allem draußen, jetzt herrscht wieder das alte Chaos ...«

»Als mich meine Freundin verlassen hat, habe ich wieder angefangen, vor der Glotze rumzuhängen ...«

Bei wirklich wichtigen Dingen schwächt jeder Rückfall dein Selbst.

»Jetzt habe ich es wieder nicht geschafft ... ich schaff' das nie!« Das ist der beste Nährboden für eine neue, schwächende Überzeugung. Da hilft nur: wachsam sein gegenüber allem, was dich von deiner neuen Verhaltensweise ablenkt. Und wenn du doch mal einen Rückfall hast: Probiere es von Neuem. Immer wieder!

Ich kann dir nicht sagen, wie viele alte Muster du durchbrechen musst, bis es dir endlich gelingen wird, dein Leben so zu führen, wie du es willst. Aber je mehr du das anwendest, wovon in den vergangenen Kapiteln die Rede war, desto einfacher wird es dir fallen, deine Wege zu gehen und dich nicht vom Pfad Richtung »ichwärts« abbringen zu lassen. Ein bisschen ist das

Leben wie ein Orientierungslauf: suchen, rennen, Standort bestimmen, immer wieder durchstarten, ab und zu verlaufen, hier und da über ein Hindernis stolpern, ins Ziel einlaufen, immer wieder zu neuen Zielen starten und mit der richtigen Portion Glück auch mal ganz oben auf dem Podest stehen.

Einen großen Unterschied gibt es aber zwischen dem Leben und einem sportlichen Wettkampf: Bei einem Skirennen geht es oft nur um ein, zwei Sekunden Differenz. Deswegen muss unbedingt alles perfekt laufen. Nichts darf dem Zufall überlassen werden, sonst ist die Chance auf einen Podestplatz weg. Deswegen bereitet sich der Sportler gründlich vor. Vor dem Start schaut er sich den Lauf genau an. Jede Stange, jedes Tor, jede Kuppe. Wie sieht die ideale Linienführung aus? Wo muss er besonders wachsam sein? Beim Mentaltraining geht der Spitzensportler seinen Wettkampf bis ins letzte Detail durch. Damit ihm im Rennen nicht der geringste Fehler unterläuft.

Und dein Leben? Das dauert länger als ein paar Minuten oder auch ein paar Stunden. Du hast keine Chance, es vorzubereiten. Du steckst mittendrin, bist ständig mit neuen Herausforderungen konfrontiert, während du noch dabei bist, mit den alten fertig zu werden. Es ist utopisch, zu glauben, dass in den siebzig oder neunzig oder noch mehr Jahren, die ein Leben dauert, alles perfekt laufen wird.

Ist das ein Grund, dich einfach nur durchzuwurschteln und auf das Beste zu hoffen? Zu sagen: »Es kommt, wie es kommt«? Nein. Ich bin erstaunt, wie viele Menschen ihr Leben so leben, als hätten sie danach noch eins und noch eins. Als ob sie alles, was diesmal schiefläuft, beim nächsten Versuch anders machen könnten. Aber: Du hast nur dieses eine Leben! Du brauchst es nicht perfekt zu gestalten, nicht von A bis Z durchzuplanen. Aber du musst es steuern, immer wieder den Kurs korrigieren und dich neu auf dein Ich, deinen wahren Kern, ausrichten, das schon.

Ich bin keiner, der sagt: »Lebe jeden Tag so, als wäre es dein letzter.« Dann schon eher: **»Lebe jeden Tag so, dass du gerne auf ihn zurückblickst.«**

Ich will aus diesem Tag etwas Besonderes machen, ich will aus jedem Tag etwas Besonderes machen, ich will jeden Tag so gestalten, dass ich beim Tagesrückblick sagen kann: »Ich habe wenigstens versucht, das Beste aus diesem Tag zu machen.« Warum das so wichtig ist? Weil solche Tage Glückstage sind.

Das ist aber schwierig! Es gibt leider auch Tage, die sind geprägt von Tätigkeiten, die weder Freude bereiten noch besonders sinnvoll scheinen. Tätigkeiten, die langweilig sind oder sogar unangenehm. Und trotzdem müssen sie getan werden: im Stau stehen, einen Berg Wäsche bügeln, eine Konfliktsituation bewältigen, einem Mitarbeiter kündigen – ich kann mir nicht vorstellen, dass irgendjemand das mit großer Freude tut. Ich erinnere mich zurück an die Heuernte, bei der ich als Kind oft mithelfen musste. Anstrengend war es, oft langweilig und meistens herrschte eine Bruthitze. Trotzdem musste das Heu eingebracht werden. Kühe und Ziegen brauchten Nahrung für den Winter. Leben und Zusammenleben fordern manchmal einen Einsatz von uns, der unser Herz nicht vor lauter Freude höher schlagen lässt.

Das ist der Grund, weshalb ich nicht sage, du sollst jeden Tag so leben, als wäre es dein letzter. Denn wenn es sich tatsächlich um deinen letzten Tag handeln würde, würdest du viele Dinge gar nicht mehr tun. Da gäbe es dann wirklich Wichtigeres, Schöneres, Beglückenderes, als das Heu einzubringen oder Wäsche zu bügeln. Mit der inneren Haltung, jeden Tag so zu leben, als wäre es der letzte, würde das Leben nicht mehr funktionieren.

Wenn du dagegen jeden Tag so lebst, dass du gerne darauf zurückblickst, gehst du mit den Dingen, die getan werden müssen, anders um. Du machst dir von Anfang an klar, welchen Wert sie haben. Vor allem aber erledigst du sie nicht nur einfach, sondern versuchst das Beste daraus zu machen. Sei es, indem du sie so gut wie möglich tust, sodass du im Rückblick stolz darauf sein kannst. Oder sei es, indem du nebenher noch etwas anderes tust, das auch die langweiligste Tätigkeit angenehm macht. Im Stau oder beim Wäschebügeln kannst du ein Hörbuch hören. Beim Einbringen der Heuernte haben wir gemeinsam gesungen. Das hat Spaß gemacht und das Gemeinschaftsgefühl gestärkt.

So kannst du auch langweiligen oder unangenehmen Pflichten einen Mehrwert geben. »Was hat denn der Mehrwert mit der Orientierung im Leben zu tun?« Ganz einfach: Mit jedem Mehrwert empfindest du das Leben als wertvoller, es bereitet dir mehr Freude, und dadurch ist es einfacher dranzubleiben an den Verhaltensweisen, die dich ichwärts führen.

Tun, was zu tun ist, kannst du jetzt. Als Nächstes geht es um das **Sein, wie du sein willst.**

Post-it-Zettel-Zeit

»ACHTUNG« in Großbuchstaben und daneben ein Herz und drei kleine Strichmännchen, so sehen die gelben Post-it-Zettel aus, die in unserem ganzen Haus kleben. Einer am Badezimmerspiegel, einer am Kühlschrank, einer am Spiegel im Gang, einer im Kinderzimmer und einer auf meinem Nachtkästchen. Überall im Haus stoße ich auf die kleinen gelben Zettel. Dieses »Achtung« weist nicht etwa auf eine Gefahr hin, sondern auf die Achtung meinen Kindern gegenüber, die in letzter Zeit einfach zu wünschen übrig ließ.

Ich wollte immer eine gute Mutter sein, welche Mutter will das nicht? – Dann hatte ich innerhalb von vier Jahren drei Kinder und musste feststellen, dass ich eben doch nicht immer die Mutter war, die ich sein wollte.

Wenn Sabrina mit ihren Stallstiefeln ins Haus stürmte, Sandro meinen Rockzipfel nicht losließ, Sämi sich wieder einmal im rußigen Kamin versteckte oder sich zur Abwechslung kurzerhand auf dem Spaziergang in die nächste Pfütze setzte, egal, wie kalt es gerade war, dann konnte es schon mal passieren, dass ich ausrastete.

Das erste Mal passierte mir das, als Sabrina mit ihrem Freund Martin und einem ganzen Topf frisch gepflanzter Setzlinge aus dem Garten kam und unschuldig verkündete: »Schau, Mami, wir haben dir Salat geholt …« Erst am Tag zuvor hatte ich Kohlrabi, Fenchel, Blumenkohl und Kopfsalat gepflanzt, und Sabrina war sogar dabei! Sie wusste sehr genau, wie das mit dem Pflanzen, dem Hegen und dem Warten auf die Ernte funktioniert. Also soll mir keiner weismachen, die Kinder hätten vielleicht nicht gewusst, was sie taten …

Ich musste mir die Gartenstunde richtig erkämpfen und die Zeit nutzen, in der Sämi seinen Mittagsschlaf machte. Ja, und dann hat Sabrina die mühsam gepflanzten Setzlinge aus der Erde gerissen. Natürlich waren sie hinüber, zu lange standen sie in der Sonne. Da soll mal einer ruhig bleiben.

»Geht's eigentlich noch?« Ich wurde wirklich laut und hab die beiden angeschrien, während ich mir überlegte, welche Strafe wohl angebracht sein könnte. Erst Sabrinas Tränen brachten mich zur Besinnung.

Das war der Anfang meiner Post-it-Zettel-Zeit.

Selbst wenn du alles noch so genau durchdacht und geplant hast, selbst wenn du längst weißt, wie du sein willst oder was du künftig tun und lassen willst, es kann jederzeit passieren, dass du stolperst. Über dich selbst und über all die guten Vorsätze.

Du ärgerst dich, weil du mal wieder vom Weg abgekommen bist. Das sind die Momente, in denen dir bewusst wird: »Augenblick mal, wollte ich da nicht etwas ändern in meinem Leben?« Es wird Zeit, sich ein weiteres Mal Gedanken zu machen.

Will ich wirklich so sein? Ich bin schließlich der Hauptdarsteller meines Lebens. Ich habe die tragende, die wichtigste Rolle darin. **Will ich meine Rolle so spielen, wie ich sie in letzter Zeit gespielt habe?**

Es geht nicht darum, ein anderer zu sein, als du bist, einfach irgendeine Rolle zu spielen, eine Maske überzuziehen. Nein, einfach etwas vorzuspielen, das gar nicht zu dir passt, das hat nichts mit Authentizität zu tun – und authentisch solltest du als Hauptdarsteller deines eigenen Lebens in der Tat sein. **Was du tust, muss zu dir passen.**

Es geht darum, *du* zu sein und *dein* Leben zu leben. Aber auch das ist eine Rolle, die du so oder so interpretieren kannst. Du kannst festlegen, ob du deinen Humor trocken oder spaßig zeigen willst, ob du bei der Arbeit sachlich oder begeistert auftrittst. Beginne mit der Umsetzung – auch wenn es dir am Anfang noch schwerfällt. Bekanntlich macht erst die Übung den Meister.

Bei mir war es so, dass mein Verhalten gegenüber Sabrina mich innehalten ließ, und ich stellte mir die Frage: Will ich meine Kinder anschreien? Bin ich stolz darauf, wie ich meine Mutterrolle spiele? Bekomme ich dafür einen Oscar verliehen? Nein, nein und nochmals nein!

Die Post-its haben mir immer wieder vor Augen geführt, auf welche Weise ich meine Rolle ausfüllen will. Und mir damit geholfen, dranzubleiben.

An unserem Telefon klebte übrigens ebenfalls ein Zettel, hier mit einem Smiley, der mich daran erinnerte, für den, der anruft, ein Lächeln übrig zu haben. Egal, wer es gerade ist.

Auf einem weiteren Post-it, der an meinem Tischset klebte, stand »LANGSAM«, was sich auf das Essen bezog und mich daran erinnern sollte, langsamer zu essen und 30 Mal zu kauen, bevor ich schlucke.

Probiere das mit den Post-its doch einfach mal aus. Gib dir selbst Regieanweisungen. Schriftliche Hinweise und Erinnerungen an allen Orten: Du wirst garantiert nicht mehr in die alten Muster zurückfallen. Natürlich gibt es viele andere Möglichkeiten, die dich an etwas erinnern können, wenn du es selbst immer wieder vergisst. Früher war es der Knoten im Taschentuch, heute könnte es auch eine Handystimme sein, die dir alle paar Minuten zuflüstert, was du nie mehr vergessen willst. So lange, bis es sitzt.

Wo du anfangen sollst? Diese Frage ist berechtigt.

Fang dort an, wo es für dich am einfachsten ist. Starte bei den kleinen Dingen im Leben. Das klingt vielleicht banal – aber ich bin überzeugt: Wer im Kleinen mit sich im Reinen ist und die richtigen Dinge tut, schafft das auch im Großen, beim Gestalten der langen Lebenslinien.

Grüße die Menschen, die dir auf der Straße begegnen, mit einem Lächeln. Wechsle mit der Kassiererin im Supermarkt ein paar freundliche Worte, hilf dem alten Herrn beim Einsteigen in den Bus, sei liebenswert, wo immer du kannst. Es sind kleine Dinge, die Großes bewirken können. Alltägliche Verhaltensweisen, mit denen du deine Lebenswerte umsetzt. Ein Heiliger musst du deswegen noch lange nicht werden, auch kein Übermensch. Denn schließlich geht es immer noch darum, ganz du zu sein und das zu tun, was deinem Herzen entspricht.

»Ich habe heute Morgen eine Weinbergschnecke über die Straße getragen und vor dem sicheren Tod gerettet.«

»Wenn ich am Morgen den Schnee vor der Garage wegschiebe, dann immer auch gleich für den Nachbarn. Das kostet mich nur ein paar Minuten, und ich weiß, dass er mit seinem Bandscheibenvorfall nicht Schnee schaufeln sollte.«

»Heute habe ich im Meeting endlich mal deutlich gesagt, dass wir das neue Projekt nur dann in Top-Qualität abliefern können, wenn wir ein vernünftiges Zeitbudget bekommen.«

»Mann, das war schwer, dem Martin zu sagen, dass er mit seiner Angeberei im Verein aneckt. Aber ich hab's getan, und ich glaube, es wird ihm helfen, aus seiner Isolation herauszufinden.«

Hilfsbereitschaft, Freundlichkeit, Aufmerksamkeit, Standhaftigkeit, Verantwortungsbewusstsein, Ehrlichkeit – Tugenden gibt es viele. Doch jetzt geht es um die Tugenden, die *dir* wichtig sind, denn: **Tugenden sind gelebte Lebenswerte.** Sie im Alltag umzusetzen, regelmäßig und immer stärker, erfordert einige Anstrengung. Aber es lohnt sich, daran zu arbeiten.

Für den Fall, dass du gerade gar keine Idee hast, welche Tugend du bei dir gerne weiter ausbauen würdest, hilft dir mit Sicherheit die folgende Frage: »Was sollen die Menschen, die mir wichtig sind, über mich erzählen?«

- *Dass ich immer ein offenes Ohr für andere habe?*
- *Dass ich hilfsbereit bin?*
- *Dass man mir vertrauen kann?*
- *Dass ich ein offenes Haus habe, in dem sich jeder willkommen fühlt?*
- *Dass ich die Menschen zum Lachen bringe?*
- *Dass man mit mir Pferde stehlen kann?*

Sicher, du kannst nicht von einem Tag auf den anderen gastfreundlich, lustig oder mutig werden, wenn das nicht in dir steckt. Das sollst du auch gar nicht, du brauchst dich nicht zu verbiegen und zu verstellen. Du kannst aber Eigenschaften, die schon in dir angelegt sind, ausbauen. Wenn dir das am Anfang noch schwerfällt, hilft ein Trick: Spiele eine Zeit lang eine Rolle. **Tu so, als ob du mutig, lustig, gastfreundlich wärst.** Beobachte, wie sich Menschen verhalten, die diese Eigenschaften haben. Wie sie sprechen, welche Körperhaltung sie haben, was sie tun. Und dann übe, und tu so, als ob du es schon könntest. Du wirst verblüfft sein, was das für Auswirkungen hat …

Einer unserer Lehrer, ein Amerikaner, berichtete aus seiner Jugendzeit:

»Ich war so scheu, ihr könnt euch das gar nicht vorstellen. Ich traute mich nicht einmal meine Klassenkameraden anzusprechen. Ich war verklemmt, fühlte mich dumm, wertlos, ein Nichts und Niemand.

Dann, mit 20, kam ich zur Marine. Mehr als 1000 Kilometer von zu Hause entfernt. Ich kannte keinen, keiner kannte mich. Und das war der Schlüssel. Ich dachte, hier kennt mich keiner, keiner weiß, wie scheu und verklemmt ich bin. Das ist meine Chance! Ich tu jetzt einfach so, als wäre ich ganz anders. Ich mach's jetzt einfach wie die, die ich immer bewundert habe. Ich trete selbstsicher auf. Oder tu wenigstens so.

Und wisst ihr was? Weil keiner wusste, wie ich wirklich war, hat keiner bemerkt, dass ich mich anders verhalte als sonst. Dass ich eine Rolle spiele.

Aber dann war ich plötzlich tatsächlich anders. Wirklich. Klar war ich immer noch ich, aber meine Blockaden waren weg. Heute steh ich vor euch und hab keine Hemmungen, diese Geschichte zu erzählen und drüber zu lachen. Und angefangen habe ich nur mit: ›Ich tu jetzt so als ob …‹«

Auch Verhaltensweisen, die dir zunächst aufgesetzt und fremd vorkommen, werden mit der Zeit zu deinen eigenen. Jedenfalls, wenn sie dem entsprechen, wie du wirklich sein willst. **Als Hauptdarsteller in deinem Leben übst du nach und nach ein, so zu sein, wie du sein willst.**

Wie gut dir das gelingt, musst du immer wieder überprüfen.

Die versteckte Kamera

»Klar, ich wüsste schon, dass ich so einiges in meinem Leben ver-
ändern sollte. Dass es mir nicht guttut, dass ich kiloweise Süßes
in mich hineinstopfe, Fingernägel kaue, rauche. Aber wozu mir
Mühe geben? Wenn ich einen Lebenspartner hätte, dann wüsste
ich wenigstens, für wen ich mich zusammenreiße. Aber so? Es
schert doch eh keinen, was ich tue!«

Erika sehnt sich nach einem Lebenspartner. Bisher hatte sie
kein Glück in der Liebe und ist daher so frustriert, dass sie sich
seit Monaten gehen lässt. Sie achtet weder auf ihr Äußeres noch
auf ihre wahren Bedürfnisse, und ihre Wohnung lässt sie total ver-
kommen. Abend für Abend hängt sie entweder in einer Bar herum
oder vor der Glotze.

Eines Tages kann ich das nicht mehr mit ansehen. Ich frage sie:
»Was wäre, wenn dein zukünftiger Mann dich mit einer versteck-
ten Kamera beobachten könnte? Bei allem, was du tust? Überall,
wo du bist?«

»Der wäre geschockt!«, antwortet sie bestürzt.

»Spielen wir das Spiel noch einen Gedanken weiter: Angenom-
men, es würden dir hundert komplett unterschiedliche Männer
durch die versteckte Kamera zuschauen. Welcher Typ Mann wür-
de dich zur Frau wählen?«, lautet meine nächste Frage.

»Oh nein, undenkbar! Ich weiß, was du denkst: Einer, der zu
mir passt. Einer, der so ist wie ich. Ein Messie!«

Natürlich geht es nicht darum, etwas nur für einen möglichen
zukünftigen Partner zu tun oder überhaupt für einen anderen
Menschen in deinem Leben. Dass es um dich und um dein Leben geht, das weißt du inzwischen. Und doch muss dir sehr
wohl bewusst sein, dass du auf andere wirkst. Immer. Und diese
Wirkung hat Folgen, auch für dich selbst. Es bleibt jedem selbst
überlassen, ein unordentlicher Messie zu sein, ein grenzenloser

Egoist oder auch ein rüpelhafter Taugenichts. Das ist schließlich die Wahl jedes Einzelnen. Aber Beschwerden darf es dann auch nicht geben …

Bist du wirklich so, wie du sein willst? Überprüfe dein Verhalten, schau dir selbst zu. Immer wieder. Betrachte dich mit einem Außenblick, und überlege, wie du wohl auf andere wirkst. Ob du so wirkst, wie du es willst. Sei der Regisseur, der den Film in der versteckten Kamera dreht und dem Hauptdarsteller sagt: »Gestern bei der Party, da hast du offen und freundlich gewirkt. Aber in dieser Szene mit dem Hausmeister und der kaputten Flurlampe, da kommst du ganz schlecht rüber. Mach das beim nächsten Mal souveräner und weniger aggressiv.«

Mach morgen das besser, was heute nicht geklappt hat!
Den Beweis, dass das mit dem Gedanken an eine versteckte Kamera funktioniert, hat Erika einige Wochen später geliefert. Ihre Wohnung hätte man fast im »Schöner Wohnen«-Magazin abbilden können. Und Erika erschien gepflegt und mit neuer Frisur. In ihrer Freizeit ging sie wieder joggen und abends lernte sie für ihren Schulabschluss. Lachend hat sie mich gefragt: »Was denkst du, ob ich jetzt schon für einen besseren Mann in meinem Leben attraktiv bin?«

Auf dich zugeschnitten
Vielleicht hast du auch schon einmal nach einem Film gedacht: »Wow, dieser Film war einfach perfekt, wirklich reif für mindestens vier Oscars. Ein Meisterwerk. Da haben Drehbuchautor, Regisseur und Hauptdarsteller wirklich ganze Arbeit geleistet.«

Wenn du am Ende als Hauptdarsteller deines Lebens voller Stolz sagen kannst: »Das bin ich«, wenn du Ja zu deinem Lebenswerk sagen kannst, dann ist dein Leben gelungen. Dann weißt du, wie wunderbar es sich anfühlt, dein Leben zu leben, und zwar nach *deinen* Vorstellungen.

»Nach meinen Vorstellungen? Das Leben ist doch kein Wunschkonzert.« Stimmt. Du kannst unmöglich alles bestimmen, was in deinem Leben passiert. Oder?

Ein Gedicht von Joseph von Eichendorff bringt es auf den Punkt:

Und keiner kennt den letzten Akt
Von allen die da spielen
Nur der da droben kennt den Takt
Weiß wo das hin soll zielen

»Mein Wille geschehe«

»Wisst ihr eigentlich, dass die meisten, ja vermutlich fast alle Menschen falsch beten?« Mit dieser Frage holt mich der Pfarrer aus meinen Träumen zurück in den Gottesdienst.

»Ja, tatsächlich – im Vaterunser beten wir doch: ›Dein Wille geschehe!‹ In Wirklichkeit wollen wir aber eigentlich, dass unser Wille geschieht, also müsste es heißen: ›Mein Wille geschehe!‹ Oder? Es entspricht also nicht der Wahrheit, wenn wir beten: ›Dein Wille geschehe!‹ – Denkt darüber nach!«

Hm, ich denke tatsächlich darüber nach. Eigentlich hat er recht. Noch gestern Abend habe ich nämlich gebetet: »Dein Wille geschehe!«, und dann augenblicklich hinzugefügt, dass er mich endlich bei einem der noch ausstehenden Skirennen gewinnen lassen solle.

»Mein Wille geschehe!« Ja, das klingt nicht schlecht, da muss ich unserm Herrn Pfarrer recht geben.

Und ich habe es getan, habe das Gebet einfach abgeändert! Naiv, wie ich war, jung, wie ich war, erst 11, fand ich Gefallen an diesem verlockenden Gebetstext. Niemals wäre mir in den Sinn gekommen, dass unser Pfarrer das rein ironisch gemeint haben könnte. Tja, und so betete ich fortan und für viele Jahre: »Mein Wille geschehe!« Mensch, war mir das, sogar vor mir selbst, peinlich, als ich realisierte, dass ich auf die Ironie unseres Pfarrers hereingefallen war.

Aber ich glaube, Gott hat mir verziehen, denn auf jeden Fall ist in meinem Leben ganz viel so gelaufen, wie ich es mir gewünscht hatte.

Natürlich bin ich nicht so naiv, dass ich glaube, dass ich alles in meinem Leben nach meinen Wünschen und Ideen bestimmen kann, dass ich alles in der Hand habe. Ein Angehöriger oder auch ich selbst könnten einen Unfall haben, meine Praxis könnte plötzlich in Konkurs gehen.

Aber auch unerwartetes Glück kann mir begegnen, wie damals beim Abstieg vom Piz Morteratsch Richtung Bovalhütte, als der Weg unmittelbar vor unseren Augen in die Tiefe stürzte. Für uns bedeutete das: Kein Weiterkommen an dieser Stelle – umkehren. Wieder hochsteigen, Richtung Gipfel. Viele Stunden Umweg. Dafür ein gigantischer Sonnenuntergang auf über dreieinhalbtausend Metern über dem Meer. Glück oder Unglück, wer weiß das schon?

Ich kann auf einem Umweg, zu dem mich die Umstände zwingen, einen Menschen kennenlernen. Eine reine Zufallsbegegnung, aber dieser Mensch wird mein Freund. Ein Segen in Verkleidung – wie schon so oft in meinem Leben.

Es gibt Dinge, die muss man auch einfach als gegeben hinnehmen, sei es als Schicksal, als Chance oder als Geschenk. Ich muss nicht alles steuern können in meinem Leben – manchmal entwickeln sich die Dinge anders als gedacht. Trotzdem bleibt es mein Leben, nämlich dann, wenn ich alles als Geschenk annehme. Höhen und Tiefen. In dem Augenblick, in dem es mir gelingt, etwas, das ich nicht verändern kann, hinzunehmen, wie es ist, integriere ich es in mein Leben. Es wird Teil meines Lebens.

Mein Leben war bisher wirklich *mein* Leben, es ist das Beste, was mir je passieren konnte. Und wenn ich auf einem Berggipfel stehe, mit meinen Ski in einem unberührten Pulverschneehang meine Spuren ziehe oder mit meinem Gleitschirm die Welt von oben entdecke, wird mir bewusst: Gott meint es gut mit mir. Dieses innere Wissen gibt mir den Mut, meinen Weg selbst zu bestimmen. Für diese Freiheit und das Gottvertrauen den Halt auch dann, wenn etwas nicht so gelingt, wie ich es mir vorgestellt habe, nicht zu verlieren, bin ich unendlich dankbar. Allein aus dieser Dankbarkeit heraus fühle ich mich dazu verpflichtet, meinem Leben die entsprechende Wertschätzung entgegenzubringen. Wie? Indem ich jedem Tag die Chance gebe, zum besten Tag meines Lebens zu werden. Indem ich als Drehbuchschreiber, Hauptdarsteller und Regisseur darauf achte, jeden Tag das Leben zu leben, das mir entspricht. Indem ich mich weiterentwickle und zugleich meinem Kern treu bleibe. Indem ich ständig ichwärts unterwegs bin – und in mir selbst die Weite finde.

Epilog | Sternschnuppenzeit

Ich liege in der Biwakschachtel, eingezwängt zwischen fremden Menschen, umhüllt von ihren Atemgeräuschen und ihren Ausdünstungen. Die Decke, in die ich mich eingemummelt habe, riecht nicht etwa nach Veilchen oder Lavendel, sie riecht einfach nur scheußlich. Aber sobald ich sie ein paar Zentimeter von meiner Nase wegschiebe, wird es bitterkalt. Obwohl ich hundemüde bin, kann ich nicht einschlafen. Schon seit Stunden. Ich ermahne mich: »Nicht grübeln! Denk positiv, dann schläfst du leichter ein.« Für eine Weile gelingt mir das mit den positiven Gedanken tatsächlich. Schlaf finde ich trotzdem nicht. Zusehends beginne ich mich zu ärgern, zuerst, weil mir das mit den positiven Gedanken nicht mehr gelingt, und danach ärgere ich mich darüber, dass ich mich ärgere. Mir wird bewusst, dass meine Gefühle, wie so oft, Herr über meinen Verstand sind. »Also fühl etwas anderes!«, versuche ich mich zu ermahnen. Aber das kann ich nicht.

Mir fällt meine letzte Psychologiestunde ein. »Gefühle kommen aus unserem Unterbewussten«, hat unser Psychologielehrer erklärt. »Man kann sie nicht auf Knopfdruck ein- und ausschalten. Das wäre viel zu einfach. Das wäre, als würde ich von jemandem verlangen, er solle statt traurig fröhlich sein, oder von euch, ihr solltet euch in mich verlieben.« Als würde sich überhaupt jemand in diesen alten verkorksten Psychologen verlieben! Innerlich

schmunzle ich unter meiner Käsedecke und gebe ihm recht. Ge-
fühle lassen sich tatsächlich nicht so leicht beeinflussen. Positiv zu
denken, kann wirklich unglaublich mühsam sein.

Als ich aufwache, offensichtlich bin ich doch irgendwann einge-
schlafen, muss ich mal »für kleine Mädchen«. Stirnlampe suchen,
Bergschuhe anziehen, über Rucksäcke steigen … Hoffend, dass das
Schnarchen der Männer das Quietschen der Tür übertönt, trete
ich ins Freie.

Was für eine Nacht. Tausende von Sternen funkeln am Firma-
ment. Ich versuche Sternbilder zu orten. Dabei erkenne ich den
Großen Wagen, die Kassiopeia, den Kleinen Wagen mit dem Po-
larstern, einfach gigantisch. Ich habe das Gefühl, dem Himmel
noch nie so nah gewesen zu sein.

Ein Blick auf die Uhr verrät mir, dass es erst kurz nach Mitter-
nacht ist. Ich sehne mich nach einer Tasse heißem Milchkaffee, da-
bei mag ich Kaffee doch gar nicht. Da! Eine Sternschnuppe. Aus-
gerechnet in dem Moment, als ich an Milchkaffee denke. Wünsch
dir etwas Schlaueres, will ich mich noch ermahnen, aber da ist die
Sternschnuppe bereits verglüht. Schade.

Dann höre ich auf, über meine Wünsche nachzudenken, und
lasse meinen Blick im Sternenmeer versinken. Das Universum um
mich herum ist so riesig, so gigantisch. Sterne und Planeten, die
seit Jahrmillionen am Himmel stehen, und ich da unten, winzig
klein, glaube, dass ich in dieser Unendlichkeit eine wichtige Rolle
spiele. Was bin ich schon? Doch! Ich bin ich! Ich spiele eine Rolle
in diesem geheimnisvollen Stück, das wir Leben nennen, nein, ich
spiele sie nicht, ich lebe sie. Dankbar.

Dank

Nicht nur im Leben, auch beim Schreiben eines Buches gibt es »Wüstenzeiten«. So war das jedenfalls bei mir. In Augenblicken, in denen ich nicht weiterkam, mich blockiert fühlte oder gar ans Aufgeben dachte, konnte ich insbesondere auf zwei Menschen zählen, die mich begleitet und unterstützt haben: Stefan Weigand von der Agentur Gorus und meinen Mann René. Ihnen beiden gebührt mein herzlichster Dank.

Danke aber auch Oliver Gorus und seinem ganzen Team für die professionelle Unterstützung im Hintergrund und dem adeo Verlag für das entgegengebrachte Vertrauen.

Gabriella Pahud, Jahrgang 1961, führt eine eigene Beratungspraxis in der Schweiz, in der sie Menschen in ihrer Rolle als Coach und Therapeut begleitet und sie dabei unterstützt, ihren Weg zu finden. Diese Fähigkeit zeigte Gabriella Pahud schon mit 12 Jahren, als sie Kantonsmeisterin im Orientierungslauf wurde. Reisen, Ski- und Bergtouren sind ihre große Leidenschaft; jahrelang war sie auch als Tourenleiterin in den Bergen unterwegs. Als Gleitschirmpilotin geht sie ihrer Passion nach, die Dinge von oben zu sehen. Gabriella Pahud ist verheiratet und hat fünf erwachsene Kinder.

www.allinone-coaching.ch
www.gabriellapahud.ch
www.ichwärts.ch

Verlagsgruppe Random House FSC®NO001967
Das für dieses Buch verwendete FSC®-zertifizierte Papier *EOS*
liefert Salzer, St. Pölten.

© 2014 by adeo Verlag
in der Gerth Medien GmbH, Asslar
Verlagsgruppe Random House GmbH, München

1. Auflage März 2014
Bestell-Nr. 835004
ISBN 978-3-86334-004-9

Umschlaggestaltung: Gute Botschafter GmbH, Haltern am See
Satz: Greiner & Reichel GmbH, Köln
Druck: GGP Media GmbH, Pößneck

Printed in Germany